Herwig Wolfram

Arnulf von Kärnten

RELECTIO
Karolingische Perspektiven
Perspectives carolingiennes
Carolingian Perspectives

Herausgegeben von
Philippe Depreux, Stefan Esders, Steffen Patzold
und Helmut Reimitz

Band 7

JAN THORBECKE VERLAG

Herwig Wolfram

Arnulf von Kärnten

Eine biographische Skizze

JAN THORBECKE VERLAG

Gewidmet Arnulf und seinen Geschwistern
Christoph, Burgi und Benedikt

Die Verlagsgruppe Patmos ist sich ihrer Verantwortung gegenüber unserer Umwelt bewusst. Wir folgen dem Prinzip der Nachhaltigkeit und streben den Einklang von wirtschaftlicher Entwicklung, sozialer Sicherheit und Erhaltung unserer natürlichen Lebensgrundlagen an. Näheres zur Nachhaltigkeitsstrategie der Verlagsgruppe Patmos auf unserer Website www.verlagsgruppe-patmos.de/nachhaltig-gut-leben.

Bibliografische Information der Deutschen Nationalbibliothek
Die Deutsche Nationalbibliothek verzeichnet diese Publikation in der Deutschen Nationalbibliografie; detaillierte bibliografische Daten sind im Internet über http://dnb.dnb.de abrufbar.

Alle Rechte vorbehalten
© 2024 Jan Thorbecke Verlag
Verlagsgruppe Patmos in der Schwabenverlag AG, Ostfildern
www.thorbecke.de

Umschlaggestaltung: Finken & Bumiller, Stuttgart
Umschlagabbildung: Ausschnitt aus dem Utrecht-Psalter, Universitätsbibliothek Utrecht, Ms. 32, fol 90v
Satz: Schwabenverlag AG, Ostfildern
Druck: Memminger MedienCentrum, Memmingen
Hergestellt in Deutschland
ISBN 978-3-7995-2807-8

Inhalt

Vorwort 9

Einleitung 11

Die Quellen im Überblick 13

I. Herrscher, Einrichtungen und Orte 17
   1. Das Bayerische Ostland 17
   2. Die östlichen Nachbarn und ein namenloser König der Bayern 18
      2.1. Der Mährerfürst Zwentibald I. (871–894) 19
      2.2. Kaiser Basileios I. (867–886) 27
      2.3. Die Bulgaren und ihr Khan Boris I./Michael (852–889) 27
      2.4. König von Waioúri, dem Land der Nemítzioi 31
   3. Die Ungarn 35
      3.1. Brazlavo oder der letzte Kampf um Pannonien 38
   4. Die zwei plus eine Moosburgen Arnulfs von Kärnten 39
      4.1. Kloster Moosburg an der Isar 40
      4.2. Moosburg in Karantanien 40
      4.3. Die pannonische Moosburg 41

II. Von Jahr zu Jahr 45
   1. Ein Menschenalter im Ungewissen: Von der Geburt bis 887. 45
   2. Der Spätherbst 887, seine Vorzeichen und Folgen 48
   3. Die Sicherung der Macht: 888 und 889 53
   4. Nach stetem Aufstieg ein jäher Absturz: 890 bis 896 60
      4.1. Das Jahr 890 60
      4.2. Das Jahr 891 61
      4.3. Das Jahr 892 63
      4.4. Das Jahr 893 64
      4.5. Das Jahr 894 66
      4.6. Das Jahr 895 68
      4.7. Das Jahr 896 69
   5. Es geht dem Ende zu: 897 bis 899 71
      5.1. Das Jahr 897 71
      5.2. Das Jahr 898 72
      5.3. Das Jahr 899 73

III. Die Person 77

1. Fragen nach Herkunft, Namen, Reichs- und Ungarnpolitik 77
2. Der Herrscher ist menschlich 83
3. Arnulf als Heerführer und letzter Karolingerkaiser 87
4. Arnulf und die Frauen 96
   - 4.1. Liutswind, die Mutter 97
   - 4.2. Winpurc, die Mutter (König?) Zwentibolds 100
   - 4.3. Ellinrat, die Mutter Ellinrats? 100
   - 4.4. Die Mutter Ratolds 101
   - 4.5. Uota/Oda, die rechtmäßige Königin 102
   - 4.6. Rotrud 105
   - 4.7. Ein alemannisches Mädchen verweigert sich dem König 105
   - 4.8. Hildegard, die Königstochter 106
   - 4.9. Drei erfundene Enkelinnen? 107
   - 4.10. Irmgard, noch eine Verwandte, und ihre Mutter Angilberga 107
   - 4.11. Miltrud, die Helferin 108
   - 4.12. Friedrun 108
   - 4.13. Ageltrude, die kaiserliche Widersacherin 108
   - 4.14. Rudpurc, die Giftmischerin 109
5. Arnulf, die Künste und ihre Vertreter 109

IV. Der Adel. Eine Auswahl 113

1. Der weltliche Adel 113
2. Bayern und das Bayerische Ostland 116
   - 2.1. Die Ernste 116
   - 2.2. Die Wilhelminer 116
   - 2.3. Markgraf Arbo (871 bis nach 909) 120
   - 2.4. Heimo und die Witigonen 121
   - 2.5. Luitpold (vor 893–907) und Sigihart (vor 887–897) 124
   - 2.6. Engildeo 127
   - 2.7. Er(e)mbert (879 und 898) 127
3. Alemannien und drei wichtige Adelsgruppen 128
4. Franken, Sachsen, Thüringen: Ehemaliges Reich Ludwigs des Jüngeren 129
   - 4.1. Poppo II., dux Thuringorum, Markgraf der Sorbischen Mark (880–892) 130
   - 4.2. Egino I. und II. 131
   - 4.3. Die Konradiner: Konrad der Ältere und seine drei Brüder 132
5. Sachsen: Otto der Erlauchte und die Liudolfinger 133
6. Lothringen: adelige Konkurrenz und ein schwacher König 134
7. Zwei nobilitierte und personalisierte Amtsträger Arnulfs 135
8. Arnulf, die Kirche und der geistliche Adel 138

V. Das verschwundene karolingische Lehnswesen? 145

VI. Schlusswort **149**

VII. Quellen- und Literaturverzeichnis **151**
   Quellenverzeichnis 151
   Literaturverzeichnis 155

Namens- und Ortsregister **162**

Vorwort

Herwig Wolfram ist einer der bedeutendsten Mediävisten nicht nur seiner Generation. Sein Lebenswerk umfasst viele Forschungsgebiete, von der Spätantike bis ins Hochmittelalter, und erstreckt sich über mehr als sechzig Jahre – sein erstes Buch, ‚Splendor Imperii', erschien 1963. Nach den Biographien des ersten Salierkaisers, Konrad II., und des letzten agilolfingischen Herzogs von Bayern, Tassilo III., widmet er sich jetzt dem letzten Kaiser aus der Dynastie der Karolinger. Dabei geht es aber nicht um den Glanz des Reiches, sondern um seine Krise, als der Zusammenhalt des Gemeinwesens und damit die Grundlage der Herrschaft zerfiel. Meiserhaft versteht es Wolfram, ein lebendiges Bild dieser Zeit zu entwerfen. Er schildert die Ereignisse, stellt die Akteure und die Akteurinnen vor und skizziert die Hintergründe. Nur wenige Autoren verstehen es so wie er, inhaltliche Präzision mit einer Erzählfreude zu verbinden, die den Leser auf eine Reise in eine farbige Vergangenheit mitnimmt.

Der Zerfall eines Imperiums – nämlich des weströmischen Reiches – und die Veränderungen, die damit zusammenhängen, interessierte Wolfram schon lange. Wie kam es dazu, dass Goten, Vandalen oder Franken in römischen Provinzen die Macht übernahmen? Wir verdanken Wolframs Suche nach einer Antwort auf diese Frage ein neues Bild der Völkerwanderungszeit, befreit von ideologischen Wertungen und romantischen Wunschbildern. Er hat entscheidend dazu beigetragen, die konventionelle Erzählung vom ‚Fall Roms' durch eine neue von dessen Transformation zu ersetzen. Bahnbrechend war seine Geschichte der Goten. Darin ersetzte er ihre Verklärung als heldenhafte Germanen, oder ihre Verteufelung als blutrünstige Barbaren, durch eine souveräne Darstellung ihrer schrittweisen Ethnogenese und ihrer Integration in eine sich wandelnde spätrömische Welt. Es folgte ein weit gefasster Überblick über ‚Das Römerreich und seine Germanen', der die Völkerwanderungszeit nicht als Geschichte einer ‚welthistorischen Auseinandersetzung' zwischen Römern und Germanen darstellte, sondern die vielfältigen, wenn auch ambivalenten Verbindungen zwischen Rom und seinen militärischen Verbänden barbarischer Herkunft nachzeichnete. Wolfram hat die außergewöhnliche Gabe, die strukturellen Zusammenhänge mit Leben zu erfüllen und sie auch modernen Menschen in nachvollziehbaren Beispielen fassbar zu machen. Er beschreibt die Ereignisse und ihre Akteure so, dass die Hintergründe deutlich werden, ohne dass abstrakten Erörterungen dazu nötig sind.

Auf diese Weise hat Herwig Wolfram auch die große Herausforderung bewältigt, dem Raum des heutigen Österreich und seiner Nachbargebiete seine frühmittelalterliche Geschichte zu geben. Der Raum besaß in dieser Epoche der Veränderungen und Brüche keine räumlich oder zeitlich zusammenhängende ‚eigene' Geschichte – kein Staat, kein Volk, keine bleibende politische oder wirtschaftliche Konstellation, keine folgerichtige Entwicklung konnten die Grundlage einer kohärenten Erzählung bilden. Der Zerfall des römischen Donaulimes, der Durchzug vieler Völker und Gruppen, wechselnde Herrschaften in den Nachbargebieten, darunter Hunnen und Awaren, sowie die Ausbreitung von Slawen, die karolingische Eroberung und die zweite Christianisierung, schließlich die Ankunft der Ungarn, stets neue Szenarien, die letztlich dazu führten, dass das heutige Österreich am Schnittpunkt von germanischen, romanischen, slawischen und finnougrisch/türkischen Sprachen und Völkern liegt. Das Buch, das Herwig Wolfram über diese wechselhafte Entwicklung geschrieben hat, war geplant als ‚Geschichte Österreichs vor seiner Entstehung', erschien zunächst als ‚Die Geburt Mitteleuropas' und bildete schließlich unter dem Titel ‚Grenzen und Räume' den ersten Band der von Wolfram herausgegebenen zehnbändigen, nun fünfzehnbändigen ‚Geschichte Österreichs'. Dieses grundlegende Werk ermöglicht zu haben, ist sein bleibendes Verdienst.

Mit der vorliegenden Biographie Arnulfs kehrt Herwig Wolfram noch einmal in diese Grenzräume zurück, richtet seinen Blick aber weit darüber hinaus. Arnulf, dessen anachronistischer Beiname ‚von Kärnten' seinem weiten Aktionsraum nicht gerecht wird, hatte Wolfram schon lange gefesselt. In der Geschichtsschreibung wird Kaiser Arnulf meist ohne besondere Akzente in die Serie rasch wechselnder und mehr oder weniger gescheiterter Karolingerherrscher des späteren 9. Jahrhunderts eingereiht. Er kam aus dem ‚wilden Osten' des Reiches, wo er seine Hausmacht zwischen Mosapurc am Plattensee und Mosapurc nahe dem Wörthersee in Kärnten aufbaute, in einem vor allem slawisch besiedelten Gebiet. Arnulf gelang es, neben Herren aus der Region eine loyale slawische Truppe an sich zu binden, mit deren Hilfe er Ende 887 Karl III. von der Macht verdrängen konnte. Noch heute kann man oft lesen, dass damit der Zerfall des Karolingerreiches besiegelt war. Doch Arnulf hat zunächst nicht ohne Erfolg versucht, seine Herrschaft bis weit in den westfränkischen und italischen Bereich zur Geltung zu bringen und damit das Großreich zu erhalten. Eindrucksvoll zeichnet Wolfram diese Bemühungen nach. Arnulf, so zeigt sich, hat zunächst vieles richtig gemacht und versucht, mit Großzügigkeit Loyalität zu gewinnen, wie es von einem mittelalterlichen Herrscher erwartet wurde. Gescheitert ist er nicht nur an den politischen Umständen; sein Schlaganfall wenige Wochen nach der festlichen Kaiserkrönung in Rom und sein Tod bald darauf machten alle Bemühungen zunichte.

Wie immer gelingt es Wolfram, sein tiefes Verständnis für die Person Arnulfs, für seine Zeitgenossen und die Umstände ihres Handelns dem Publikum zu vermitteln. In der Biographie eines ehrgeizigen, tatkräftigen, mit vielerlei Widerständen kämpfenden Herrschers wird die Dynamik deutlich, die zum Niedergang der karolingischen Herrschaft und dem Zerfall des Reiches geführt hat. Was Wolfram ‚keine Biographie', sondern nur eine ‚biographische Skizze' nennt, bietet einen neuen Blick auf die weiten Spielräume von Arnulfs Herrschaft, seine Person und sein engeres Umfeld, sowie auf die adeligen Akteure, Männer und Frauen, die seine Politik mitbestimmt haben. Dieses schmale Buch erzählt eine wenig bekannte und doch faszinierende Geschichte und bietet noch einmal die Gelegenheit, einen Meister seines Faches am Werk zu erleben.

Walter Pohl

Einleitung

Ob es sinnvoll war, dem Drängen wohlmeinender Freunde nachzugeben und sich der Gestalt Arnulfs von Kärnten etwas ausführlicher zu widmen,[1] mögen Kritiker und Leser entscheiden. Beiden wird jedenfalls keine Biographie Arnulfs geboten. Vielmehr wird eine biographische Skizze versucht. Eine solche stellt nicht den Anspruch, mit der Lebensbeschreibung eines Heinrichs II. oder Konrads II. verglichen zu werden[2] oder die dichte Darstellung zu erreichen, die Eric Goldberg von der Politik Ludwigs des Deutschen gelang, der damit die imposante Reihe hochkarolingischer Biographien abschloss.[3] Und die Entscheidung für eine Skizze bedingte nicht nur die Überlieferung des ausgehenden 9. Jahrhunderts, die gegenüber der Zeit Karls des Großen und seiner Erben oder dem beginnenden 11. Jahrhundert wesentlich dürftiger und lückenhafter ist, sondern hat auch mit dem Alter des Autors zu tun, der an ein Ende kommen wollte, bevor ihn das Ende erreichte. Andrerseits reizte es immer noch, neue Beobachtungen mitzuteilen und einige besonders westlich von Inn und Salzach, aber auch östlich der Enns übersehene Fragestellungen aufzugreifen,[4] vor allem aber eine so noch nicht erzählte Geschichte zu erzählen, indem „von Kärnten" als politische Metapher ernst genommen wird..

Es wäre allerdings ungerecht, die für ihre Zeit ausgezeichnete und nach wie vor erschöpfende Behandlung der Herrschaft Arnulfs zu verschweigen, die Ernst Dümmler im dritten Band seiner Geschichte des ostfränkischen Reiches verfasste. Doch bilden diejenigen Kapitel der vorliegenden Arbeit, die wie Dümmlers Darstellung ebenfalls Jahresberichten gewidmet sind, keine bloße Wiederholung seines Textes. Vielmehr folgt auf die Besprechung der Quellen und der Behandlung von Herrschern, Einrichtungen und Orten eine ausgewählte Chronik der Ereignisse, die vornehmlich auf Urkunden sowie auf der Regensburger Fortsetzung der Annales Fuldenses beruht und auch den anfänglich zeitgleichen Poeta Saxo berücksichtigt. Außerdem wird der etwas zeit- und ortsfernere Regino von Prüm herangezogen. Das Großkapitel „Von Jahr zu Jahr" bedingt mitunter die zweimalige Behandlung von Ereignissen, ohne sich wörtlich zu wiederholen. Im Großkapitel „Die Person" geht es um den Namen, den Arnulf vom Vater erhielt, worauf die Bedeutung des Beinamens erörtert wird, den ihm eine viel jüngere Nachwelt verlieh. Gefragt wird nach dem Ort und rechtlichen Status seiner Geburt, den Matthias Becher aufgrund einer fast

---

1 Vgl. den Überblick in GuR 166–168 und 257–259.
2 Weinfurter, Heinrich II. Wolfram, Konrad II.
3 Siehe bes. Nelson, King and Emperor. Nelson, Charles the Bald. McKitterick, Karl der Große. Weinfurter, Karl der Große. Fried, Karl der Große. Goldberg, Struggle for Empire. MacLean, Kingship and Politics.
4 Eine ORF-Sendereihe 2023 über die Geschichte Österreichs beginnt, wie üblich, mit der Erstnennung von *Ostarrîchi* 996. Dagegen behandelt der 1. Band des NÖUB bereits ausführlich die Karolingerzeit, in der die onomastischen und institutionellen Grundlagen von *Ostarrîchi* gelegt wurden.

vergessenen Wiener Dissertation von Silvia Konecny neuerlich zur Diskussion gestellt hat. Auch wird der Versuch unternommen, persönliche Züge an Arnulf zu entdecken. Eine Neuheit bildet die Annahme, in der Kurzvita der Slawenlehrer Konstantinos und Methodios sei der Platz des ungenannten Königs der Nemcy, der Bayern, für einen König nach Art Arnulfs freigehalten worden.[5] Aber auch wer diese Annahme zu gewagt findet, wird anerkennen, dass der königliche Anonymus der *Brevis vita ss. Constantini et Methodii* für eine regionale Politik steht, die Arnulf spätestens ab 876 als Herr des Ostlandes und besonders ab 887 als König des Ostfrankenreichs zu leisten hatte und weitgehend erfolgreich geleistet hat.

Die Schreibung der slawischen Namen folgt der lateinischen Überlieferung; so ist vom Mährer Zwentibald die Rede und nicht von Svatopluk. Von dem Mährer Zwentibald wird der Sohn Arnulfs und lothringischer König als Zwentibold unterschieden. Dass die moderne Literatur trotz Covid-Pandemie, großer gesundheitlicher Beeinträchtigungen und Isolation in der Salzburger Eremos zu einem guten Teil zur Verfügung stand, hat eine Reihe von Freunden und Kollegen ermöglicht, denen nicht genug zu danken ist, nämlich Karl Brunner, Richard Corradini, Max Diesenberger, Stefan Esders, Sonja Führer, Eric J. Goldberg, Paul Herold, Gerhard Lindauer, Walter Pohl, Helmut Reimitz, Anton Scharer, Herwig Weigl und Bernhard Zeller. Die meisten von ihnen haben zumindest Teile des Manuskripts gelesen und wertvolle Anregungen und Ergänzungen beigetragen. Beim Thorbecke-Verlag danke ich Anita Pomper für die gute Zusammenarbeit.

Besonderen Dank schuldet der Autor Frau Magistra Andrea Martin, die für die Erstellung des Textes gesorgt hat, und Lukas Steger für seine Hilfe bei den Fußnoten und beim Register.

Eugendorf bei Salzburg   Herwig Wolfram

---

5   GuR 264.

Die Quellen im Überblick

Der St. Gallener Mönch Notker Balbulus, gestorben 912, war nicht nur ein begnadeter Dichter, sondern auch ein wacher Zeitgenosse der letzten drei ostfränkischen Karolingerherrscher. Im Jahre 883 besuchte Kaiser Karl III. der Dicke das Kloster St. Gallen und bekam dort von Notker die Taten seines Urgroßvaters als leuchtendes Beispiel vorgetragen. Später wurden aus diesen Erzählungen Notkers von den Taten des großen Karls die *Gesta Caroli Magni imperatoris*. Notker redigierte aber auch die unter dem Namen Formelbuch Salomos III. gehende Sammlung von Urkundenformularen, Gedichten und Briefen und schrieb unter anderen die Fortsetzung des Erchanbert mit einem hoffnungsvollen Bekenntnis zum erfolgreichen Fortbestand der karolingischen Dynastie.[6]

In Arnulfs ersten Königsjahren dichtete der Poeta Saxo seine Annalen, seine Jahrbücher, von den Taten Karls des Großen. Ähnlich wie Notker versuchte der wahrscheinlich in Corvey beheimatete Mönch Einfluss auf den aktuellen Ostfränkischen König zu gewinnen. Er könnte Arnulf von Kärnten persönlich kennen gelernt haben, als dieser vor 889 das sächsische Kloster besuchte, das der König auch später reichlich mit Privilegien bedachte. Poeta Saxo bezeichnete Arnulf als gleichnamig, *omonimus*, mit Arnulf von Metz und erwartete nun von ihm die dem Ahnherrn des karolingischen Hauses entsprechenden Großtaten.[7] Außerdem erzählte er dem König nach Einhards *Vita Karoli Magni* von der Italienpolitik Karls des Großen (c. 28) wie von dessen Eroberungen in Ost-und Südosteuropa, wofür er die antiken Namen verwendete (c. 15), beides Schauplätze, die tatsächlich zu Arnulfs vornehmsten Handlungsgebieten zählten und kaiserliche Reminiszenzen hervorriefen.[8]

Die wichtigste und zugleich schwierigste Quelle für die Geschichte Arnulfs von Kärnten sind die Annales Fuldenses. Schon ihr Name ist höchst problematisch und sollte nach Heinz Löwe zu Ostfränkische Reichsannalen geändert werden. Als solche erfüllen sie für den vorliegenden Text ihren Zweck als Zeit- und Ereignisgerüst. Im Mainz Erzbischofs Liutbert wurden sie bis 887 geschrieben, während eine Regensburger, der Hofkapelle nahestehende Fortsetzung im Jahre 882 beginnt und über den Tod Arnulfs 899 hinaus zeitnah, mitunter sogar zeitgleich geführt wurde. Ob die Regensburger Fortsetzung von einem oder mehreren Annalisten verfasst wurde, ist nicht entschieden. Dazu eine Beobachtung, die für mehrere Autoren sprechen würde: Die Jahreseintragungen schließen einmal mit Weihnachten ab, wobei das Fest mitunter ausdrücklich als Jahresabschluss erwähnt wird, ein andermal beginnt das Jahr mit dem Geburtstagsfest des Herrn. Jedenfalls dürfte ein bestimmter Text von einem einzi-

---

6   Löwe, Geschichtsquellen 752–755.
7   Saxo, Annales V vv. 135–140; S. 58.
8   Löwe, Geschichtsquellen 862–867. Becher, Zwischen König und „Herzog" 106 f. Poeta Saxo, Annales V vv. 195–200; S. 60.

gen Autor stammen, so dass jeweils von einem Regensburger Annalisten in der Einzahl die Rede sein kann. Weder die Mainzer Fassung noch die Regensburger Fortsetzung sind ausführlich an westfränkischen Ereignissen interessiert, eher berichten sie noch von Lothringen.[9]

Ganz anders verhält es sich naturgemäß mit dem Lothringer Regino von Prüm. Er war Abt seines Klosters zwischen 892 und 899, bis er in diesem Jahr seine Würde in den lothringischen Wirren verlor. Er verfasste neben anderen Werken eine wertvolle Weltchronik, die von Christi Geburt bis 906 reicht und die der Autor 908 an Bischof Adalbero von Augsburg (887–910) sandte. Ein juristisches Sammelwerk, das ebenfalls 906 endet, hat Regino dem Erzbischof Hatto von Mainz (891–913) gewidmet. Beide zählten zu Arnulfs engsten Vertrauten und hatten 892 dessen Sohn Ludwig das Kind aus der Taufe gehoben. Regino zeigte damit, dass er die Bedeutung des ostfränkischen Reiches erkannte und dessen Geschichte beobachtete. Dabei hatte er sich nicht nur als annalistischer Chronist, sondern auch als Geschichtsdenker versucht, der das Walten des Schicksals bedachte, wie etwa seine Schilderung des Endes Karls III. des Dicken zeigt.[10]

Historiographische Texte des 10. und 11. Jahrhunderts liefern mitunter versprengte Nachrichten zu Arnulfs Geschichte, die von einiger bis großer Bedeutung sind. Zu nennen sind besonders Liudprand von Cremona (um 920 bis um 972), Arnold von Sankt Emmeram (gestorben vor 1050), die Chronik von Hermannus Contractus (Hermann von Reichenau, gestorben 1054) und die Casus s. Galli Ekkehards IV. der vor 1057 starb. Weniger ergiebig für die allgemeine Geschichte sind die meisten der in Klöstern verfassten Annalenwerke, doch findet man in den Annales Alamannici, den Annales Vedastini und in den Salzburger Annalen vereinzelt wertvolle Nachrichten.[11] Das gilt auch für die Angelsachsenchronik, ein altenglisches annalistisches Werk, dessen Grundstock Anfang der 890er Jahre an Alfreds Hof oder in dessen Umkreis kompiliert wurde und das Arnulf zweimal erwähnt. Einmal zum Umsturz von 887, wobei dieser Eintrag retrospektiv, aber noch vor 892 verfasst wurde, und dann zur Normannenschlacht von 891. Was erklärt das Interesse an Arnulf? Dass er im Mannesstamm karolingischer Herkunft ist. Für die Angelsachsenchronik sind dynastische und Legitimitätsfragen sehr wichtig, die Beziehungen zu den Karolingern darüber hinaus Prestige trächtig.[12]

Allgemein werden von den Autoren eigenartige oder ungewöhnliche Ereignisse nicht selbstverständlich übernommen. So verwendet der Mainzer Annalist das ungefähre *perhibetur*, „er soll," wenn er vom Tränenausbruch Arnulfs berichtet, als man dem neuen König die Partikel vom Heiligen Kreuz zeigte,

---

9 Löwe, Geschichtsquellen 671–681.
10 Löwe, Geschichtsquellen 898–904. Siehe jüngst Goetz, Chronik.
11 Siehe das Verzeichnis bei Löwe, Geschichtsquellen 924 s. v.
12 Der Text von den Anglosaxon Chronicles folgt einer Zuschrift, die Anton Scharer dankenswerter Weise zur Verfügung stellte. Nicole G. Discenza (ed.), A Companion to Alfred the Great, 2015, enthält mehrere aktuelle Beiträge zur angelsächsischen Chronik.

worauf er Karl III. 882 die Treue geschworen hatte.[13] Und Arnold von Sankt Emmeram schreibt, „ich erinnere mich, gelesen zu haben," wenn er die außerordentlichen Wohltaten erwähnt, die Arnulf seinem Lieblingskloster gewährt hatte.[14] Innerhalb der jährlichen Eintragungen wird vorwiegend einer relativen Chronologie gefolgt. Die nach Jahren geordnete Darstellung kann durch Mitteilungen ergänzt sowie zeitlich und räumlich abgesichert werden, die den narrativen Elementen der Königsurkunden Arnulfs zu entnehmen sind, deren Ausstellung zumeist absolut datiert und lokalisiert wird.

---

13 AF (Mogunt.) a. 887; S. 106.
14 Arnold von St. Emmeram I 5; S. 551.

I. Herrscher, Einrichtungen und Orte

1. Das Bayerische Ostland

Das Bayerische Ostland wurde in den Grundzügen um 800 von Karl dem Großen als missatische Mark eingerichtet. Das heißt, ein oberster Grenzgraf und *missus dominicus* war für das gesamte Gebiet des im Laufe des 8. und beginnenden 9. Jahrhunderts eroberten Awarenreichs verantwortlich. Ihm waren rangniedere, aber ebenfalls vom Herrscher beauftragte Grafen, *comites et missi dominici*, zugeordnet und gentile Tributärfürsten, *duces* (*gentis*), unterstellt. Der oberste Grenzgraf und Königsbote wurde ersetzt, sobald ein Königssohn oder König dessen Aufgabenbereich übernahm.

Spätestens ab der Mitte des 9. Jahrhunderts wurde das Ostland die *plaga oientalis* genannt oder hieß wahrscheinlich in der Volkssprache bereits Ostarrîchi.[15] Das riesige Gebiet bestand aus der noch im bayerischen Altsiedelland liegenden Grafschaft im Traungau,[16] aus der ersten oberpannonischen Donaugrafschaft zwischen Enns und Raab mit dem Fiskus Tulln, aus der zweiten oberpannonische Grafschaft mit dem Vorort Savaria, heute Steinamanger/Szombathely, aus den gentilen Fürstentümern im niederösterreichischen Kamptal und in Unterpannonien mit einer Moosburg, heute Zalavár, aus der Grafschaft Karantanien mit einer Moosburg und der Grafschaft im Laibacher Becken sowie aus dem gentilen Fürstentum zwischen Drau und Save mit dem Vorort Siscia/Sisak. Dazu kam dem Anspruch nach die Oberherrschaft über das gentile Fürstentum der Mährer.[17] Demnach reichte das Bayerische Ostland vom oberen Pustertal östlich von Innichen bis zur Fruška Gora, dem Frankenwald zwischen Donau und Save westlich von Belgrad, von der heute oberösterreichischen Traunmündung bis über Fünfkirchen/Pécs nach Osten und von der mittleren Donau bis zur Thaya im Norden.[18] In diesem Raum wäre die Zusammenarbeit von Historie und Archäologie von großer Bedeutung. Als Beispiel wäre die Funktion Priwinas von der pannonischen Moosburg erwähnt. König Ludwig der Deutsche nennt ihn in einer Originalurkunde, in der besten mittelalterlichen Überlieferungsform, *dux* und dessen Herrschaftsgebiet *ducatus*, wie die Quellen von der Bretagne bis zur Save einen gentilen Tributärfürsten und dessen Fürstentum bezeichnen. Außerdem erfolgte die Schenkung Priwinas an das Kloster Altaich mit der königlichen Zustimmung, der ein spätkarolingischer Graf nicht mehr bedurft hätte. Ebenso falsch ist aber auch die Bezeichnung Pri-

---

15 Conversio c. 10 (ed. Wolfram) 72 und 167–170. WS 84–86 und 175–192.
16 Vgl. etwa D. Arnolf 7; S. 14: *in Bauuariae partibus...in pago Trungovve*, mit D. Arnolf 8; S. 15 f.: *in comitatu Arbonis in pago Trungovui*.
17 WS 185–188, GuR 222 f. und Conversio (ed. Wolfram) 261–268.
18 GuR 218–224 und WS 84–86 und 181–191 sowie Conversio (ed. Wolfram) 166–178.

winas als Herzog, wie man in der Vorbemerkung des edierten Diploms liest. Ein gentiler *dux* ist als Fürst zu übersetzen.[19]

2. Die östlichen Nachbarn und ein namenloser König der Bayern

Dieses Kapitel ist Dame Janet L. Nelson gewidmet, die in unnachahmlicher Weise Vorgänge und Entwicklungen in der gesamten fränkischen Welt erfasste. So schrieb sie für das Back-Cover von Eric Goldberg's exzellentem Buch *Struggle for Empire*: Das Reich Ludwigs des Deutschen *needed not subjects but allies beyond its eastern frontiers*. Dieser Satz gilt uneingeschränkt auch für Arnulf, der seine Herrschaft in der Nachfolge des Großvaters antrat, und könnte auch der Titel dieses Kapitels sein.

Im linksrheinischen Nordwesten des ostfränkischen Reiches erringt eine Schar von Normannen 891 einen überraschenden Sieg über ein schlecht geführtes fränkisches Heer, während sich König Arnulf viele hunderte Kilometer davon entfernt im äußersten Osten Bayerns, genauer des Bayerischen Ostlandes, befindet. Eiligst bricht er von dort auf und feiert mit hauptsächlich fränkischen, aber auch sächsischen und bayerischen Kriegern einen großen Sieg über dieselben Normannen, die sich bei Löwen/Leuven im heutigen Belgien verschanzt hatten.[20] Im darauf folgenden Jahr 892 hat der König vor allem wieder im Osten zu tun. Mit Franken, Bayern und Alemannen führt er einen Verwüstungsfeldzug gegen Mähren, wozu er Hilfe aus dem reichsangehörigen Fürstentum von Siscia erhält und erstmalig wie einmalig ungarische Reiter anheuert. Darüber hinaus sendet er Boten zu den Bulgaren, um sie für einen Zweifrontenkrieg gegen Zwentibald I. zu gewinnen.[21] Gleichzeitig kommen byzantinische Gesandte, um den „König der Bayern" um Unterstützung gegen eben diese Bulgaren zu bitten. Die Herausforderungen, die an Arnulfs Königtum gestellt wurden, verlangen daher, die Erzählung wechselweise vom Rhein über den Inn donauabwärts zur March, Drau, Save und darüber hinaus nach Osten und Südosten bis Byzanz auszudehnen. Zugleich aber muss der Westen über den Rhein bis nach Lothringen betrachtet werden und ist für Arnulfs spätere Zeit auf Italien nicht zu vergessen.[22] So sah es schon der Poeta Saxo, der Zeitgenosse von Arnulfs königlichen Anfängen, wenn er ihm vor Augen führte, welchen gewaltigen Um-

---

19 D LD 100; S. 144, Regensburg, 860 II 20. Conversio (ed. Wolfram) 198–201. WS 171–173. Zu korrigieren ist Szöke, Karolingerzeit.
20 Regino, Chronica a. 891; S. 137f. Vgl. AF (Ratisb.) a. 891; S. 119–121.
21 AF (Ratisb.) a. 892; S. 121 f.
22 Der von Franz Fuchs und Peter Schmid herausgegebene Sammelband „Kaiser Arnolf" von 2002 bildete die unentbehrliche Voraussetzung der vorliegenden biographischen Skizze, wofür nicht genug zu danken ist. Der Band enthält jedoch unter 14 Aufsätzen nur den Beitrag „Kaiser Arnolf und der Südosten" von Heinz Dopsch, dem leider früh verstorbenen und sehr guten Kenner des Themas.

fang das von Karl dem Großen geschaffene und weit in den europäischen Osten über Pannonien hinaus reichende Reich besaß.[23] Den westlichen Aufgaben entsprechend, bildete Frankfurt den fränkischen Vorort von Arnulfs Herrschaft und nahm bezüglich der Zahl der königlichen Aufenthalte den zweiten Platz hinter Regensburg ein,[24] wo die Gesandten der östlichen Nachbarn unter Einschluss von Byzanz empfangen und abgefertigt wurden.[25]

Es war der Südosten, „der äußerste Winkel des (Franken)Reiches,"[26] der Arnulfs Horizont und Lebenswelt bis ungefähr zu seinem 37. Lebensjahr im wesentlichen bestimmte. Hier befand man sich im oder zumindest nahe dem Zentrum einer anderen als der karolingischen Welt. Die Entscheidungsbefugnis von Papst Hadrian II. (867–872) wurde an March und Save zwar anerkannt.[27] Aber man sprach und schrieb hier Griechisch, Slawisch und erst an dritter Stelle Latein und feierte in den drei Sprachen die Liturgie. Hier galt auch die byzantinische Datierung nach der Erschaffung der Welt im Jahre 5508 vor Christus.[28] Und hier herrschten zugleich, wie ein anonymer Autor wusste, im Jahre 6393–5508 = 885 an erster Stelle der Mährerfürst Zwentibald I. (871–894), dann der Kaiser der Rhomäer Basileios I. (867–886), drittens der „von Gott bestimmte" Bulgarenkhan Boris I. Michael (852–889) sowie schließlich ein anonymer kralъ němcъskymъ ljudem, ein namenloser König des Volkes der Nemcy. So steht es in der Kurzfassung der Lebensbeschreibungen der beiden Brüder Konstantinos und Methodios, die im Prolog der Vita Methodii erhalten blieb.[29] Der den Bulgaren zugewandte Verfasser des Prologs, der mit dem wahrscheinlich mährischen Autor der eigentlichen Vita Methodii nicht identisch sein kann,[30] hatte zwar Schwierigkeiten, die einzelnen Datierungen zu synchronisieren, aber keine mit der Wiedergabe der Machtverhältnisse seiner Zeit und Umwelt.

2.1. Der Mährerfürst Zwentibald I. (871–894)

Die vornehmsten slawischen Erben der Awaren wurden die Mährer. Zum selben Jahr 822 erwähnen die fränkischen Reichsannalen die Mährer zum ersten und die Awaren zum letzten Mal.[31] Die fränkische Eroberung des Awarenreiches begründete den karolingischen Anspruch auf Mähren als abhängiges Tributärfürstentum, wo Kaiser Ludwig dem Frommen und seinen Nachfolgern vor allem

---

23 Poeta Saxo, Annales V vv.195–200; S. 60.
24 P. Schmid, Kaiser Arnolf 207f.
25 Vgl. unten Anm. 348.
26 Canon Hludowici regis c. 11, 3; 3, 248f.
27 Brevis vita ss. Constantini et Methodii 166.
28 Fichtenau, „Politische" Datierungen 279f.
29 Brevis vita ss. Constantini et Methodii 166. Zur politischen Bedeutung einer Datierung siehe Fichtenau, „Politische" Datierungen 186–285. Vgl. Lübke, Fremde 58 mit Anm. 273f.: „das Gegensatzpaar nemcy – slovene."
30 Constantinus et Methodius 31.
31 ArF a. 822; S. 159.

das Recht der Einsetzung der Herrscher zustünde.[32] Nach einer Generation der Konsolidierung kämpften die Mährer teilweise sehr erfolgreich für ihre Unabhängigkeit, und zwar mit militärischen wie diplomatischen Mitteln, aber auch mithilfe des Kirchenrechts. Für letzteres gewannen sie die byzantinische wie danach auch die päpstliche Unterstützung. So kam es zunächst zur Entsendung byzantinischer Slawenlehrer, die von mährischen Fürsten erbeten wurde.[33] Die Mährer unterstützten aber auch die Opposition ihrer Gegner und nahmen die Flüchtlinge der anderen Seite auf. Verließ die Frau eines vornehmen Franken mit ihrem Liebhaber die Heimat, fand das Paar Sicherheit und Schutz bei den Mährern. Wenn ein bayerischer Adelige die uneheliche Tochter König Arnulfs entführte und ehelichte, suchte er Mähren in der Hoffnung auf, über die Sache Gras wachsen zu lassen.[34] Als Isanrih, der Sohn des Markgrafen Arbo, 899 als Gefangener Arnulfs zum Gericht nach Regensburg gebracht werden sollte, entkam er und floh zu den Mährern, mit deren Hilfe er seine illegale Herrschaft Mautern wieder erlangte.[35]

Die ersten bekannten Mährerfürsten waren Moimir I. (um 830–846) und Rastislav (846–870), die ihr Reich zwar erweitern konnten, es aber auch gegen die fränkisch-bayerischen Nachbarn verteidigen mussten. Sowohl Moimir wie Rastislav kamen dabei unter die Räder, aber ihre Reiche gingen nicht unter.

Mit Karlmanns Ernennung zum Herrn des Ostlandes wäre 856 dem ältesten Sohn König Ludwigs des Deutschen die Aufgabe zugefallen, die fränkische Oberhoheit bei den Mährern verstärkt durchzusetzen. Bereits 858 sollte er deshalb nach dem Wunsch des Vaters einen Kriegszug gegen Rastislav führen. Tatsächlich gingen die beiden ein Bündnis ein, das Rastislav geraume Zeit ungehindert schalten und walten ließ.[36] So meinte Ludwig der Deutsche eingreifen zu müssen und ließ 863 verlauten, er werde mit Hilfe der Bulgaren gegen die Mährer marschieren.[37] In Wirklichkeit war jedoch das Kriegsziel die Maßregelung Karlmanns, der sich im Bayerischen Ostland wie ein König gab. Erst im folgenden Jahr 864 ging „König Ludwig im Monat August mit Heeresmacht über die Donau", während die Bulgaren von Osten her angreifen sollten.[38] Das Frankenheer belagerte Rastislav erfolglos in seiner Burg Dovina/Puella. Wo immer man den Mädchen-Ort lokalisiert, ob im slowakischen Devín an der Marchmündung, auf dem niederösterreichischen Leiserberg oder dem Devín-Maydenberg in den mährischen Pollauer Bergen, der großangelegte fränkische Angriff kam hier zum Stehen. Ludwig der Deutsche musste sich mit der Stellung

---

32 GuR 442 Anm. 205.
33 GuR 259–267 und Conversio (ed. Wolfram) 18–25.
34 Canon Hludowici regis c. 11, 3; 3, 248f., und AF (Ratisb.) a. 893; S. 122.
35 AF (Ratisb.) a. 899; S. 133.
36 GuR 251–257.
37 Die westfränkischen AB a. 862; S. 60, veränderten diese Nachricht, so dass daraus in der modernen Literatur der erste Angriff der Ungarn auf das Ostfrankenreich (die Christenheit) wurde; so auch noch GuR 325 und Conversio (ed. Wolfram) 239 mit Anm.70. Zur Richtigstellung nach Max Diesenberger siehe Pohl, Avars 392.
38 GuR 251–257 und 315–320. Siehe bes. AF a. 863; S. 57, und a. 864; S. 58. Zur Interpretation dieser Mädchenburgen als Amazonenstädte siehe GS 238.

von Geiseln und der Erneuerung des Treueschwurs begnügen, bevor er einen höchst verlustreichen Rückzug antrat.[39] Von einer Teilnahme Karlmanns am Kriegszug seines Vaters wird nichts überliefert. Ebenso wenig erfährt man von den bulgarischen Verbündeten. Erst die zunehmende mährische Unterstützung der Slawenlehrer und die mit den beiden griechischen Brüdern versuchte Abkehr von der fränkisch-bayerischen Kirche sowie die verstärkten politischen Unabhängigkeitsbestrebungen Rastislavs führten 869 zum Bruch auch mit Karlmann. In diesem Jahr sandte Ludwig der Deutsche, der wegen Krankheit in der Königsstadt Regensburg zurück blieb,[40] seine drei Söhne mit Heeresmacht gegen Sorben, Böhmen und Mährer. Karlmann sammelte seine Krieger im erstmals erwähnten Baden, heute bei Wien, um von dort Zwentibald in Neutra/Nitra mit einem Verwüstungsfeldzug in die Knie zu zwingen. Eine Teilnahme Arnulfs wird nicht erwähnt, ist aber nicht unwahrscheinlich, weil er damals bereits an die 20 Jahre zählte und sehr bald mit Zwentibald in engere Beziehung trat. Um weiteren Schaden zu vermeiden, nahm der Fürst von Nitra 870 Verhandlungen mit Karlmann auf und „übergab ihm sich und sein Reich". Der darüber erzürnte Rastislav versuchte erfolglos, Zwentibald zu beseitigen, wurde aber selbst von seinem Neffen überwältigt und Karlmann ausgeliefert. Dieser reichte den Gefangenen an Ludwig den Deutschen nach Regensburg weiter. Hier wurde Rastislav auf einem Reichstag im Herbst 870 von Vertretern der ostfränkischen einschließlich der abhängigen slawischen Völker zum Tode verurteilt, ein Urteil, das Ludwig der Deutsche zu Blendung und Klosterhaft „milderte".

Rastislavs Sturz hatte es den fränkisch-bayerischen Heeren ermöglicht, so viele Eroberungen in Mähren zu machen wie niemals vor oder nach 870. Selbst der fürstliche Schatz fiel in die Hände Karlmanns.[41] Ob freiwillig oder unfreiwillig dürfte dies auch Zwentibald und seiner Frau Suuentizizna widerfahren sein. Die Annales Fuldenses bezeugen zu Anfang des Jahres 871 bereits eine längere Anwesenheit Zwentibalds in Karlmanns Herrschaftsbereich.[42] Dieser könnte den Mährerfürsten 870 veranlasst haben, seinen ersten Enkel und Sohn Arnulfs aus der Taufe zu heben und ihm seinen Namen Zwentibold zu geben. So kam es zur ersten bekannten Patennachbenennung in der Westkirche.[43] Wo der kleine Zwentibold getauft wurde, ist nicht überliefert. Die Zeremonie könnte in Karlmanns Lieblingspfalz und späterer Begräbnisstätte Ötting stattgefunden haben. Hier kam jedenfalls Zwentibolds um 23 Jahre jüngerer Halbbruder Ludwig (IV. das Kind) 893 zur Welt und wurde hier wahrscheinlich auch getauft.[44] Von Ötting könnte das mährische Fürstenpaar ins nicht allzu weit entfernte Salzburg gereist sein, um den auch für Mähren zuständigen Oberhirten aufzusuchen. Bei dieser Gelegenheit wurden vermutlich die Namen von

---

39 GuR 316 mit Anm. 213.
40 Zur Bezeichnung Regensburgs als *civitas regia* siehe etwa DD LD 100f.; S.145f., vgl. S. 407 s. v.
·   *civitas*.
41 AF a. 870; S. 70f. M. Hartmann, Lotharingien 123f. GuR 162f. und 254.
42 AF a. 871; S. 72f.
43 Mitterauer, Ahnen und Heilige 310 und 320.
44 BM² 1538a. Schieffer, Die Karolinger 177f. Zu AF (Ratisb.) a. 893; S. 122, siehe GuR 168f.

Zwentibald und Suuentizizna in das Verbrüderungsbuch von St. Peter in Salzburg eingetragen, und zwar systemkonform in den vom Bayernherzog Tassilo III. und seiner Frau Liutpirg angeführten Ordo der lebenden gentilen *duces*.[45] Diese Ordnung entspricht genau der Gleichsetzung der königgleichen Herzöge mit den gentilen Fürsten; beide galten als *duces gentium*, wie dies Paulus Diaconus ausdrücklich bezeugt.[46] Die Erzählung beruht auf der Annahme, das mährische Fürstenpaar sei bei der Eintragung persönlich anwesend gewesen. Zwentibald könnte damit aber auch seinen Vertrauten, den wahrscheinlich ebenfalls eingetragenen Priester Wiching, beauftragt haben, wie dies bei den Eintragungen in den Codex Foroiuliensis und für den Fürsten allein in das Reichenauer Verbrüderungsbuch der Fall war.[47] Offenkundig sollte es ein Beweis seiner Treue sein, dass sich Zwentibald als Taufpate für den Sohn Arnulfs und Enkelsohn Karlmanns bereitfand. Auch liegt das byzantinische Vorbild nahe: Nur etwa vier Jahre zuvor hatte Kaiser Michael III. (842–867) den Bulgarenkhan Boris I. aus der Taufe gehoben und ihm seinen Namen gegeben.[48] Ebenso wirkte derselbe Kaiser, der 863 Konstantinos und Methodios nach Mähren sandte, als Taufpate der Kinder seiner Gefolgsleute.[49]

In Mähren war mit 870 ein Interregnum entstanden. Als Karlmann und seine Helfer auch Zwentibald ausschalten und in Mähren fränkische Grafschaften einrichten wollten, war der Bogen überspannt. Der bereits festgenommene Fürst musste freigelassen werden und stellte 871 seine Herrschaft im gesamten Mährerreich glanzvoll wieder her. Ein während Zwentibalds Gefangenschaft von den Mährern erhobener Fürst, der zuvor Priester gewesen war, wurde offenkundig ohne Blutvergießen kaltgestellt. Gleichzeitig erlitten die bayerischen und ostfränkischen Heere eine Niederlage nach der anderen, für die Ludwig der Deutsche seinen Sohn Karlmann, nicht ohne Grund, verantwortlich machte. So traf der König eine Entscheidung, die tief in den Herrschaftsbereich Karlmanns eingriff. Im Jahre 871 trennte der König die drei gegen Mähren gerichteten Grafschaften vom Bayerischen Ostland ab und übertrug sie einem Grafen Arbo, wobei er die Rechte der im Traungau und im niederösterreichischen Zentralraum ansässigen Wilhelminer überging. Die königliche Entscheidung erlaubte kurzfristig einen Ausgleich mit den Mährern herzustellen und 874 in Forchheim Frieden zu schließen, barg aber mittelfristig den Keim eines schweren Konflikts mit der übergangenen Adelsgruppe in sich und bedeutete auf lange Sicht die Spaltung und damit eine empfindliche Schwächung des Ostlandes.[50] Als Ludwig der Deutsche 871 Arbo als Grafen der drei Grafschaften im Traungau, zwischen Enns und Raab sowie um Steinamanger einsetzte, musste der nichtkönigliche Herr des Bayerischen Ostlandes auf diese am besten entwickelten Teile des

---

45 Conversio (ed. Wolfram) 292 f. (Abbildung auf S. 291).
46 Pohl, Awaren bes. 269, und WS 166 f. zu Paulus Diaconus, Historia Langobardorum V 29; S. 154.
47 Conversio (ed. Wolfram) 291–297, bes. 295 f., doch ist die dort gebotene Datierung der LC-Eintragung auf 870 mit einem Fragezeichen zu versehen.
48 Mitterauer, Ahnen und Heilige 129 mit Anm. 17. Angenendt, Kaiserherrschaft (wie Anm. 60).
49 Lübke, Fremde 286.
50 GuR 317 und WS 91 f. AF (Ratisb.) a. 884; S. 110–113.

2. Die östlichen Nachbarn und ein namenloser König der Bayern

Ostlandes de facto verzichten und sich auf ein, allerdings immer noch umfangreiches Karantanien beschränken.[51] Graf Arbos Bestellung war nur möglich geworden, weil die Wilhelminer Grafen bei einem Überfall Zwentibalds 871 alle den Tod gefunden hatten. Als deren damals unmündige Söhne ein Jahrzehnt später um etwa 880 nachgewachsen waren, forderten sie die Grafschaften als ihr Erbe zurück und vertrieben Arbo. Dieser suchte und fand Hilfe sowohl bei Karl III. wie bei Zwentibald. Der soeben anfangs 882 bayerischer König gewordene Karl III. ermöglichte Arbo die Rückkehr in seine Grafschaften. Karls und Arbos mährischer Verbündeter Zwentibald dürfte schon 881 eine Vorleistung erbracht haben, indem er ungarisch-kabarische Reiter, *speculatores*, gegen die Wilhelminer einsetzte.[52] So ist die sonst völlig isolierte Nachricht der Salzburger Annalen am besten zu verstehen, wonach 881 zuerst im Raum von Wien mit Ungarn und danach bei Pöchlarn mit Kabaren gekämpft wurde.[53] Das heißt auf dem Gebiet von Arbos Donaugrafschaft, in der aber zugleich die Kernräume der wilhelminischen Besitzungen lagen.[54] Die überlebenden Angehörigen des Geschlechts wichen 882 vor dem mährischen Druck und flüchteten nach Pannonien östlich der Raab. Hier wurden sie „Leute" Arnulfs, „der damals Pannonien besaß", und zwar als *dux* in der Nachfolge der *duces gentium* Priwina und Chozil.[55] Zwentibald reagierte darauf mit zwei Gesandtschaften, die Arnulf im Namen ihres Herrn schwere Vorwürfe machten und die Trennung von den Wilhelminern verlangten. Arnulf lehnte die Forderungen Zwentibalds rundweg ab und stellte offenkundig die Verpflichtungen, die ihm die Bande der Mannschaft auferlegten, über die Verpflichtungen der Gevatterschaft, die er um 870 mit Zwentibald I. eingegangen war, eine Entscheidung, die den Mährer aufs tiefste empörte und zu einer langwierigen, äußerst grausamen Kriegsführung veranlasste.[56]

Drei Sommer lang wurde von 882 bis 884 an der Donau östlich der Raab gekämpft, woraus sich zweierlei ablesen läßt: Zum einen war Arnulf damals militärisch seinem *compater* unterlegen,[57] zum andern war er aber stark genug, dem Mährer mehrjährigen Widerstand zu leisten und mit ihm 885 Frieden von gleich zu gleich zu schließen. Dadurch erhielt er 887 wahrscheinlich die militärische Unterstützung Zwentibalds beim Sturz Kaiser Karls des Dicken und versuchte 890 den Frieden zu erneuern, indem er Böhmen dem Mährerfürsten überließ. Regino von Prüm erklärte dagegen die Abtretung Böhmens mit der *familiaritas*, die zwischen Arnulf und dem Mährerfürsten wegen der Taufe Zwentibolds bereits bestand, „bevor er (Arnulf) auf den Thron des Reichs erhoben wurde." Der Autor ist allerdings für die freie Verfügung über Motive und

---

51 Siehe Anm. 415. WS 319 f. GuR 222 f. Dass der Raum zwischen Enns und Raab eine Grafschaft Arbos war, bezeugt etwa D Arn 98; S. 143 f., Salzburg, 892 IV 3, wonach Melk *in comitatu Arbonis* lag.
52 AF (Ratisb.) a. 884; S. 111.
53 Siehe GuR 325 f. mit Anm. 258 zu Annales Iuvavenses maximi a. 881; S. 742.
54 Siehe WS 319 mit Anm. 122 das Zeugnis der Ortsnamen.
55 Conversio (ed. Wolfram) 179–181 und 198–201 sowie GuR 258 mit Anm. 270 nach TR 102; S. 91.
56 AF (Ratisb.) a. 884; S. 111 f.
57 Cosmas von Prag, Chronica I 14; S. 32: Zwentibald ist Arnulfs *compater*.

Ereignisse bekannt. Er hatte offenbar Kenntnis von der Gevatterschaft, die Arnulf und Zwentibald verband, und er schloss daraus, dass sich diese Verbindung auch auf das politische Handeln der beiden auswirken musste. So brachte er zwei Ereignisse zusammen, die beide nichts miteinander zu tun hatten, überlieferte jedoch einen guten Grund, warum Zwentibald an Arnulf politische Forderungen stellen konnten. Und dafür bot der Wilhelminer Krieg eine gut dokumentierte Gelegenheit.

Die Abtretung Böhmens, berichtet genauer der Regensburger Annalist, erfolgte auf der Heeresversammlung, die Arnulf im pannonischen *Omuntesperch*, im oder beim späteren Klosterneuburg,[58] nach Lätare, 22. März, 890 abhielt. Der Mährerfürst war pflichtgemäß erschienen[59] und überbrachte zunächst die Bitte Stephans V., des Papstes, der ihn als König adressiert hatte, Arnulf möge nach Italien kommen und in diesem Reich nach dem rechten sehen. Ungern musste der König die Bitte abschlagen, weil er im ostfränkischen Reich unabkömmlich sei. Was sonst noch auf der Agenda stand, wird nicht berichtet. Aber man dürfte das Treffen nicht gerade einvernehmlich beendet haben. Dafür spricht zwar nicht Reginos Jahreseintragung zu 890, wonach der Mährerkrieg unmittelbar nach der Abtretung Böhmens wieder aufgeflammt sei.[60] Aber der Regensburger Annalist schreibt, dass 891 Gesandte Arnulfs zu neuerlichen Friedensverhandlungen nach Mähren gingen. Von den beiden damit Beauftragten war der eine der inzwischen Bischof gewordene Alemanne Wiching von Neutra. Seine Mission soll so erfolgreich gewesen sein, dass sich die Mährer wieder zum Königsdienst bereit fanden, „wie dies Eigenleute zu tun schuldig sind". So steht es wenigstens in einem Schreiben, das „der demütige Graf" Arbo an seinen König sandte; ein Brief, der auf der Reichenau als Original erhalten blieb und zu den ganz wenigen Specimina seiner Art und Zeit zählt.[61] Als Arnulf jedoch nach Ostern 892 sich wieder mit Zwentibald treffen wollte, verweigerte der Mährer zu kommen, und der Krieg brach von neuem aus.[62]

Zwentibald galt seinen Gegnern in West und Ost als ungebildeter Barbar. In Wirklichkeit war der Mährer ein sehr erfolgreicher Fürst. Regino nennt ihn 890 den König der mährischen Slawen.[63] Ebenso war er für manche Westfranken ein König, und auch Papst Stephan V. sprach ihn einmal als „König der Slawen" an, obwohl ihn Rom sonst höchstens „Fürst des Landes" nannte.[64] Zwentibald war

---

58 Schuster, Etymologie 3, 74 f.
59 Siehe WS 173 mit Anm. 417.
60 Zur Verbindung Arnulfs mit Zwentibald I. siehe bes. Regino, Chronica a. 890; S. 134, BM²1485 b. Vgl. Althoff, Bedeutung 14 ff. Angenendt, Kaiserherrschaft 121 ff. (*pactum compaternitatis*) und 238 ff., bes. 243, datiert die Taufe auf 874, auf das Jahr des Friedens von Forchheim. Nach AF a. 874; S. 83, waren aber in Forchheim nur die Gesandten Zwentibalds unter Führung des venezianischen Priesters Johannes anwesend, nicht aber der Mährerfürst selbst. Die Taufe wäre daher *per procuratorem* erfolgt, wovon nichts in den Quellen steht.
61 GuR 269 mit Anm. 334 nach Schwarzmaier, Brief 56–63. Siehe nun auch die MGH-Edition Aribo an König Arnulf. Epistolae variorum 84; S. 196–198, 197: ... *servi proprii* ...
62 AF (Ratisb.) aa. 891 und 892; S. 118 f. und S. 121 f.
63 Regino, Chronica a. 890; S. 134.
64 Stephan V., Epistolae n. 1; S. 354 f., und Stephan V., Fragmenta registri n. 33; S. 352.

ein guter Feldherr und ein skrupelloser Politiker. Selbst Niederlagen und Rückschläge nützte er zu seinem Vorteil und führte Mähren auf den Gipfel seiner Macht.[65] Trotzdem wird man gut daran tun, nicht von einem „Großmährischen Reich" zu sprechen.[66] Der Ausdruck, den vor allem die nationalistische Geschichtsschreibung bis heute liebt, besitzt keine zeitgenössische Entsprechung, sondern leitet sich von der, ein halbes Jahrhundert später bezeugten „Großen Moravia" des Konstantinos Porphyrogennetos her. Der über die „Verwaltung des Reichs" um 950 schreibende Kaiser meinte jedoch nach antikem Vorbild mit „groß", dass mit diesem Wort ein Ort, Volk oder Land als „ausländisch" bezeichnet wurde, während „klein" die Reichsangehörigkeit ausdrückte.[67] Am kaiserlichen Hof zu Byzanz war man sich bewusst, dass Mähren außerhalb des einstigen wie aktuellen Römerreichs lag.[68] Der Prolog der Kurzfassung der Lebensbeschreibungen bringt eine weitere topographische Begrifflichkeit ins Spiel. Der Verfasser nennt Methodios den Erzbischof des Oberen Moravien.[69] Demnach müsste es auch ein Unteres, Konstantinopel näheres Moravien gegeben haben, und das lag an der Morava im heutigen Serbien.

Zwentibald I. regierte keinen „Nationalstaat", sondern herrschte königgleich über ein gentiles Fürstentum, das seine wichtigsten Zentren an der March, wahrscheinlich in den heute mährischen Orten Mikulčice und Staré Město, und nachweisbar im heute slowakischen Neutra/Nitra besaß.[70] Von diesen Stützpunkten aus setzte er seine Macht im gesamten böhmischen Kessel durch, erfasste darüber hinaus die heutige Slowakei und Südpolen sowie Teile Ungarns und Niederösterreichs. Sein Reich bestand aus einer Kette von abhängigen Fürstensitzen, die bloß ein moderner Kartograph irrig als Fläche darstellen würde. Die Texte berichten von zahlreichen mährischen Burgen, die so lange uneinnehmbar blieben, als die Verteidiger wussten, wofür und für wen sie kämpften. War es noch Rastislavs ausschließliche Taktik gewesen, sich hinter diese Befestigungen zurückzuziehen, um die fränkisch-bayerischen Angriffe zu überstehen und den Feind auf dem Rückzug zu überfallen, ging Zwentibald selbst zum Angriff über. Seine Krieger, unter denen sich auch fränkisch-bayerische Exulanten und sogar möglicherweise skandinavische Krieger befanden, die gleichsam eine Fremdenlegion bildeten, waren bestens bewaffnet und beritten.[71]

Nach Zwentibalds Erfolgen des Jahres 884 schloß Kaiser Karl III. mit dem Mährerfürsten, ohne mit ihm im Krieg gewesen zu sein, an der niederösterreichischen Tulln Frieden. Zwentibald wurde, „wie es der Brauch ist", der Mann

---

65 GuR 319 f.
66 Siehe Dopsch, Arnolf und der Südosten 161 mit Anm. 57.
67 Conversio (ed. Wolfram) 308 f. GuR 442 Anm. 220.
68 Hannick, Missionen 289 ff. bes. mit Anm. 48.
69 Brevis vita Constantini et Methodii 166.
70 GuR 442 Anm. 207.
71 AF a. 871; S. 75: Die Ausrüstung der mährische Hochzeitsgesellschaft, die zu den Böhmen unterwegs ist. Dümmler, Geschichte 3, 391 f. (fremde Krieger in Mähren). Zu den Skandinaviern siehe auch Štefan/Hasil, Praha-Vinoř 270–314.

des Kaisers;⁷² eine Zeremonie, die des Mährers Eroberungen legitimierte und zugleich aller Welt seinen besonderen Rang vor Augen führte. Der Vertrag galt jedoch zunächst nur für das Reich und die Lebenszeit des Kaisers. Arnulfs pannonisches Regnum blieb noch ausgeschlossen, bis sich der Königssohn im Herbst 885 unter Mitwirkung bayerischer Großer mit dem Mährerfürsten wieder versöhnte. Da so gut wie keine Friedensbedingungen genannt wurden, bleibt die Frage offen, ob die Mährer nicht Gebiete etwa in Pannonien erhielten.⁷³ Im Jahre 892 war nämlich der Weg durch Pannonien „wegen der Nachstellungen Zwentibalds" unterbrochen. Darauf dürfte Arnulf noch im selben Jahr 892 reagiert und mit drei aus Franken, Alemannen und Bayern gebildeten Heeren sowie mit ungarischen Hilfsvölkern in Mähren eingefallen sein. Im nächsten Jahr 893 wiederholte der König den Verwüstungskrieg in Mähren.⁷⁴ Als Zwentibald 894 starb, waren die beiden Gevattern unversöhnt geblieben, wie der böse Nachruf des Regensburger Annalisten auf den Mährerfürsten erkennen lässt.⁷⁵ Noch in seinen letzten Lebensjahren konnte sich Zwentibald erfolgreich einer fränkisch-bulgarischen Koalition erwehren. Zumindest in den Jahren 870 und 871 war er mit Swentizizna verheiratet, deren Name nur aus der Memorialüberlieferung bekannt ist.⁷⁶ Zwentibald war nicht nur der erste westliche Herrscher, der anscheinend ungarische Hilfsvölker einsetzte, sondern er war auch der erste und letzte mährische Fürst, dem leibliche Söhne nachfolgten. Offenkundig sah Zwentibald die drohende Gefahr eines Bruderkriegs zwischen Moimir II. und Zwentibald II. voraus, war er doch selbst gegen einen Verwandten zur Herrschaft gelangt. Schon die Zeitgenossen wussten von seinen Ermahnungen zur Einigkeit, die aber nichts fruchten sollten. Anfangs 897 verlangten mährische Gesandte, Kaiser Arnulf möge verbannten Gegnern kein Exil gewähren. Es wird zwar nicht gesagt, wer von den beiden Brüdern die Boten gesandt hatte. Es ist aber anzunehmen, dass der ältere und mächtigere Bruder Moimir II. die Forderung nach Verweigerung des Exils seiner Gegner stellte. Im Herbst desselben Jahres lassen sich deutliche Abfallbewegungen im Mährerreich erkennen. Die 895 wieder von Mähren getrennten und „bayerisch" gewordenen Böhmen beschwerten sich bei Arnulf über mährische Übergriffe. Sie wurden „mit Worten des Trostes" abgefertigt, worauf Arnulf getreue Truppen unter seiner Führung im bayerischen Nordgau an der böhmischen Grenze stationierte.⁷⁷ Der Niedergang der politischen Schöpfung Zwentibalds I. wird 898 in voller Deutlichkeit erkennbar und nahm von da an unaufhaltsam seinen Lauf, wofür nicht zuletzt die Ungarn sorgten. Der Mährerfürst selbst aber lebte in der Sage fort.⁷⁸

---

72 AF (Ratisb.) a. 884; S. 113.
73 GuR 259 und 318 mit Anm. 227.
74 AF (Ratisb.) aa. 892 und 893; S. 121 f.
75 AF (Ratisb.) a. 894; S. 126.
76 Conversio (ed. Wolfram) 291–296.
77 AF (Ratisb.) a. 897; S. 130 f.
78 AF (Ratisb.) a. 898; S. 131 f. Vgl. AF (Ratisb.) a. 895; S. 126. Siehe GuR 320 f. Zur Sage siehe bereits Dümmler, Geschichte 3, 392.

2.2. Kaiser Basileios I. (867–886)

Der rhomäische Kaiser Basileios I. war niederer Herkunft und stammte aus dem Gebiet des damals makedonischen Edirne, weshalb er als Begründer der Makedonischen Dynastie gilt. Das byzantinische Gefolgschaftswesen erlaubte ihm einen steilen Aufstieg bis in die engste Umgebung seines Vorgängers Kaiser Michael III., an dessen gewaltsamem Tod er 867 maßgeblich beteiligt war.[79] Basileios setzte aber die Missionspolitik Michaels bei den Slawen fort und förderte vor allem auch Methodios, dem er im Konstantinopel des Winters 882/83 einen triumphalen Empfang bereitete.[80] Sowohl 872 wie 873 sandte der Kaiser hochrangige Gesandte mit Geschenken, darunter eine reichverzierte Staurothek, ein Kreuzreliquiar, und mit Briefen an Ludwig den Deutschen, der die Byzantiner wie üblich in Regensburg empfing und ehrenvoll abfertigte.[81] Dagegen wurden weder Karlmann noch Ludwig der Jüngere noch Karl III. Adressaten byzantinischer Gesandtschaften. Erst Leo VI., der Sohn eher Michaels III. als seines Nachfolgers Basileios, nahm wieder mit dem „König der Bayern" Verbindung auf und sandte sowohl 894 wie 896 Boten nach Regensburg zu Arnulf. Das geschah zu einer Zeit, da Byzanz schwere Kämpfe mit den Bulgaren zu bestehen hatte und dabei ebenfalls ungarische Hilfstruppen einsetzte. Die Kunde davon wurde auch in Bayern ausführlich zur Kenntnis genommen, worauf Arnulf erste Abwehrmaßnahmen in Pannonien ergriff.[82]

2.3. Die Bulgaren und ihr Khan Boris I./Michael (852–889)

Dass die Bulgaren, als sie noch keine oder kaum schon Slawen waren, wesentlichen Anteil an der frühmittelalterlichen Geschichte Mitteleuropas hatten, wird selten oder nie bedacht.[83] Der Ostgotenkönig Theoderich der Große soll einen Bulgarenfürsten im Zweikampf besiegt haben.[84] Die erste Erwähnung der Bayern in einer fränkischen Quelle hat um 680 mit Bulgaren zu tun.[85] Danach verschwanden die Bulgaren wieder aus dem Gesichtsfeld der fränkischen Politik. Aber bald nach 800 mussten die karolingischen Eroberer des Awarenreiches erkennen, dass sie es anstelle der wenig kampfstark gewordenen Besiegten mit einer beachtlichen Macht unter dem Bulgarenkhan Krum zu tun bekamen.[86]

Nachdem Karl der Große 810 eine Gesandtschaft nach Byzanz gesandt und auf Venedig und die Lagune verzichtet hatte, fand sich Nikephoros I. (802–811)

---

79 Lübke, Fremde 286. Liudprand, Antapodosis I 8–10; S. 8f.
80 GuR 265 mit Anm. 308.
81 AF a. 872; S. 75, und a. 873; S. 81. Goldberg, More devoted 61–65.
82 AF (Ratisb.) a. 894; S.125, und a. 896; S. 130.
83 Selbst die ausführliche Darstellung von Dopsch, Arnolf und der Südosten bes. 143, kennt die Bulgaren nicht. Siehe dagegen Ziemann, Vom Wandervolk zur Großmacht passim.
84 Ennodius, Panegyricus c. 19; S. 209f. WG 480 Anm. 15.
85 GuR 282 mit Anm. 39.
86 Siehe die sehr gute Zusammenstellung bei Schwarcz, Südostgrenze 9–16.

zur Anerkennung des westlichen Kaisers bereit; doch konnte er seinen Entschluss nicht mehr selbst verwirklichen. Nach auf beiden Seiten verlustreichen Kämpfen kam es 811 zur Schlacht am Fluss Titscha/Kamtschija nahe dem Pass von Ris, in der Khan Krum die Byzantiner vernichtend schlug und der byzantinische Kaiser sein Leben verlor. Die fränkischen Gesandten, die in Konstantinopel verhandelt hatten, brachten die Kunde davon samt den Namen der Bulgaren ebenso in den Westen wie die byzantinischen Gesandten, die die Anerkennung Karls in Aachen 812 nach griechischem Ritus vollzogen. Ihren Auftraggeber Kaiser Michael I. (811–813) dürfte das Schicksal seines Vorgängers und Schwiegervaters bewogen haben, den Frieden mit dem Karolingerreich schleunigst herzustellen, um womöglich Unterstützung gegen die Bulgaren zu erhalten.[87] Die Bulgarenfrage blieb daher eines der Probleme, die Ludwig der Fromme von seinem Vater erbte.

Im Jahre 824 kamen Gesandte des Khans Omurtag zu Ludwig, um mit ihm über einen Friedensvertrag zu verhandeln. Sie überreichten sogar, wohl in griechischer Sprache geschriebene,[88] Briefe ihres Auftragsgebers. Die Reichsannalen berichten davon als Spitzeneintrag des Jahres 824 und betonen die Neuheit der bulgarischen Gesandtschaft, da man derartige Leute nie zuvor im Frankenreich gesehen habe. Um der Sache auf den Grund zu gehen, beauftragte der Kaiser den Bayern Machelm, sich der bulgarischen Gesandtschaft bei deren Heimfahrt anzuschließen.[89] Die Vorgangsweise Omurtags war jedoch die folgerichtige Antwort auf den 823 niedergeschlagenen Aufstand Liudewits von Siscia/Sisak, der sich sowohl gegen das Frankenreich wie das Reich der Bulgaren gerichtet hatte. Wie die nach dem rechtsufrigen Donauzubringer Timok benannten Timociani 818 die „Gemeinschaft mit den Bulgaren aufgekündigt" und sich am Ende Liudewit von Siscia angeschlossen hatten, so wollten auch die am linken, dacischen Ufer siedelten Ostabodriten, die *Praedenecenti*, das bulgarische Joch abschütteln und nahmen im Jahr 824 ihrerseits Verbindung mit dem Westen auf. Dort trafen sie auf eine neuerliche bulgarische Gesandtschaft, die von Kaiser Ludwig dem Frommen die „Rückgabe" eben dieser Praedenecenti forderten.[90] In den folgenden Monaten häuften sich die diplomatischen Aktivitäten der Bulgaren, denen es um die Festlegung einer Grenze zwischen ihnen und den Franken ging und die offen mit Krieg drohten, wenn kein Abkommen zustande kommen sollte.[91] Die Franken dürften sich weder über die Absichten der Bulgaren noch über das Ausmaß ihrer Gefährlichkeit im Klaren gewesen sein. Ludwig der Fromme nahm die Sache nicht ernst und betrieb eine dilatorische Behandlung der bulgarischen Forderungen, zumal ihm seine Präfekten, Gerold II. vom Bayerischen Ostland und Balderich von Friaul, noch 826 versicherten, es

---

87 Zu ArF aa. 810–812; S. 131–137, siehe Schwarcz, Südostgrenze 12.
88 Hannick, Missionen 302 und 311: Die bulgarische Kanzleisprache war das Griechische.
89 Zu ArF a. 824; S. 163, siehe Schwarcz, Südostgrenze 13, und Störmer, Früher Adel 1, 105, und 2, 398 (Machelm).
90 Ludwig der Fromme feiert das Weihnachtsfest in Aachen und erfährt von einer bulgarischen Gesandtschaft in Bayern: siehe ArF a. 824; S. 165f. Zum Liudewit-Aufstand siehe GuR 241–246.
91 ArF aa. 825f.; S. 167–169.

drohe keine bulgarische Gefahr. Doch schon im darauf folgenden Jahre 827 stießen die Bulgaren auf Booten die Drau aufwärts ins obere Pannonien vor, „vertrieben die Fürsten der Slawen und setzten bulgarische Herren über sie". Für diesen schweren Rückschlag wurde allein Balderich verantwortlich gemacht. Er wurde 828 abgesetzt und sein engeres Mandatsgebiet auf die vier Grafschaften Friaul, Istrien, im Laibacher Becken und Karantanien aufgeteilt.[92] Die beiden zuletzt genannten Grafschaften kamen mit dem Fürstentum von Siscia an Bayern, die anderen blieben bei Italien. Im selben Jahr 828 wurde der jüngst erst nach Bayern gesandte König Ludwig der Deutsche beauftragt, die in Pannonien verlorenen Gebiete zurück zu erobern. Dies dürfte ihm gelungen sein, weil die Bulgaren 829 wieder die Drau hinauf fuhren, als sie von außen ins obere Pannonien einfielen.[93] Auch war die von den Bulgaren gewünschte „Grenze" ziemlich durchlässig geblieben, und zwar nach beiden Seiten, wie die Geschichte von Vater und Sohn Priwina und Chozil und ihrem pannonischen Fürstentums lehrt. Um 830 hatte sich bei den Mährern ein monarchischer Dux namens Moimir (I., um 830–846) durchgesetzt. Fürst Priwina von Neutra/Nitra hielt dem Druck nicht stand und wich ins Bayerische Ostland aus, das Präfekt Ratbod befehligte. Der Flüchtling kam mit mehr als bloß ansehnlichem Gefolge; seine Gruppe dürfte einige hundert Krieger umfasst haben, wenn man die weitere Geschichte „Priwinas und der Seinen" bedenkt. Namentlich genannt wird außer Priwina aber nur sein Sohn Chozil. Eine der ersten bekannten Amtshandlungen des Ostlandpräfekten Ratbod war es, König Ludwig dem Deutschen den Slawenfürsten in Regensburg wohl in der ersten Hälfte 833 vorzustellen. Ludwig der Deutsche ordnete darauf an, den Flüchtling im christlichen Glauben zu unterrichten, so dass er noch 833 in der Martinskirche des Salzburger Hofes Traismauer die Taufe empfing. Das Einvernehmen zwischen Ratbod und Priwina war jedoch nicht von Dauer. Der Slawenfürst drängte nach einer eigenen (pannonischen?) Herrschaftsbildung; eine Absicht, die Ratbod zunächst nicht dulden wollte oder durfte, obwohl sein Vorgänger Gerold II. anscheinend mit einem pannonischen Cheitmar schon entsprechende Pläne entworfen hatte.[94] Darauf gingen die Leute aus Neutra zu den Bulgaren ins unterslawonische Zwischenstromland, wohl in das Gebiet östlich des „Frankenwaldes", der Fruška gora. Die Flucht aus dem fränkischen in den bulgarischen Einflussbereich und zurück war ein slawisches Verhaltensmuster der Spätawarenzeit.[95] Aber auch bei den Bulgaren erreichte Priwina nicht das Gewünschte. Nach nur wenigen Jahren ging er zu Ratimar, dem Ratbod unterstellten Slawenfürsten von Siscia/Sisak. Damit hatte Priwina ohne Erlaubnis wieder fränkisches Reichsgebiet betreten und den Tatbestand der Rebellion gesetzt. Im Jahre 838 rückte Präfekt Ratbod im Auftrag Ludwigs des Deutschen verheerend gegen die beiden Verbündeten vor. Wie sein vermutlicher Vorgänger Liudewit wich Ratimar vor den Angreifern nach Dalmatien aus und „ward nicht mehr gesehen", während Priwina die Vermittlung

---

92 ArF a. 827 f.; S. 173 f.
93 AF aa. 828 f.; S. 25 f.
94 Siehe Conversio (ed. Wolfram) 290 f. mit Anm. 90–97.
95 Pohl, Awaren 322.

Salachos suchte. Der bayerische Graf im Laibacher Becken war sowohl bereit wie in der Lage, Priwina mit seinem Vorgesetzten Ratbod zu versöhnen.[96] Darauf bekam Priwina die Gelegenheit, ein vom Frankenreich abhängiges, gentiles Fürstentum mit Zentrum in einer Moosburg westlich des Plattensees zu errichten und „ein mächtiger Herr zu werden".[97] Dieses Fürstentum sorgte gemeinsam mit dem von Siscia/Sisak für die auch von den Bulgaren gewünschte Stabilisierung des pannonischen Raums. Da gleichzeitig das mährische Regnum erstarkte, waren auch die Franken an einer Verbesserung der Beziehungen zu den Bulgaren interessiert, so dass nach 855 aus den einstigen Feinden Verbündete wurden.[98]

In der Kurzvita der heiligen Brüder trägt der Name des Bulgarnkhans Boris I. Michael (852–889) den Zusatz „von Gott bestimmt".

Die fränkisch-bayerisch-bulgarische Allianz gegen die Mährer wurde eher 863 als 864 dadurch besiegelt, dass König Ludwig der Deutsche den Bulgaren-Khan Boris am Flusse Tulln oder im heute niederösterreichischen Tulln traf. Hier sollte ein dauerhafte Friede geschlossen werden, waren Aktionen gegen die Mährer zu beraten und die Taufe des Bulgarenfürsten vorzubereiten. Die Annäherung zwischen den beiden Reichen des mittleren Donauraums setzte nicht bloß einen gemeinsamen Feind, die Mährer, sondern auch eine gewisse geographische Nähe zwischen den beiden Vertragspartnern voraus. Ein Vordringen der Bulgaren ins mittlere, vielleicht sogar ins obere Donau-Theiß-Zwischenstromland einerseits und eine Parallelaktion im östlichen Slawonien zwischen Donau und Save, wären daher durchaus denkbar.

Was die Quellen des 9. Jahrhunderts über die fränkisch-bulgarischen Beziehungen aussagen, lässt im einzelnen vieles offen, jedoch folgende allgemeine Entwicklung erkennen: In den zwanziger Jahren beginnen die Bulgaren einen gewissen Druck auf slawische Völker nördlich wie südlich der Donau auszuüben; genannt werden Ostabodriten und Timociani, das heißt westlich des Eisernen Tores auf beiden Seiten der Donau lebende Gruppen. Da sich diese slawischen Völker an das Frankenreich wenden, wird eine Festlegung der Einflussgebiete zwischen den beiden Mächten notwendig; ein Ansinnen der Bulgaren, auf das Kaiser Ludwig der Fromme aus Indolenz nicht eingeht. Schon in der zweiten Hälfte der 820er Jahre greifen die Bulgaren daher Pannonien an und ersetzen die slawischen Fürsten durch eigene Leute. Diese Maßnahme dürfte nicht von nachhaltiger Wirkung gewesen sein, weil spätestens 838 ein wahrscheinlich in Siscia/Sisak residierender Fürst außerhalb des Bulgarenreichs und als abhängig vom Frankenreich nachgewiesen ist. Die ungefähr gleichzeitige Flucht Priwinas aus dem fränkischen Markengebiet zu den Bulgaren und seine Rückkehr in den fränkischen Einflußbereich zeigten die Notwendigkeit, das durch die Auflösung des Awaren-Khaganats 828 entstandene militärisch-politische Vakuum in Zentralpannonien zu füllen.

---

96 Štih, Priwina 209 f. WS 121 f. und 312–316. GuR 246. Auctarium Garstense a. 838; S. 564, sowie BM[2] 1365a. Continuatio Annalium Iuvavensium maximorum a. 838; S. 740.
97 Conversio c. 11 (ed. Wolfram) 74.
98 Dazu und zum folgenden siehe Conversio (ed. Wolfram) 183–197.

Der anfängliche Unruhestifter Priwina wird nun selbst mit dieser Aufgabe betraut und erfüllt sie bis zu seinem Tod um 860 zur vollsten Zufriedenheit des Frankenkönigs. Das gleiche oder zumindest ähnliches gilt von seinem Sohn Chozil, der bis etwa 874/76 als Nachfolger seines Vaters herrschte. Fünfkirchen-Pécs war der südöstlichste bekannte Stützpunkt des zentralpannonischen Fürstentums unter fränkischer Oberhoheit. Der Friedensschluss mit den Bulgaren 863/64 und die Erneuerung dieses Vertrags im Jahre 892 legen eine bulgarische Präsenz an der Donau, wohl im unteren Slawonien nahe. Als erster Sitz eines bulgarischen Großen wird für die Zeit nach Methods Tod im Jahre 885 Belgrad genannt, während Sirmium keine aktuelle Rolle mehr zu spielen scheint.[99]

Beim Treffen mit Boris muss Ludwig der Deutsche den Eindruck gewonnen haben, die Zeit sei reif, um Missionare an die untere Donau zu senden. Die Bayern hatten 864 gemeinsam mit bulgarischen Kriegern die Mährer angegriffen, und der Khan hatte 866 ausdrücklich um „geeignete Prediger der christlichen Religion" gebeten.[100] Als jedoch Ludwigs Beauftragter, der Passauer Bischof Ermenrich (866–874), „mit Priestern und Diakonen" bei den Bulgaren ankam, fand er dort den Platz bereits besetzt. Der Papst hatte seinerseits lateinische Bischöfe mit der Bulgarenmission beauftragt. Diese waren aber so wenig erfolgreich, dass Boris zwar 866 Christ wurde, aber in der Taufe den Namen seines Taufpatrons Kaiser Michaels III. annahm.[101] So gingen er und sein Volk der Westkirche für immer verloren.[102] Im Jahre 892 begaben sich fränkische Gesandte zu den Bulgaren, mussten aber den Landweg durch Pannonien meiden, weil ihn Zwentibald verunsicherte. So zogen sie entlang der Odra zur Ku(l)pa und von dort zur Save, wo sie sich einschifften. Hier lag Siscia/Sisak, das aber ebenso wie Sirmium nicht erwähnt wird. Irgendwo flussabwärts unterhalb der Ku(l)pa-Mündung erreichten die fränkischen Gesandten das bulgarische Herrschaftsgebiet. Sie sollten den „alten Frieden" mit den Bulgaren erneuern und über ein Salzembargo gegen die Mährer verhandeln. Diese Forderung der Bayern macht Sinn, wenn die Bulgaren im Besitz der siebenbürgischen Salzlagerstätten waren. Es könnte aber auch die Unterbindung des Handels mit griechischem Meersalz verlangt worden sein. Jedenfalls waren die guten politischen Beziehungen zwischen Bayern und den Bulgaren von der Glaubensfrage nicht betroffen.[103]

2.4. König von Waioúri, dem Land der Nemítzioi

Als These gilt, der namenlose *kral_ь němc_ьskym_ь ljudem* im Prolog der Method-Vita sei mit dem König von *Waioúri*, dem Land der *Nemítzioi*, gleichzusetzen und beide Bezeichnungen aus dem griechisch-kirchenslawischen Umfeld hätten

---

99 WS 314 f. AF (Ratisb.) a. 892; S. 121 f.
100 AF a. 866; S. 65. Vgl. Regino, Chronica a. 868; S. 95 f.
101 Curta, Southeastern Europe 170–172. Mitterauer, Ahnen und Heilige 129 mit Anm. 17.
102 WS 119 mit Anm. 103 und GuR 267 mit Anm. 324. Vgl. Dvornik, Missions 127.
103 AF (Ratisb.) a. 892; S. 121 f.

einen starken bayerischen König gemeint, den es zur Zeit der Niederschrift des Prologs nicht gab. Dafür spricht: Die darin enthaltene kurze Lebensbeschreibung der griechischen Brüder ist nicht viel jünger als die Vita von bald nach 885.[104] Darin liest man bereits den Ländernamen *iz Něm_ьc_ь* als Herkunftsbezeichnung der in Mähren wirkenden *něm_ьč_ьskyja popy*, das heißt bayerischen Bischöfe und/ oder Priester.[105] Sehr zum Unterschied von den drei zuerst erwähnten Herrschern konnte der Autor des Prologs zum Jahre 6393–5508 = 885 keinen Namen für den *kral_ь němc_ьskym_ь ljudem*, für den König des Volkes der *Nemcy*, nennen.[106] Die bedenkenlose Ergänzung der Lücke mit dem Namen Karls III. des Dicken, weil dieser 885 nominell Kaiser und König auch von Bayern war, ist falsch. Ebenso falsch ist der anachronistische Unsinn einer Übersetzung von *Nemcy* mit „die Deutschen," die es vor der Jahrtausendwende nicht gab.[107] Die Fehlleistung ist umso unverständlicher, als es mit dem byzantinischen „Zeremonienbuch" eine gute Quelle gibt, die eine eindeutige Übersetzung des fraglichen Ethnonyms bietet. Die Sammlung wurde in der erhaltenen Form zwischen 963 und 969 angefertigt und geht auf die „Zettelkästen" des Kaisers Konstantinos VII. Porphyrogennetos (913–959) und seiner Helfer zurück. Das Kapitel II 48 enthält die Protokolle, die in der Kaiserkanzlei für den diplomatischen Schriftverkehr mit dem Ausland tatsächlich verwendet wurden. Dafür spricht nicht zuletzt die genaue Angabe der Größe und des Gewichts der diesen Auslandsschreiben beigefügten Goldbullen. Überliefert ist das Protokoll, die Superscriptio, die aus Invocatio, Intitulatio des Ausstellers sowie aus der Inscriptio, der Adresse, des Empfängers besteht. Die letzten datierbaren Protokolle stammen aus der Zeit knapp nach 945, doch sind auch wesentlich ältere Stücke aufgenommen worden.[108] Unter den westlichen Adressaten folgt auf den König von Sachsen der ῥὴξ Βαϊούρη, der König von Waioúri, von Bayern. Der Name dieses Landes ist nicht bloß indeklinabel, wie Evangelos K. Chrysos und Johannes Koder dankenswerter Weise mündlich bestätigten, sondern musste dem damaligen Leser auch erklärt werden. Beides spricht für eine wesentlich ältere Entstehungszeit und bereits aufgegebene Anwendung dieser Adresse. So heißt es, „es ist dies aber das Land, das die *Nemítzioi* genannt wird", ἔστιν δε αὔτη ἡ χώρα οἱ λεγόμενοι Νεμίτζιοι.[109]

---

104 Zur Entstehungszeit der Vita Methodii bald nach 885 siehe Hannick, Missionen 285.
105 Vita Methodii cc. 5 und 10.
106 Brevis vita ss. Constantini et Methodii 166. Zur Bedeutung der Datierung siehe Fichtenau, „Politische" Datierungen 186–285. Vgl. Lübke, Fremde 58 mit Anm. 273 f.: „das Gegensatzpaar nemcy – slovene."
107 GS 241–262, WS 59–66 und GuR 322 f. Die Diplome Ottos I., die ab 961 die Ausstattung des zukünftigen Erzbistums Magdeburg verbriefen, unterscheiden ab 961 zwischen Zins zahlenden *T(h)eutonici* und Slawen: siehe D.O. I. S. 714 s.v. *Teutonici*.
108 De cerimoniis II 48; 1, 686–692. Otto Kresten sei für seine ausführlichen brieflichen Erläuterungen vom 26. März 2019 herzlich bedankt, wodurch WS 59 f. mit Anm. 300 wesentlich verbessert werden konnte. Siehe auch Hunger, Die hochsprachliche profane Literatur 1, 364–367, und Treitinger, Kaiser- und Reichsidee 190 mit Anm. 132 f.
109 De cerimoniis II 48; 1, 689, 5 f. WS 60 mit Anm. 302.

2. Die östlichen Nachbarn und ein namenloser König der Bayern 33

František Václav Mareš (1922–1994) gab seinerzeit die mündliche Auskunft, dass der Schwalaut ι, auch in der betonten Form ί, das 9. Jahrhundert nicht überdauert hat. Dafür könnte auch der Wortgebrauch der späten Vita Clementis sprechen, deren Zeithorizont weit älter ist, als ihre Entstehungszeit um oder nach 1100 vermuten lässt. Danach seien die Leute Wichings, der von 880 bis 892/93 Methods Suffraganbischof von Neutra/Nitra war, von den Mährern immer noch Νεμιτζοί genannt worden.[110] Aus anderen als linguistischen Gründen war Werner Ohnsorge der Meinung, dass „die Legation (zum Bayernkönig) offenbar längere Zeit zurücklag," fügte aber hinzu, „dass zum besseren Verständnis des Bayernnamens der geographisch unexakte Zusatz über die *Nemítzioi* angebracht erschien".[111]

Es können aber die Verfasser der Bayernkönig-Adresse die *Nemítzioi* nur dann „unexakt" erklärt haben, wenn es die Deutschen schon gegeben hätte, was eben weder um die Mitte des 10. noch gar im 9. Jahrhundert der Fall war.[112] Das Wort *theodiscus* wurde nach einer ersten Zeit der bloßen Sprachunterscheidung zunächst vor 850 als Ethnonym für bayerisch verwendet, das heißt noch eineinhalb Jahrhunderte, bevor um die Jahrtausendwende daraus der Name „deutsch" wurde. Die Ungarn verwendeten den aus dem Slawischen entlehnten Volksnamen *német* „vorwiegend für Deutsche aus Bayern." Für die Sorben, die sehr früh mit den Bayern in Kontakt traten, ist aber heute noch *Bawory* der Name für ganz Deutschland, genauer, für die Deutschländer.[113]

Das Ethnonym *nemcy* wurde erst im Hochmittelalter die gemeinslawische Fremdbezeichnung für die Deutschen, die auch andere Sprachen übernahmen.[114] So verwendeten die byzantinischen Auslandsschreiben frühestens im 11. Jahrhundert die slawische Fremdbezeichnung, um die Deutschen von den Φράγγοι als den Franzosen zu unterscheiden.[115] Es war daher lange vor dem hochmittelalterlichen Sprachgebrauch, dass Bayern bereits als Land der *Nemítzioi* galt. Die slawische Fremdbezeichnung wurde nach Byzanz sehr wahrscheinlich durch die Bulgaren vermittelt, deren Kanzleisprache das Griechische war. Die Bulgaren unterhielten ab der Mitte des 9. Jahrhunderts gute Beziehungen zu Regensburg. Ihre Slawisierung, die durch ihre Christianisierung beschleunigt wurde, erkannten fränkische, ja selbst westfränkische Beobachter.[116] Es war nicht zuletzt der bulgarische Khan Boris I. Michael, der sich um die Christianisierung seines Volkes große Verdienste erwarb.[117] Dazu gab es entscheidende direkte Kontakte zwischen der mährischen und der bulgarischen Mission. Nach dem

---

110 Vita Clementis cc. 5. 11 und 13; vgl. Vita Methodii c. 5. Zu Wiching siehe Fleckenstein, Hofkapelle 1, 204.
111 Ohnsorge, Drei Deperdita 247.
112 GS 241–262, WS 59–66 und GuR 322 f.
113 GuR 322 f. und GS 260 f. Lübke, Fremde 58 mit Anm. 273 (*német*).
114 Lübke, Fremde 58 mit Anm. 273.
115 Ohnsorge, Drei Deperdita 247.
116 Siehe etwa AF a. 845; S. 35, und a. 852; S. 42, sowie AB a. 853; S. 43: *Bulgari sociatis sibi Sclavis*, WS 99. Hannick, Missionen 301–313.
117 Dvornik, Missions 126 f. und 245–248. Vgl. AF a. 863; S. 56 f., und das Epitheton ornans für den Khan Boris nach Brevis vita ss. Constantini et Methodii 166.

Tod des Meisters mussten die Methodios-Jünger, der heilige Klemens und seine Begleiter, noch 885 ihre moravische Wirkungsstätte verlassen, worauf sie quer durch Pannonien nach Belgrad gingen. In „der edelsten der Donaustädte" wurden sie vom lokalen bulgarischen Würdenträger freundlich aufgenommen und zu Khan Boris I. weiter geleitet. Zugleich gelangte das kirchenslawische Schriftgut einschließlich der darin überlieferten politisch-topographischen Terminologie auf den Balkan und von dort in die kaiserliche diplomatische Kanzlei. Gerade weil die Bulgaren eine stets drohende Gefahr für Byzanz bedeuteten, war man in Konstantinopel daran interessiert, genaue Informationen und die korrekte Benennung von Völkern und ihren Herrschern zu erhalten, die als Verbündete im Rücken des mächtigen Gegners in Frage kämen. Dafür boten sich zwei Reiche an: Nicht unmöglich, dass die Mehrheit der kaiserlichen Berater auch deswegen ihrem Kaiser Michael III. zustimmte, Konstantinos und Methodios 863 nach Mähren zu senden, weil sie in diesem Regnum einen natürlichen Feind der Bulgaren sahen.[118] Ein europaweit verbreitetes Gerücht desselben Jahres 863 wie die Zukunft bestätigten diese Annahme.[119] Vor allem aber waren es die *Nemítzioi*, die helfen konnten. So schien Bayern samt seinem Ostland materiell auszureichen, um Ludwigs ältestem Sohn Karlmann als Erbe wie als Grundlage seiner Italienpolitik zu dienen. Und es war Karlmanns Sohn Arnulf, der als Herr des Ostlandes nicht nur Bayern, sondern das gesamte ostfränkische Reich gewann.[120] Kein Wunder, dass er nicht bloß von seinen Nachbarn im Osten schon vor Herbst 887 als Bayernkönig wahrgenommen wurde. Das heißt nicht, dass in der Kurzbiographie für den namenlosen König der Nemcy sein Name einzusetzen ist, weil die Datierung des Textes zu eindeutig dagegen spricht. Aber der Platz wurde für einen König des bayerischen Volkes freigehalten, der diesen Namen verdiente und den man als Verbündeten wie einst Ludwig den Deutschen brauchen konnte. Dieser tauschte im Laufe seiner langen Regierung immer wieder Gesandtschaften mit Byzanz aus. Die Königsstadt Regensburg war traditionell der Ort, wo Ludwig der Deutsche noch 872 und 873 byzantinische Gesandte empfing. Sie sollten für längere Zeit die letzten bleiben, und der Tod des Königs im Jahre 876 lag rund eine Dekade zurück, als der Verfasser die Kurzbiographie der griechischen Brüder schrieb.[121] Ludwigs Söhne Karlmann, Ludwig der Jüngere und Karl III. waren an Byzanz ebenso wenig interessiert wie Byzanz an ihnen. Ludwig der Jüngere und Karl der Dicke garantierten Arnulf jeweils den von Karlmann spätestens 876 verliehenen ostländischen Herrschaftsbereich, suchten jedoch jeden seiner Versuche zu vereiteln, in Bayern

---

118 Vgl. Hannick, Missionen 290–292. Conversio (ed. Wolfram) 24 mit Anm. 47.
119 Nach AF a. 863; S. 56 f., streute Ludwig der Deutsche das Gerücht aus, er werde gemeinsam mit den Bulgaren das Mährerreich angreifen, woraus Hinkmar von Reims in AB a. 864; S. 72, einen geplanten Feldzug gegen die Bulgaren machte. Nach AF (Ratisb.) a. 884; S. 112, hätten die Wilhelminer die Bulgaren 882 oder 883 zum Angriff auf Mähren angestiftet: siehe GuR 253 f. und 259.
120 WS 381.
121 AF (Ratisb.) a. 872; S. 75, und a. 873; S. 81. Brevis vita ss. Constantini et Methodii 166. Zur Entstehungszeit der Vita Methodii bald nach 885 siehe Hannick, Missionen 285.

selbst Fuß zu fassen. Beide waren damit bloß bedingt erfolgreich. Ludwig der Jüngere war vornehmlich König von Franken und Sachsen, dort gebunden und außerdem zwischen 880 und 882 nur kurz auch bayerischer Herrscher. Und Karl III. musste es hinnehmen, dass Arnulf als *princeps* das bayerische Aufgebot gegen die Normannen anführte und nach der Schmach von Asselt 882 bereits als letzter karolingischer Hoffnungsträger galt. Kein Wunder, dass er mitunter schon vor 887 als König der Bayern, *rex Noricorum* bezeichnet wurde.[122] Nach der Machtübernahme zu Jahresende 887 blieb Arnulf auch als ostfränkischer König zunächst der Herr Bayerns und seines Ostlandes,[123] wofür sich seine Vorgänger, wenn überhaupt bloß am Rande einsetzen konnten oder wollten. So wurde Arnulf im Unterschied zu ihnen auch wieder für die byzantinische Politik interessant. Folglich suchte Konstantinopel 894 und 896 in seiner Bedrängnis durch die Bulgaren von den guten Beziehungen, die zwischen den Bulgaren und den Bayern herrschten, zu profitieren und bat um bayerische Vermittlung. So war es Arnulf „von Kärnten", der in byzantinischer Sichtweise und Tradition ein „von Bayern" war. Sowohl 894 wie 896 wurde Arnulf Adressat hochrangiger byzantinischer Gesandter, die ihn in Regensburg aufsuchten und offenkundig die an den König der bayerischen *Nemítzioi* gerichteten, mit Bullen im Werte von zwei Goldsolidi gesiegelte Auslandsschreiben überbrachten.[124] Danach hat Konstantinopel das Königreich Bayern vergessen, sonst hätte man den Namen dieses Landes und seiner Bewohner im Zeremonienbuch nicht erklären müssen.

3. Die Ungarn

„Die Awaren, die nun Ungarn heißen" bildeten für den Autor der Kurzbiographie noch keine erwähnenswerte Größe,[125] aber für Arnulfs praktisches Handeln sehr wohl, und noch sein Nachruhm wurde dadurch beschädigt.[126] Woher die Ungarn kamen und wer sie waren, ist wie jede Herkunftsgeschichte nicht mit einem Satz zu beantworten. Wer solches fordert, überfordert formal jegliche verschriftlichte Origo gentis und stellt inhaltlich falsche Fragen. Ebenso gab es keine geschlossene ungarische Landnahme. Dafür spricht auch die Vielfalt ihrer Namen – den Byzantinern waren sie Türken, sich selbst Magyaren, dem lateinischen Westen Ungarn – lässt den polyethnischen Ursprung des Volkes er-

---

122 GuR 165 und 257–259. Zu Arnulf als Bayernkönig vor November 887 siehe Folcuin, Gesta c. 15; S. 61.
123 So schon Dümmler, Geschichte 3, 477 mit Anm. 4. Dass König Arnulf zeitweise auch gute Beziehungen zu Markgraf Arbo unterhielt, beweisen D. Arn 32; S. 47f., siehe Conversio (ed. Wolfram) 340–350, und Schwarzmaier, Brief 55–66. Vgl. WS 319f.
124 AF (Ratisb.) aa. 894 und 896; S. 125 und S. 130.
125 AF (Ratisb.) a. 894; S. 125, a. 896; S. 129, und a. 900; S. 134: *Avari qui dicuntur Ungari*. Das Ungarn-Kapitel wurde von Walter Pohl dankenswerterWeise bereits für GuR 325–327 zur Verfügung gestellt: siehe GuR 444 Anm. 249.
126 Liudprand, Antapodosis I 13; S. 14f., und I 36; S. 27 (*immensum scelus*).

kennen. Das führende dürfte ein finnisch-ugrisches Volk aus dem Gebiet der mittleren Wolga gewesen sein. Während sich die werdende Völkerlawine durch den Steppengürtel bewegte, schlossen sich nomadische Turkvölker an. Es ist ungewiß, ob es diese „Ungarn" waren, die ihren Namen von den bulgarisch-türkischen Onoguren entlehnten. Die Magyaren passten sich in der Lebedia des Konstantinos Porphyrogennetos an ihre nomadische Umwelt an, wurden aber von dort durch die turksprachlichen Petschenegen vertrieben. Die Flüchtlinge fanden Aufnahme im Etelköz, im Land zwischen Dnepr, Karpaten und dem Donaudelta, wo sie unter die Oberhoheit der Khazaren gerieten und viel von deren Herrschafts- und Lebensformen annahmen. Bis kurz nach 900 gab es den ungarischen Sakralfürsten Kende, der denselben Namen führte wie der dritthöchste khazarische Würdenträger. Damit stimmt die Nachricht überein, wonach Árpád von den Khazaren als Herrscher über die Ungarn eingesetzt wurde. Auf dem Weg von der Krim zu den Khazaren wurde der spätere Slawenlehrer Konstantinos von einer Schar von Ugri überfallen, die wie die Wölfe heulten. Unterwerfungen und Überschichtungen sind ethnogenetische Vorgänge, die stets Reaktionen hervorrufen; es kommt zu Aufständen und Spaltungen. Das khazarische Teilvolk der Kabaren fällt vom Khagan ab und schließt sich den Magyaren an. Die Bedeutung der beiden Gruppen zeigt sich bereits im Jahre 881, als es zunächst im Raum von Wien zu einem Kampf mit den Ungarn und danach bei Pöchlarn zu einer zweiten Begegnung mit den Kabaren kommt. Diese Nachricht der Salzburger Annalen enthält nicht bloß die älteste Nennung Wiens, sondern auch die früheste Erwähnung der Ungarn durch einen bayerischen Beobachter. Wien und die Ungarn traten also gemeinsam in die Geschichte ein; eine Verbindung, die trotz des stürmischen Beginns bis heute anhält. Und noch eins: Die sonst sehr genauen Regensburger Fortsetzer der Annales Fuldenses lassen sich bis zum Anfang der 890er Jahre Zeit, ehe sie die Ungarn als eigenes Volk zur Kenntnis nehmen.[127]

Schon Ernst Dümmler vertrat die Meinung, Hinkmar von Reims habe zum Jahre 862 als erster das Auftauchen der Ungarn in Mitteleuropa erwähnt, und zwar „im Solde des Mährischen Reiches".[128] Bei den 863 in den Annales Alamannici erwähnten „Volk der Hunnen" handelte es sich allerdings um Bulgaren.[129] Fast gleichzeitig mit Arnulfs Einsatz ungarischer Hilfstruppen im Jahre 892 setzte die nachhaltige Kritik an seiner Ungarnpolitik ein. Sie gipfelte in ihrer Bezeichnung als „ungeheures Verbrechen" durch Liudprand von Cremona.[130] In Wirklichkeit war es der Mährerfürst Zwentibald, der noch lange vor Arnulf ungarische Reiter als Renner und Brenner anheuerte, wie dies der Brief Theotmars von Salzburg von 900 sehr wahrscheinlich macht.[131] Im Jahre 881 hatten die

---

127 Siehe GuR 325–327, und Brunner, Herzogtümer 51–53. AF (Ratisb.) a. 894; S.125.
128 Siehe etwa GuR 325, Conversio (ed. Wolfram) 239 f., und Dopsch, Arnolf und der Südosten 173–183, zu AB a. 862; S. 60, sowie Annales Alamannici a, 863; S. 180. Dümmler, Geschichte 3, 441.
129 Diesenberger, Politik der Bedrohung 27–29. Pohl, Avars 392. Siehe oben Anm. 36.
130 Conversio (ed. Wolfram) 226–228 (Epistola Theotmari cc. 8–10). Liudprand, Antapodosis I 13; S. 14 f., und I 36; S. 27 (*immensum scelus*).
131 Conversio (ed. Wolfram) 227: Epistola Theotmari c. 8.

Bayern mit Ungarn bei Wien und mit deren kabarischen Verbündeten an der Erlaufmündung zu kämpfen.[132] Dieser Angriff der „Awaren, die (nun) Ungarn heißen" bildete das Vorspiel des großen Krieges, in dem Zwentibald I. von 882 bis 884 Arnulfs pannonisches Regnum verwüstete.[133] Der Regensburger Annalist lässt die Kämpfe durch Pfeilschützen eröffnen. Diese *speculatores* für *spiculatores*, die Zwentibald über die Donau schickte, um die Besitzungen der Wilhelminer zu verwüsten, waren sehr wahrscheinlich die Magyaren und Kabaren der Salzburger Annalen.[134] Der Begriff *speculator/spiculator* kommt in einem mährischen Zusammenhang nur an dieser Stelle vor, ist aber später der Fachausdruck für die ethnisch gemischten ungarischen Grenzwächter.[135] Die ungarische Ethnogenese in Mitteleuropa begann an zwei Stellen des Karpatenbeckens, und zwar um 860 in mährischen Diensten am linken Donauufer und in den 890er Jahren als fränkische Hilfstruppen. Letztere erhielten weiteren Zuzug aus dem Osten, bis ihnen gegen Ende des Jahrhunderts die Eroberung des Regnum zwischen Save und Drau gelang, der Pannonia der spätantiken Tradition.[136] Bei der Zerstörung des Mährerreichs 905/06, spätestens jedoch vor der Schlacht bei Pressburg am 4. Juli 907 dürften sich beide Verbände unter der Führung des „Slawoniers" Árpád vereinigt haben.[137]

Schwere und höchst verlustreiche Auseinandersetzungen zwischen Ungarn und Bulgaren verschafften den Bayern eine Atempause.[138] Die Entscheidung Arnulfs, im Jahre 896 Brazlavo die pannonische Moosburg zu übertragen, wird damit begründet, dass sich „die Kämpfe in diesen Gebieten häufen". Dieser Satz schließt unmittelbar an eine längere Darstellung des ungarisch-bulgarischen Konfliktes von 896 an. In diesem Krieg behielten die Bulgaren abermals, wenn auch wieder unter schwersten eigenen Verlusten die Oberhand. Anlass der Kämpfe war ein byzantinisch-ungarischer Vertrag, der gegen die Bulgaren gerichtet war. Als sich die Bulgaren rächen wollten und Konstantinopel angriffen, setzten griechische Schiffe im Rücken der Angreifer ungarische Reiter über die Donau auf das Südufer des Stroms.[139] Diese Vorgänge dürften zwar zwischen dem Eisernen Tor und der Savemündung zu lokalisieren sein, beunruhigten aber

---

132 WS 123 und 316 f. nach Continuatio altera Annalium Iuvavensium Maximorum a. 881; S. 742. Man sollte die Quellenstelle wohl nicht pressen und einen dreijährigen Krieg auf vier Jahre ausdehnen. Die Angaben der Salzburger Annalen zu 881 und die der Regensburger Fortsetzung der Fuldaer Annalen zu 882 können durchaus dasselbe Ereignis meinen.
133 GuR 257 und 318. WS 91 f. AF (Ratisb.) a. 894; S. 125, a. 896; S. 129, und a. 900; S. 134: *Avari qui dicuntur Ungari.*
134 Vgl. AF (Ratisb.) a. 884; S. 111, mit Continuatio altera Annalium Iuvavensium maximorum a. 881; S. 742.
135 Zur Bedeutung von *speculatores/spiculatores* siehe Göckenjan, Hilfsvölker und Grenzwächter bes. 12–22.
136 WS 68–71.
137 GuR 272 f. und 320 f.
138 WS 312–315.
139 GuR 326 mit Anm. 261. Siehe bes. AF(Ratisb.) aa. 895 f.; S. 126 und S. 129 f.

auch die fränkisch-bayerische Südostgrenze.[140] Jedenfalls dienten Ungarn auch als Hilfstruppen des byzantinischen Kaisers, der als einziger ihre Niederlassung an der Donau rechtlich absegnen konnte, wovon schon Langobarden und Awaren Gebrauch gemacht hatten.[141]

3.1. Brazlavo oder der letzte Kampf um Pannonien

Brazlavo, dessen Namen wie auch den seiner Frau Uuentenscella die forlanische Memorialüberlieferung dokumentiert, spielte offenkundig zunächst den Vermittler zu den ungarischen Hilfstruppen, zu der noch jenseits der mittleren Donau stehenden Árpád-Gruppe.[142] Der Fürst von Siscia hatte 884 zugleich mit Zwentibald I. in oder an der Tulln Kaiser Karl III. die Treue geschworen und beherrschte das zum Bayerischen Ostland gehörige Regnum zwischen Save und Drau. Im Jahre 892 folgte er dem Ruf Arnulfs und traf sich mit dem König, um auf den Hengistfeldern beim heutigen steirischen Wildon über einen Feldzug gegen die Mährer mit ungarischer Beteiligung zu beraten.[143] Wahrscheinlich musste Brazlavo 896 seinen Hauptort Siscia vor seinen einstigen ungarischen Verbündeten räumen und wurde von Arnulf mit dem Fürstentum der pannonischen Moosburg betraut. Die Feinde, die es abzuwehren galt, waren nicht mehr die Mährer, sondern bereits die Ungarn.[144] Die Nachricht einer, allerdings viel späteren ungarischen Quelle läßt vermuten, dass Brazlavo im Jahre 900 anläßlich eines ungarischen Angriffs auf das bayerische Pannonien, das heißt auf die Gebiete nördlich der Drau, den Tod fand. Danach schweigt die Überlieferung über diese *urbs Paludarum*.[145] Arnulf wurde zwar von der Nachwelt sehr bald vorgeworfen,[146] die Ungarn nach Europa gebracht zu haben. Oder war es doch das Schicksal oder eher die göttliche Geduld, die es, wie Otto von Freising meinte, erlaubte, dass derartige menschliche Monster ein so wunderbares Land wie Pannonien in Besitz nehmen konnten.[147] Wie auch immer. Noch heute gibt es zwei aneinander grenzende, durchaus gleichwertige mitteleuropäische Staaten, von denen der östliche Ungarn heißt. Darf man dies als fernes, keineswegs beabsichtigtes Ergebnis von Arnulfs Ungarnpolitik sehen? Die Muse Klio liebt es bekanntlich, über weite, keineswegs determinierte Umwege zu wandeln.

---

140 Constantinus Porphyrogenitus, De administrando imperio c. 40, 28: Ungarn beginnt für den Autor beim Eisernen Tor.
141 GuR 17 mit Anm. 3.
142 GuR 325–327. Conversio (ed. Wolfram) 285 f.
143 AF (Ratisb.) a. 884; S. 113, und a. 892; S. 121.
144 AF (Ratisb.) a. 896; S. 130. Reindel, Luitpoldinger 259 s. v. Brazlavo.
145 WS 92.
146 Liudprand, Antapodosis I 13; S. 14 f., und I 36; S. 27 (*immensum scelus*).
147 Otto von Freising, Gesta I 32; S. 50.

4. Die zwei plus eine Moosburgen Arnulfs von Kärnten

Dieses Kapitel ist Robert Svetina gewidmet, der auf vielfältige Weise und nicht zuletzt in den Moosburger Museumsheften „die Erinnerung an Kaiser Arnulf von Kärnten" treu bewahrt hat.[148] Das Karantanien im spätkarolingischen Verständnis bestand sowohl aus Karantanien im eigentlichen Sinn wie aus dem pannonischen Fürstentum. In beiden politischen Einrichtungen gab es eine Moosburg. Die folgende Untersuchung beruht auf den literarischen Quellen; für den nichtliterarischen und archäologischen Befund sei auf Heinz Dopsch verwiesen.[149] Eine Moosburg ist eine von Sumpf umgebene und dadurch besonders geschützte Burg, wie dies sowohl für den karantanischen wie den pannonischen Vorort zutrifft.[150] Im Reich Arnulfs gab es jedoch drei Moosburgen: Die eine lag in Bayern an der Isar nordöstlich von Freising und war eine dem heiligen Castulus geweihte Abtei. Die andere gab es im eigentlichen Karantanien und hinterließ ihren Namen einem Ort im Klagenfurter Becken etwa 12 Kilometer westlich der Karnburg. Die dritte Moosburg befand sich in Pannonien und lebt ungefähr neun Kilometer südwestlich des Plattensees im heute ungarischen Zalavár fort. Die Liste der Verwechslungen und falschen Zuordnungen der drei Moosburgen ist – beginnend vielleicht schon mit Regino von Prüm – sehr lang,[151] und auch der Autor hat sich darauf verewigt.[152] Eine alte Kärntner Tradition behauptet, Arnulf habe seine Jugend in der karantanischen Moosburg verbracht, wofür schon einst Ernst Dümmler eingetreten ist, ohne jedoch eine Quelle zu nennen.[153] Tatsächlich gibt es keine zeitgenössische oder zeitnahe Überlieferung, die Arnulfs Frühzeit betrifft. Die einzige Ausnahme ist seine Nennung zum Jahre 860, als er im Gefolge Ludwigs des Deutschen am Koblenzer Familientreffen teilnahm.[154] Erst als König wird Arnulf in einer Moosburg bezeugt, und zwar durch originale Diplome, deren Ausstellungsdaten 13. und 19. März 888 sowie 20. Jänner 889 und 21. März 890 lauten. Die drei ersten Erwähnungen betreffen sicher die karantanische Moosburg,[155] während die Nennung von 890 nur scheinbar die panno-

---

148 Siehe bes. 2. Jahrgang, Heft 1 (November 1993), das dem Autor dankenswerter Weise zur Verfügung gestellt wurde.
149 Vgl. WS 122 mit Dopsch, Arnolf und der Südosten 151–153.
150 Siehe etwa Conversio c. 11 (ed. Wolfram) 74, oder Regino, Chronica a. 880; S. 117.
151 Regino, Chronica a. 880; S. 117, dürfte bei der Beschreibung der karantanischen Moosburg Conversio c. 11 (ed. Wolfram) 74 gefolgt sein, wo allerdings von der pannonischen Moosburg die Rede ist. Zum Namen *Mosapurc* siehe Conversio c. 13 (ed. Wolfram) 78.
152 Siehe Conversio (ed. Wolfram) 111, wo übersehen wurde, dass das in einem Ort Moosburg ausgestellte D Arn 19; S. 30, in der Datumzeile den Zusatz *urbe* = in der Burg aufweist, so dass die Abtei Moosburg als Ausstellungsort ausscheidet. Die pannonische Moosburg schließt Arnulfs Itinerar aus.
153 Dümmler, Geschichte 3, 305.
154 Siehe Anm. 40.
155 D Arn 19; S. 29f., D Arn 20; S. 30f., und D Arn 43; S. 61f.

nische *Mosapurc* meint.¹⁵⁶ Ein ebenfalls als Original erhaltenes Arnulf-Diplom vom 16. Juli 895 begünstigt die Abtei Moosburg an der Isar.¹⁵⁷

4.1. Kloster Moosburg an der Isar

Am 9. März 891 verbriefte das originale Arnolf-Diplom 87 dem Salzburger Erzbischof die Übertragung eines Hofes am Flüsschen Sempt, *sicut mater nostra bonae memoriae Liutsuuind ex parte nostra pra(e)senti tempore in beneficium habere visa est.* Liest man nur das Attribut *bonae memoriae* und den Satzschluss *in beneficium habere visa est,* ist von Liutswind als Verstorbener die Rede, liest man den ganzen Satz, macht *pra(e)senti tempore* auf den ersten Blick Schwierigkeiten. Näher betrachtet, gibt folgende Übersetzung Sinn: „so wie unsere Mutter Liutswind, seligen Angedenkens, von uns (bis) zum jetzigen Zeitpunkt als Prekarie zu haben schien."¹⁵⁸ In dem ebenfalls als Original erhaltenen Arnolf-Diplom 136 vom 16. Juli 895 bestätigt der Herrscher, dass „wir *post obitum* unserer geliebten Mutter Liutswind (Moosburg an das Bistum Freising) geschenkt haben, *concessimus.* "¹⁵⁹ Demnach fielen *actum* und *datum* des Rechtsgeschäftes auseinander, und der angenommene Todestag Liutswinds bleibt mit vor 9. März 891 aufrecht.¹⁶⁰ Eine vage Erinnerung an Arnulf dürfte im Kloster Moosburg noch lange nachgewirkt haben. Eine Fälschung auf der Grundlage von Diplomen Kaiser Heinrichs III. ersetzt dessen Namen durch den Arnulfs.¹⁶¹

4.2. Moosburg in Karantanien

Die früheste mögliche Nennung der karantanischen Moosburg im Zusammenhang mit Arnulf ist nicht zeitgenössisch. Sie stammt von Regino von Prüm, der zum Jahre 880 von dessen Anerkennung als Herr Karantaniens samt der „festen Moosburg" durch seinen Onkel Ludwig den Jüngeren berichtet.¹⁶²

Nach Ausweis seiner Urkunden war König Arnulf am 13. und 19. März 888 sowie am 20. Jänner 889 in der karantanischen Moosburg.¹⁶³ Die beiden Aufenthalte des Königs in der Fastenzeit passen gut in sein Itinerar, das in diesen Monaten keinen Aufenthalt östlich der Enns aufweist und daher keinen Platz für Pannonien lässt.¹⁶⁴ Die nähere Bezeichnung der *Mosapurc* in der Datumzeile von

---

156 Siehe unten Anm. 181 zu D Arn 75; S. 112–114, Vorbemerkung, und BM² 1844.
157 D Arn 136; S. 203–205.
158 D Arn 87; S. 128–130. Die Vorbemerkung bescheinigt dem Schreiber keine große Übung.
159 D Arn 136; S. 203.
160 D Arn S. XI.
161 DHeinrich III. 111; S. 140 und 696.
162 Regino, Chronica a. 880; S. 117.
163 DD Arn 19; S. 29 f., 20; S. 30 f. und 43; S. 61 f.
164 Pirchegger, Karantanien und Pannonien 272–319, ordnet die Mosapurc-Nennungen mit erstaunlicher Beharrlichkeit alle dem pannonischen Ort zu, so dass man annehmen möchte, der verdiente und vielfach gelobte steirische Landeshistoriker sei in diesem Fall von außerwissen-

D. Arnolf 19 als *urbs*, Burg, schließt die Ausstellung der Urkunde in einer Abtei, *monasterium*, aus. Auffällig ist allerdings der Umstand, dass Arnulf zwölf Tage nach dem 19. März bereits am 1. April 888, dem Montag in der Karwoche, im fast 250 km entfernten St. Florian an der Donau urkundete.[165] Das bedeutete eine tägliche Marschleistung des königlichen Trosses von rund 20 km und die Überquerung des Neumarkter Sattels (894 m), des wahrscheinlich damals noch mit Schnee bedeckten Triebener (Hohen) Tauern (1265 m) sowie des Pyrhnpasses (945 m).[166] Aber Arnulf war auch längstens 19 Tage vor dem 13. März 888 in der Moosburg noch an einem abgekommenen Ort am Attersee gewesen,[167] so dass offenkundig für den östlichen Königsumritt Eile geboten war, um in den Grafschaften im Ostland nach dem rechten zu sehen und neue Allianzen zu knüpfen. Bloß sechs Tage nach seinem Aufenthalt in St. Florian war Arnulf am 7. April 888 wieder in Regensburg.

Historisch ergiebiger ist der dritte, urkundlich bezeugte Aufenthalt Arnulfs im karantanischen Moosburg. Im Spätherbst 888 entschloß sich der König, zugunsten Berengars von Friaul zu intervenieren und zog mit einem großen Heer nach Italien. Die beiden Herrscher trafen einander in Trient, wo Arnulf das italische Königtum Berengars anerkannte, und dieser ihm den Treueid leistete. Danach musste Arnulf seine Krieger jedoch entlassen, weil eine schwere Pferdeseuche das Heer heimsuchte und das italische Hustenfieber drohte. Er selbst trat die Rückreise durch Friaul nach Karantanien an, wo er Weihnachten 888 in der Karnburg im heutigen Kärnten feierte.[168] Dreieinhalb Wochen, nachdem Arnulf hier am 26. Dezember 888 eine Urkunde für Miltrud, die Frau Heimos, ausgestellt hatte, ist er am 20. Jänner 889 in der karantanischen Moosburg gewesen.[169]

4.3. Die pannonische Moosburg

In der 870 verfassten Conversio Bagoariorum et Carantanorum wird der theodiske Name der pannonischen *Mosapurc* zu 860/61 als Neuheit für eine Befestigung erwähnt,[170] die bereits seit rund zwei Jahrzehnten den Vorort des pannonischen *ducatus* Priwinas gebildet hatte. Dieser gentile *dux* kam 860/61 in

---

schaftlichen Kriterien geleitet worden. Pircheggers Zuordnungen wurden leider von Paul Kehr in seine Edition der Arnolf-Diplome übernommen, so dass des Königs Itinerar in diesem Abschnitt der Diplomata-Edition fehlerhaft ist.

165 D Arn 21; S. 31. Vgl. Brunner, Gruppen 157: „Eine vermutlich sehr anstrengende Reise führte ihn (sc. Arnulf) nach Osten."
166 Winckler, Alpen 124 und 146. Zu sehr unterschiedlichen, jedoch möglichen Tagesmarschleistungen siehe Hansen, Das Jahr 1000 S. 34.
167 D Arn 18; S. 27–29, wurde 888 II 23 in *Aterhofen* ausgestellt, so dasss zwischen diesem Datum und D Arn 19; S. 29–30, von 888 III 13 (888 war ein Schaltjahr) 19 Tage verstrichen sind.
168 AF (Ratisb.) a. 888; S. 117.
169 D Arn 42; S. 60f. Siehe Krahwinkler, Friaul 281, und D Arn 43; S. 61f, sowie Das Jahr 888.
170 Conversio cc. 11 und 13 (ed. Wolfram) 74 und 78 sowie 185 und 198.

Kämpfen mit den Mährern ums Leben.[171] Der Nachfolger wurde sein Sohn Chozil, der *knaz Pannonie* der kirchenslawischen Überlieferung,[172] als *dux*, aber auch als fränkisch-bayerischer *comes*, der in der pannonischen *Mosapurc* bis gegen 874/76 residierte.[173] Spätestens 876, nachdem er König geworden war, setzte Karlmann seinen Sohn Arnulf als Chozils Nachfolger ein.[174] Das heißt, der Karolinger Arnulf übernahm in Pannonien die Funktion eines *dux*, eines gentilen Fürsten,[175] und wird tatsächlich als solcher auch urkundlich bezeugt.[176] Der Diakon Gundobad ließ zwischen 876 und 880 und zwischen 883 und Spätherbst 887 wahrscheinlich in der pannonischen Moosburg je eine Urkunde ausstellen und bezeichnet Arnulf in der einen als Königssohn und seinen Herrn, in der anderen als *dux*, der beim Rechtsakt anwesend war.[177] Die Funktionsbezeichnung *dux* ist in diesem Fall weder mit Herzog noch mit einfachem *military leader*, sondern mit gentilem Fürsten zu übersetzen. Wem diese Übersetzung zu kühn erscheint, verzichtet besser wie Timothy Reuter völlig auf die Übersetzung von *dux*.[178] Die zumindest zeitweilige Anwesenheit Arnulfs in der pannonischen Moosburg ist auch für die Kämpfe mit Zwentibald I. in den Jahren 882 bis 885 anzunehmen.[179]

Zu Mittfasten 890 brach König Arnulf von Regensburg auf, um sich mit Zwentibald im pannonischen *Omuntesperch* zu treffen.[180] Der Ort konnte bisher nicht überzeugend lokalisiert werden, dürfte aber nicht allzu weit von der pannonischen Moosburg entfernt gelegen sein. Dafür scheint auch eine Originalurkunde Arnulfs zu sprechen, die laut Datumzeile am 21. März 890 in einer Moosburg ausgestellt wurde.[181] Die Richtigkeit der Ortsangabe in der Datumzeile wurde schon längere Zeit angezweifelt und als Schreibfehler für Regensburg angenommen. Dafür sprechen folgende Beobachtungen: Die Moosburg wird hier *civitas regia* genannt, ein Epitheton, das in ganz Bayern und in seinem Ostland allein Regensburg zukam. Die Zeitangabe der Annales Fuldenses, der

---

171 Conversio c. 11 (ed. Wolfram) 74 und 184 f.: Errichtung der Burg durch Priwina. Des weiteren siehe D. LD. 100; S.144 f., wo Priwina *fidelis noster dux* und sein Herrschaftsbereich *ducatus* heißt. Conversio c. 13 (ed. Wolfram) 78: *quem (Priwinam) Maravi occiderunt*.
172 Conversio (ed. Wolfram) 305 mit Anm. 17 und WS 334 mit Anm. 719 nach Vita Constantini cc. 14 f.
173 Conversio (ed. Wolfram) 198–201.
174 Regino, Chronica a. 880; S. 117.
175 TR 86; S. 78 f., bezeichnet Chezil/Chozil als *dux iam quondam*.
176 In TR 102; S. 91, wird Arnulf *dux* genannt. Vgl. WS 165–175, 315 mit Anm. 633 und Conversio (ed. Wolfram) 198–201 sowie 293.
177 TR 86; S. 78 f., bezeichnet Arnulf als *regalis filius*, was nur für die letzen vier Lebensjahre Karlmanns zutraf. TR 102; S. 91, worin Arnulf ein *dux* ist, wird aus anderen Gründen (siehe Kopfregest) zwischen 883 und 887 datiert.
178 Für die zweisprachige Freiherr-vom-Stein- Gedächtnisausgabe ist jeder *dux* ein Herzog, was einfach falsch ist. MacLean, Kingship and Politics 136 f., reduziert die Aufgaben eines *dux* auf *military responsibility*. Timothy Reuter läßt dagegen in seiner englischen AF-Übersetzung das Wort *dux* wohlweislich unübersetzt. Vgl. Conversio (ed. Wolfram) 304 f. mit Anm. 15 f.
179 AF a. 884; S. 110–113.
180 AF (Ratisb.) a. 890; S. 118.
181 D Arn 75; S. 112–114. BM² 1844.

König sei zu Mittfasten nach Pannonien aufgebrochen, läßt sich entweder auf die ganze Woche vor Laetare oder auf Sonntag Laetare allein beziehen, der 890 auf den 22. März fiel. Die zuletzt genannte Möglichkeit scheidet damit für den 21. März aus. Aber auch die Annahme, dass die Woche vor Laetare gemeint war, gibt keinen Sinn. Arnulf war noch am 15. oder 16. März in Regensburg[182] und hätte die rund 750 km bis zur pannonischen Moosburg unmöglich in fünf oder sechs Tagen bis zum 21. des Monats bewältigen können, auch wenn er bis Pressburg zu Schiff gefahren wäre. Nimmt man dagegen für den Aufbruch nach Pannonien die Mittfasten 890 als Sonntag Laetare am 22. März an, hätte Arnulf am Samstag, dem 21. März noch eine Urkunde für St. Emmeram in Regensburg ausgestellt haben und am nächsten Tag die *regia civitas* verlassen können. Arnulfs Umgebung hat als Ziel der Reise sicher nicht bloß Omuntesperch, sondern auch die pannonische Moosburg besprochen, und der perseverative Schreiber hatte letztere Destination im Ohr, als er die Datumzeile für D Arn 75 schrieb. Auch handelt der Rechts- und Sachinhalt des Diploms von rein regionalen, dem Regensburg benachbarten Künziggau betreffenden Inhalten. Eine in Buchschrift angeheftete Liste enthält die Namen zahlreicher bayerischer Zeugen, von denen kein einziger in Pannonien nachzuweisen ist.

Nach seiner Erhebung zum König dürfte Arnulf nicht bloß Karantanien, sondern auch die Verwaltung Pannoniens seinem Verwandten Luitpold übertragen haben.[183] Im Jahre 896 beauftragte der König den anscheinend von den Ungarn aus Siscia vertriebenen Fürsten Brazlavo mit der Verteidigung Pannoniens gegen die „neuen Awaren" und vertraute ihm die pannonische Moosburg an. Ihr letzter Inhaber dürfte um das Jahr 900 gegen die Ungarn gefallen sein.[184]

---

182 D Arn 74; S. 111.
183 GuR 270 f.
184 AF (CR) a. 896; S. 129 f. GuR 326 und 444 Anm. 259. WS 91 f. Conversio (ed. Wolfram) 173 mit Anm. 40, 241 mit Anm. 83 und 285 f.

II. Von Jahr zu Jahr

1. Ein Menschenalter im Ungewissen: Von der Geburt bis 887.

Aus Arnulfs vorköniglicher Zeit ist außerordentlich wenig überliefert, geschweige denn, dass absolute Daten in nennenswerter Zahl bekannt wären. Gesichert ist, dass Arnulf 860 beim Abschluss des Koblenzer Vertrags im Gefolge seines Großvaters anwesend war. Dazu gilt die Annahme, dass Arnulf als ungefähr Zwanzigjähriger anläßlich der Taufe seines ältesten Sohnes aktiv in der Öffentlichkeit auftrat. Der dafür in Frage kommende Zeitpunkt wird nicht überliefert, kann aber mit einiger Wahrscheinlichkeit für das Jahr 870 erschlossen werden.[185] Spätestens als sein Vater Karlmann 876 König wurde, übertrug er Arnulf das Bayerische Ostland und damit auch Karantanien, wo der Sohn seine Machtbasis aufbaute. Diese konnte ihm kein Onkel und „echter" Karolinger streitig machen, weil er dafür 880 und 882 auch vom bayerischen Adel ausreichend unterstützt wurde.[186] Arnulf könnte damals bereits an die 26 Jahre alt gewesen sein und schien in der Nachfolge seines Vaters offenkundig nicht bloß für eine königgleiche Herrschaft im Ostland, sondern auch als König in Bayern bestens geeignet.[187] Es dauerte aber bis 879, dass Arnulfs erste militärische Aktion registriert wurde. Nach den Salzburger Annalen wurde König Karlmann auf dem Hof Ergolding vom Grafen Erembert und seinen Leuten belagert.[188] Die Annales Fuldensens berichten, Arnulf habe die Belagerer im Auftrag seines schwer kranken Vaters vertrieben, die darauf zu ihrem Schutzherrn Ludwig dem Jüngeren flüchteten. Während die beiden ostfränkischen Texte Arnulfs Eingreifen als Einzelaktion vermelden, wollen die westfränkischen Annales Bertiniani von dessen weitgehender Machtergreifung und gleichsam königlichem Auftreten in Bayern wissen. Für einen späteren westfränkischen Autor war er schon vor November 887 der „König der Bayern", eine Stellung, die er im wesentlichen seiner ostländischen Herrschaft verdankte. Er besaß aber im Jahre 879 noch nicht die entsprechende Unterstützung des bayerischen Adels, um sich in Bayern durchzusetzen. Es gelang seinem Onkel, Ludwig dem Jüngeren, ohne Verzug, die vertriebenen Gegner Karlmanns und Arnulfs wieder heimzuführen und Bayern in Besitz zu nehmen. Ludwig hatte freilich dafür schon zu Jahresbeginn 879 insofern vorgesorgt, als er bereits damals nach Bayern kam und eine be-

---

185 Siehe Anm. 402. M. Hartmann, Lotharingien 123f.
186 Zwischen BM² 1765 d (Geburt um 850) und 1765 e (Zuteilung des Ostlandes: siehe Regino, Chronica a. 880; S. 117.) liegen rund 26 Jahre, von denen außer zum Jahr 860 (siehe Anm. 402) nichts berichtet wird, während die Taufe Zwentibolds von etwa 870 – siehe Conversio (ed. Wolfram) 291–296 – überhaupt unerwähnt bleibt.
187 Vgl. MacLean, Kingship and Politics 135f. Becher, Arnulf von Kärnten 673.
188 Zu Annales ex annalibus Iuvavensibus antiquis excerpti a. 878 (recte 879); S. 742, siehe Reuter, Uota-Prozeß 263 mit Anm. 31, und Brunner, Gruppen 150f.

trächtliche Anzahl des Adels, zumindest aber dessen maßgebliche *sanior pars* eidlich verpflichten konnte, nach Karlmanns Tod keinen anderen als ihn als König anzunehmen. Im Herbst 879 erreichte Ludwig der Jüngere, dass ihm Karlmann seine Frau, sein Reich und seinen Sohn „empfahl, " und zwar schriftlich, weil er nicht mehr reden konnte.[189]

Die gut vorbereitete Ausschaltung Arnulfs wurde 880 in Bayern jedoch nicht von allen als rechtmäßig angesehen, ja sogar als Eidbruch Ludwigs des Jüngeren abgelehnt.[190] Auch war man sich selbst in der bayerischen Königsstadt Regensburg nicht klar, wie es weiter gehen solle. Der Bischof der Stadt tauschte 879 Grundbesitz mit einem seiner edlen Vasallen und ließ darüber für jeden der beiden Partner eine Urkunde ausstellen, die mit einer bezeichnenden Datierung versehen wurde. Die Datumzeile nennt nacheinander die drei Söhne des glorreichen Königs Ludwig (des Deutschen), und zwar Karlmann, Ludwig (den Jüngeren) und Karl (III.) im vierten Jahr (ihrer Herrschaft), aber ohne Königstitel.[191] Der, obgleich verhaltene bayerische Widerstand dürfte das Eingreifen Ludwigs des Jüngere beschleunigt haben, so dass er nach Karlmanns Tod am 22. März 880 rasch „alle Großen des (bayerischen) Reiches" in Regensburg versammelte. Dabei anerkannte er des toten Bruders Verleihung des Ostlandes an Arnulf und versprach dem Neffen außerdem die Nutzung reicher Einkünfte. Arnulf behielt demnach Karantanien, das heißt, das aus dem eigentlichen Karantanien und dem Fürstentum der pannonischen Moosburg bestehende Ostland und bloß theoretisch die Aufsicht über Arbos drei Grafschaften entlang der Donau.[192]

Arnulf verfügte zwar über einigen, aber nicht ausreichenden Rückhalt in Bayern, um die noch überwiegende Unterstützung des bayerischen Adels für das Legitimitätsprinzip wett zu machen, das Ludwig der Jüngere jedenfalls ohne Zweifel verkörperte. Vor allem aber besaß der König von Franken und Sachsen ein handfestes Argument. Er hatte 876 seine militärische Tatkraft als Heerkönig bestätigt, als er zu Achternach über den westfränkischen König Karl den Kahlen mit einem zahlenmäßig deutlich unterlegenen Heer glänzend triumphierte.[193] Und dabei blieb es, als Ludwig bereits am 20. Jänner 882 söhnelos starb und der jüngste der drei Brüder, Karl III. der Dicke, sich auch als König in Bayern durchsetzte. Er erbte die siegreichen Bataillone seines verstorbenen Bruders, und ihn umgab die Aura eines soeben erworbenen Kaisertums.[194] Abermals wurde Arnulf mangels ausreichender adeliger Unterstützung übergangen. Überdies verlangte Karl für die Anerkennung Arnulfs als Herrn des Ostlandes die Leistung eines Treueides auf einer Heiligen-Kreuz-Reliquie, die anscheinend seit 872

---

189 Zu AB a. 879; S. 149, siehe Folcuin, Gesta c. 15; S. 61, der Arnulf bereits vor November 887 *rex Noricorum* nennt. Zu AF a. 879; S. 93, vgl. AF (Ratisb.) a. 898: S. 132 (Erembert wird in Mähren aufgegriffen), siehe GuR 164.
190 AF a. 879; S. 93.
191 Siehe MacLean, Kingship and Politics 135 mit Anm. 51, zu TR 92; S. 76.
192 AF a. 880; S. 95 (Tod Karlmanns). Regino, Chronica a. 880; S. 117.
193 AF a. 876; S. 88f.
194 AF a. 882; S. 97f.

ein Heiltum der ostfränkischen Karolinger bildete. In jenem Jahr hatte König Ludwig der Deutsche in Regensburg byzantinische Gesandte empfangen, die neben anderen reichen Geschenken auch „ein großes Stück des heilbringenden Kreuzes" überreichten.[195]

Karl III. forderte bereits 882 die Erfüllung der von Arnulf eingegangenen Verpflichtungen. Es war allerdings kaum in seinem Sinne, dass sein Neffe das bayerische Aufgebot kommandierte, das gemeinsam mit den Franken die Vorhut des Reichsheeres bildete, um die in Asselt verschanzten Normannen zu verjagen. Der Regensburger Annalist nennt Arnulf *eorum* (sc. *Baiowariorum*) *princeps*.[196] Ob damit auch eine institutionelle Funktion gemeint war oder die ursprüngliche Bedeutung des Wortes *princeps* = *furista*, der Erste, Arnulf war für den Annalisten der Befehlshaber des gesamten, vom Kaiser aufgebotenen bayerischen Heeres. Der schmähliche Rückzug Karls vor Asselt wird Arnulfs Ansehen sicher nicht geschadet haben. Eher im Gegenteil. Er galt von nun an als letzter ostfränkischer Karolinger, der *idoneus et utilis* war.[197] Allerdings wurde dieses Urteil sehr bald auf eine harte Probe gestellt, als Arnulf zwischen 882 und 885 auf seiten der Wilhelminer in einen ebenso verlustreichen wie aussichtslosen mährisch-bayerischen Krieg verwickelt wurde, der eine längere Vorgeschichte hatte.[198]

Als Ludwig der Deutsche 871 Arbo als Grenzgrafen der drei Grafschaften im Traungau, zwischen Enns und Raab sowie um Steinamanger einsetzte, musste Karlmann auf diese Kernlandschaften der *plaga orientalis* de facto verzichten. Aber Graf Arbo hatte seinerseits mit gefährlichen Konkurrenten innerhalb seines neuen Mandatsgebietes zu rechnen, und zwar besonders sowohl im Traungau wie im heute niederösterreichischen Zentralraum südlich der Donau. Die Maßnahme Ludwigs des Deutschen war nur möglich geworden, weil die hier besitzmächtigen und die drei Grafschaften befehligenden Wilhelminer alle 871 in Mähren den Tod gefunden hatten. Ein Jahrzehnt später forderten aber deren Nachkommen ihr Erbe zurück und zwangen Arbo zur Flucht zu Karl III. Der Kaiser und sein damaliger Verbündeter Zwentibald von Mähren ermöglichten Arbo die Rückkehr in seine Grafschaften. Der Mährer übte dabei so starken militärischen Druck auf die Wilhelminer aus, dass sie das Land räumten. Sie gingen zu Arnulf nach Pannonien, wurden seine Vasallen und lösten 882 einen verheerenden mährischen Angriffskrieg aus, der erst 885 durch einen Frie-

---

195 AF a. 872; S. 75, und AF (Mogunt.) a. 887; S. 106. Zum heilbringenden Kreuz vgl. Goldberg, More devoted 61–65. Schulze-Dörrlamm, Heilige Nägel und Heilige Lanzen, nn. 33 and 40. Frolow, „La Relique de la Vraie Croix, nn. 107 und 122. Frolow, Les reliquiaires de la Vraie Croix. Ekkehard IV, Casus sancti Galli c. 10; S. 34, erinnert sich noch an „Karls Kreuz."
196 AF (Ratisb.) a. 882; S. 107 f.
197 Zu AF (Mogunt.) a. 882; S. 98 f., und AF (Ratisb.) a. 882; S. 107 f., siehe Schulze, Vom Reich der Franken 369 f., Keller, Zum Sturz Karls III. 340–347, Annals (Reuter) 104 Anm. 3. GuR 165 mit Anm. 151 und Conversio (ed. Wolfram) 179. Notker, Continuatio S. 330. Arnulf wird von Regino, Chronica a. 880; S. 117, als *idoneus* = geeignet (für die Herrschaft) geehrt.
198 Dazu und zum folgenden siehe WS 319 f. und Störmer, Adel 1, 248 f., nach bes. AF (Ratisb.) a. 884; S. 110–114. Vgl. oben Anm. 34 und Anm. 669–682.

densschluß beendet werden konnte.[199] Darauf folgte ein gutes Jahrfünft relativ guter Beziehungen zwischen den „Gevattern", *compatres*, so dass es denkbar ist, dass Zwentibald 887 den Griff Arnulfs nach dem Königtum militärisch unterstützte.[200] In den letzen Jahren davor wird Arnulf anscheinend in der pannonischen Moosburg als Königssohn und *dux* des pannonischen Regnum bezeugt.[201] Es ist anzunehmen, dass er sich als solcher auf die Nachfolge seines Onkels vorbereitete, und zwar nicht zuletzt in der pannonischen wie der karantanischen Moosburg.

2. Der Spätherbst 887, seine Vorzeichen und Folgen

Im Herbst 886 wurden der „Osten", wahrscheinlich Bayern und sein Ostland, von einer schweren Naturkatastrophe heimgesucht. Heftige Regenfälle ließen die Flüsse ansteigen, so dass die Fluten ganze Dörfer wegrissen und ihre Bewohner, Männer, Frauen und Kinder, unter sich begruben. „Innergebirg" löste das Hochwasser gewaltige Bergstürze aus, die Wege und Stege nicht bloß zerstörten, sondern völlig unkenntlich machten. Während davon der Regensburger Annalist berichtet, notiert der Mainzer zum Jahresbeginn 887 auch für Franken einen überlangen, harten Winter, gefolgt von einer Rinder-und Schafseuche, die fast den gesamten Viehbestand vernichtete.[202] Das waren fatale Vorzeichen für die kommenden Monate, bis im November 887 die dadurch angekündigte Katastrophe eintrat.

Was die Vorgänge im November 887 betrifft, kam es, wie üblich, auf die politischen Entscheidungen der handelnden Personen an. Nur kurze Zeit vor seiner Absetzung nahm Karl III. der Dicke 887 den kleinen Ludwig von der Provence als Vasall in einer Form an, die als Adoption gedeutet und daher von Arnulf als Provokation empfunden werden musste. Ludwig war der Sohn Bosos von der Provence und der Karolingerin Irmgard, der Tochter Kaiser Ludwigs II. (855–875).[203] Von nicht geringer Bedeutung für den Sturz Karls III. des Dicken dürfte auch der Abfall oder die Vertreibung seines bis dahin einflussreichsten Höflings Liutward Bischof von Vercelli und dessen Flucht zu Arnulf gewesen sein.[204] Die Wahlfrage, ob dieser vom ostfränkischen Adel „eingeladen" wurde oder ob er von sich aus erfolgreich „rebellierte," worauf sich ihm die Großen der

---

199 AF (Ratisb.) a. 885; S. 114.
200 Vgl. MacLean, Kingship and Politics 193 mit Anm. 137, und Bowlus, Arnulf of Carinthia's *Ostpolitik* 564.
201 TR 86 und 102; S. 78 f. und 91. Siehe Anm. 417.
202 Siehe AF (Ratisb.) a. 886; S. 114 f., und AF (Mogunt.) a. 887; S. 105.
203 Siehe allgemein Schieffer, Karl III. und Arnolf 133–149 und bes. 139, zu AF (Ratisb.) a. 887; S. 115.
204 Siehe die quantitativ wie qualitativ unterschiedliche Darstellung des Geschehens durch AF (Mogunt) a. 887; S. 105 f., und AF (Ratisb.) a. 887; S. 115.

2. Der Spätherbst 887, seine Vorzeichen und Folgen 49

Franken, Sachsen, Thüringer und einige Alemannen und Bayern anschlossen,[205] ist daher einfacher zu beantworten, als man mitunter liest: Grundsätzlich hat Arnulf genauso gehandelt wie seine Vorgänger und Onkel Ludwig der Jüngere und Karl III. bei ihrer jeweiligen Machtübernahme in Bayern 880 und 882. Ludwig der Jüngere konnte Gegensätze im bayerischen Adel nützen, um seine maßgeblichen Mitglieder zu gewinnen, und er konnte auf spektakuläre militärische Erfolge im Kampf um sein Erbe verweisen.[206] Dazu stellte ihm sein fränkisch-sächsisches Regnum eine beachtliche und erfolgreiche Heeresmacht zur Verfügung. Beides erbte 882 sein Nachfolger Karl III., der außerdem auf seine eben erworbene kaiserliche Autorität pochen konnte. Als es sich aber während des Jahres 887 herausstellte, dass der Kaiser seinem Amt körperlich und geistig nicht mehr gewachsen war,[207] dürfte der Mährerfürst Zwentibald I. wieder auf die Seite Arnulfs übergegangen sein, obwohl er im Jahre 884 der Vasall Karls III. geworden war und ihm lebenslange Treue geschworen hatte.[208] Arnulf war es daher im November 887 möglich, ein großes Heer aufzubieten und, wie der Mainzer Annalist schrieb, *cum valida manu Noricorum et Sclavorum* gegen Tribur vorzugehen, wohin der Kaiser „um den 11. November" angekommen war.[209]

Fast wortgleich lautet die Beschreibung des Heeres, mit dem Arnulfs Vater Karlmann im Jahre 877 nach Italien gezogen war, um seinem Onkel Karl dem Kahlen das Kaisertum streitig zu machen.[210] Seine *manus valida Noricorum diversorumque Sclavorum* bildete eine so gewaltige Streitmacht, dass Karl der Kahle kampflos das Feld räumte, aber den Rückzug nicht überlebte.[211] Ebenso wenig gelang zehn Jahre später Karl III. eine wirksame militärische Gegenmaßnahme, um das bayerisch-slawische Heer Arnulfs zu bekämpfen. Dass mit den *Norici* die Bayern gemeint waren, folgte dem bald nach 800 allgemeinen Sprachgebrauch.[212] Die gentile Differenzierung der slawischen Kontingente im Heer Karlmanns 877 ist auch für 887 anzunehmen. Mit Sicherheit wurden in beiden Jahren Karantanen und pannonische Slawen nördlich wie südlich der Drau und aus der Save-Grafschaft aufgeboten. Wahrscheinlich zogen ebenso „Rugier" aus dem Kamptal mit.[213] Freie Slawen lebten aber auch in Bayern selbst, deren Rechte im Raum von Roding im Bayerischen Wald Arnulf ausdrücklich anerkannte.[214] Um aber den slawischen Anteil an der „mächtigen Heerschar" quantitativ, vor allem aber qualitativ wirklich mächtig zu machen, bedurfte es des Zuzugs

---

205 Vgl. etwa Annales Vedastini a. 887; S. 64: Die Ostfranken nahmen dem Kaiser die Herrschaft und setzten Arnulf, den Sohn Karlmanns, auf den Thron des Reiches, mit AF (Ratisb.) a. 887; S. 115.
206 AF a. 876; S. 88 f. Siehe oben Anm. 193.
207 Regino, Chronica a. 887; S. 127.
208 AF (Ratisb.) a. 884; S. 113.
209 AF (Mogunt.) a. 887; S. 106. Regino, Chronica a. 887; S. 127: *circa transitum sancti Martini*. AF (Ratisb.) a. 887; S. 115: Nur ein Teil des bayerischen Adels unterstützte Arnulf.
210 AF a. 877; S. 90.
211 Regino, Chronica a. 877; S. 113: Karl dem Kahlen wurde berichtet *Carlomannum cum ingenti armatorum multitudine Langobardorum terminos introisse*.
212 WS 71–73.
213 GuR 311 f.
214 D Arn 145; S. 221 (896 VIII 2).

mährischer Krieger, deren starkes militärisches Potenzial schriftliche wie archäologische Quellen bezeugen.[215] Der Regensburger Annalist beschreibt das Heer Zwentibalds als eine Streitmacht, deren „Aufmarsch vom Aufgang bis zum Untergang der Sonne" dauerte.[216] Im Jahre 877 hatte zwischen Karlmann und Zwentibald ein gutes Einvernehmen geherrscht. Der Friede, der im Frühjahr 874 zu Forchheim auf Initiative Zwentibalds geschlossen wurde, hatte Mähren als abhängiges Tributärfürstentum mit allen davon abgeleiteten Rechten und Pflichten bestätigt.[217] Ebenso hatte der Friede, der 885 bereits unter Vermittlung und in Anwesenheit bayerischer Großer zwischen Arnulf und Zwentibald zustande kam, die beiden Gevattern wieder einander näher gebracht.[218] Wie gut sich das Verhältnis zwischen ihnen gestaltete, beweist die Tatsache, dass es im Spätfrühling 888 üblich war, mährische Rechtssachen je nach Schwere vor einem ostländischen grundherrlichen oder vor einem markgräflichen Gericht zu verhandeln.[219] Sowohl 877 wie 887 konnte es daher durchaus im mährischen Interesse gelegen sein, die Politik des Nachbarn militärisch zu unterstützen. Wie stark die mährische Militärmacht tatsächlich war, hatte sich in den Jahren 882 bis 884 gezeigt, als sie sich gegen Arnulf richtete.[220] Im November 887 sicherte ihm eine „mächtige Schar von Bayern und Slawen" die immer größer werdende Unterstützung des Adels der ostfränkischen Völker. Ein westfränkischer Autor des 10. Jahrhunderts interpretierte die Vorgänge als Übernahme des ostfränkischen Reichs durch den König der Bayern.[221] Man wird daher nicht von einer Wahl Arnulfs im Vollsinn des Wortes sprechen, eher von einem Vorgang, der an das antike *pedibus ire in sententiam alicuius* erinnert und so ungefähr auch von Regino von Prüm beschrieben wurde.[222] Der Regensburger Annalist stellt Arnulfs Erhebung differenzierter als dreifachen Prozess dar: als Einladung der Großen, die Königsherrschaft zu übernehmen, als seine Wahl zu ihrem Herrn und als seine Erhebung aufgrund des Beschlusses der Großen.[223] In Mainz sah man bereits als Arnulfs erste Regierungsmaßnahme, dass er die Zögernden unter Androhung des Verlustes ihrer Benefizien zum Anschluss zwingen konnte.[224]

Unterdessen hatte Karl III. vergeblich versucht, die Großen des Reichs nach Tribur einzuladen und Arnulf mit Heeresmacht zu widerstehen. Darauf ging der Kaiser nach Frankfurt, wo er am 17. November 887 noch einmal eine Urkunde ausstellte, während die letzten Getreuen, darunter selbst „seine" Alemannen, ihn verließen.[225] Auch die Übersendung einer Partikel vom Heiligen Kreuz, worauf

---

215 GuR 320 mit Anm. 233. Vgl. Dopsch, Arnolf und der Südosten 167 mit Anm. 78.
216 AF (Ratisb.) a. 884; S. 112 f. GuR 258 f.
217 GuR 318.
218 AF (Ratisb.) a. 885; S. 114. Vgl. MacLean, Kingship and Politics 193 mit Anm. 137.
219 Siehe D Arnolf 32; S. 47 f., und unten Anm. 701.
220 GuR 318–320.
221 Folcuin, Gesta c. 15; S. 61.
222 Regino, Chronica a. 887; S. 127 f.: *ad predictum virum* (sc. *Arnulfum*) *transeunt*.
223 AF (Ratisb.) a. 887; S. 115: *invitaverunt* (sc. *primores*) *Arnolfum....ipsumque ad seniorem eligerunt, sine mora statuerunt ad regem extolli*.
224 AF (Mogunt.) a. 887; S. 106.
225 DD Arn S. XI zu D. K. III. 172; S. 278.

ihm sein Gegner 882 Treue geschworen hatte und die Erzbischof Liutbert von Mainz vermittelnd überbrachte, soll Arnulf zwar zu Tränen gerührt haben, änderte aber nichts an seiner weiteren Vorgangsweise.[226] Schließlich trafen die beiden Kontrahenten in Frankfurt zusammen, wo Karl III. auf den Thron verzichtete und Arnulf am 27. November 887 seine erste Königsurkunde zugunsten desselben Erzbischofs Liutbert ausstellte, den er soeben als Erzkanzler abgesetzt hatte. Der Mainzer Metropolit verlor nämlich sofort seine Jahrzehnte lange Stellung als Erzkapellan und Erzkanzler an den Salzburger Erzbischof Theotmar, und der Notar Ernustus übernahm das Urkundengeschäft. Allerdings behielten Liutbert wie sein Gegenspieler Liutwart von Vercelli die Huld König Arnulfs. Bleibt die Frage, ob Arnulf noch in Frankfurt zum König erhoben wurde. Hagen Keller sprach sich überlegenswert für das oberfränkische Forchheim aus, wo Arnulf die Tradition mehrerer Königserhebungen begründet habe und der neue König am 11. und 12. Dezember 887 sein zweites und drittes bekanntes Diplom ausstellen ließ.[227] Seine erste vollgültige, original erhaltene Königsurkunde mit der Intitulatio *Arnulfus divina favente gratia rex* trägt aber das Datum Frankfurt, den 27. November 887, nennt demnach denselben Ort, an dem sich ihm Karl unterwarf und auf die Herrschaft verzichtete. Arnulf, der, wie schon sein erstes Diplom verrät, jeden Bruch verhindern wollte, hat daher kaum ein politisches Vakuum entstehen lassen und den letzten Schritt seiner „Rebellion" wahrscheinlich noch in Frankfurt gesetzt.[228] Er dürfte aber erst am Weihnachtstag 887 in Regensburg gekrönt worden sein.[229]

In den zehn Tagen zwischen 17. und 27. November 887 erfolgten die Entmachtung Karls III. und Arnulfs Herrschaftsantritt.[230] Der Entthronte sandte noch seinen Sohn Bernhard mit Geschenken zum neuen König und empfahl ihn dessen Huld, bevor er die erbetenen und von Arnulf bewilligten alemannischen Austragsorte aufsuchte.[231] Außer Karls III. fortschreitendem geistigen und körperlichen Verfall gab es mehrere Gründe, dass Arnulf, der 880 und 882 scheiterte, diesmal Erfolg hatte: Zum einen war das Bayerische Ostland nicht mehr ferne Peripherie, sondern eine beachtliche, obwohl nicht mit dem fränkischen Rheinland vergleichbare Basis königlicher Herrschaft geworden. Nicht von ungefähr wird die Grafschaft Karantanien erstmals unter Arnulf offiziell als *regnum Carentanum* und *Charentarîche* bezeichnet.[232] Das Tributärfürstentum von Siscia war ebenfalls ein *regnum,* nämlich das Reich zwischen den Flüssen Drau und Save. Das von Regensburg abhängige Böhmen war ein weiteres *regnum,*[233] von dem

---

226 Siehe AF (Mogunt.) a. 887; S. 106, und Anm. 224.
227 Keller, Sturz Karls III. 376f. DD Arn 2 und 3; S. 2–4.
228 D Arn 1; S. 1f. DD Arn S. XI. BM² 1765 a-l.
229 Siehe unten Anm. 248. Vgl. Brühl, Deutschland–Frankreich 386 mit Anm. 195.
230 DD Arn S. XI. BM² 1765a-l. D Arn 1; S. 1f.
231 AF (Ratisb.) a. 887; S. 115. AF (Mogunt.) a. 887; S. 106f., beendete noch vor Karls III. Tod die Berichterstattung.
232 Siehe Conversio (ed. Wolfram) 316 mit Anm. 79 und WS 85 mit Anm. 82f. zu D Arn 20; S. 30f., Moosburg, 888 III 19, und D Arn 109; S. 161f. (892?). Vgl. D Arn 162; S. 245f.: *regnum.* D Arn 138; S. 208f.: *Charentarîche.*
233 Regino, Chronica a. 890; S. 134.

damals mit Arnulf verbündeten *Marauorum regnum* Zwentibalds ganz zu schweigen.[234] Zum zweiten konnte Arnulf, der Inhaber der *plaga orientalis*,[235] auch Herr des gesamten Erbes Ludwigs des Deutschen werden, da er die Zustimmung der wichtigsten Großen der ostfränkischen Völker erhielt, die nicht zuletzt seine Herkunft überzeugte.[236] Wenn auch kein Spross einer Vollehe, war er doch von der Vaterseite der einzige volljährige Karolinger, dessen Existenz allein bewirke, dass „die Leuchte des großen Ludwig (des Deutschen) ... nicht erlösche".[237] Er trüge erfolgreich den Namen des Begründers des Geschlechts, von ihm sei Großes für Kirche und Reich zu erwarten.[238] Zum dritten lehren die Vorgänge von Herbst 887 und den darauf folgenden Monaten, dass Bayern nicht bloß das Herzland des arnulfingischen Königtums war, sondern dass auch die angrenzenden slawischen Gebiete ohne Einschränkung zu diesem bayerischen Reich gehörten und wesentlich zu seinem Heeresaufgebot beitrugen. Arnulf konnte auf die abhängigen slawischen Fürsten zählen, sofern diese „Treue" deren Interessen diente.

Scheinbar in offenem Widerspruch zu diesen Texten steht die Mitteilung, Arnulf habe zwar die Unterstützung der Großen der Franken, Sachsen und Thüringer, jedoch bloß einiger Alemannen und Bayern gefunden. Franken, Sachsen und Thüringen bildeten das angestammte Reich Ludwigs des Jüngeren,[239] dessen Erbtochter Hildegard, aus welchen Motiven auch immer, Arnulfs Griff nach dem Königtum aufs tatkräftigste unterstützte. Sie konnte im Ostfrankenreich neben Karl III. als einzige auf karolingische Legitimität verweisen und besaß beste Verbindungen nicht bloß zu den Großen im ehemaligen Reich ihres Vaters, darunter zum mächtigen Sachsengrafen, ihrem Mutterbruder Otto den Erlauchten.[240] Dagegen lässt sich die teilweise bayerische Zurückhaltung damit erklären, dass Arnulf bis zu seinem Ende unter den bayerischen Großen Gegner, wenn nicht Feinde hatte, wie etwa den Grafen Erembert, mit dem er sowohl 879 wie noch 898 zusammen stieß, oder Engildeo oder des Grenzgrafen Arbos Sohn Isanrih.[241] Die Alemannen bildeten gleichsam die Hausmacht Karls III. und fielen dennoch von ihm ab, ohne deswegen alle die Sache Arnulfs zu unterstützen, wie die Zukunft lehren sollte.[242] In St. Gallen schrieb man sogar, Arnulf sei zu einem „ganz ungeheuerlichen König erhoben worden".[243] Dazu kam, dass der Gegensatz zwischen zwei mächtigen Alemannen, zwischen Erzbischof Liutbert von Mainz und dem engsten kaiserlichen Berater, Bischof

---

234 AF (Ratisb.) a. 884; S. 113: *regnum inter Dravo et Savo flumine.* D Arn 32; S. 47 f. oder Conversio (ed. Wolfram) 351 oder NÖUB n. 6b; 1, 78: *Marauorum regnum.*
235 WS 381. Conversio c. 10 (ed. Wolfram) 72: *plaga orientalis.*
236 Scharer, Herrschaft 54.
237 Siehe Kasten, Chancen 50, zu Notker, Continuatio 330.
238 Siehe Becher, Zwischen König und „Herzog" 106 f., zu Poeta Saxo, Annales V vv. 125–190; S. 58 f.
239 Dazu siehe Semmler, Francia Saxoniaque 337–374.
240 Becher, Zwischen König und „Herzog" 102–106.
241 AF a. 879; S. 93, und AF (Ratisb.) a. 898; S. 132, und a. 899; S. 133. GuR 167 f. und 270 f.
242 Vgl. AF (Mogunt.) a. 887; S. 106, mit AF (Ratisb.) a. 887; S. 115.
243 Zu Annales Alamannici a. 887 (ed. Lendi) S. 187: *Arnolfus inmanissimus rex elevatur.* Siehe Löwe, Deutschlands Geschichtsquellen 786.

Liutward von Vercelli, eskalierte. Liutward, die *bête noire* der Mainzer Überlieferung, habe sich 882 von den Normannen bestechen lassen und den schmählichen Rückzug von Asselt verschuldet, habe hochadelige Mädchen zur Ehe mit Männern seiner sozial niederen Verwandtschaft gezwungen, habe das kaiserliche Ehebett geschändet und sei außerdem ein monophysitischer Ketzer gewesen, das heißt einer, der nur an die eine, die göttlich Natur Christi glaubt. Schließlich war das Maß voll, und er wurde im Juni 887 vom Hof vertrieben, sei zu Arnulf gegangen und habe den Sturz seines einstigen Herrn vorbereitet. Die Spaltung der engsten Umgebung Karls schwächte entscheidend, ja vernichtete auch die Stellung Alemanniens als die politische Heimat des Kaisers. Eilig und in Scharen verließen die alemannischen Hofleute den bedrängten Herrscher.[244] Währenddessen Arnulf von den anwesenden Großen der ostfränkischen Völker zum König erhoben wurde. Er bewilligte dem Besiegten auf dessen Bitten hin einige Güter in Alemannien, nachdem für seinen sehr bescheidenen Unterhalt zunächst Erzbischof Liutbert gesorgt hatte. Am 13. Jänner 888 starb Karl III. in Neidingen an der Donau; er war ein Gerechter, denn der Himmel stand offen, als er verschied.[245] Die Nachrichten späterer Autoren, er sei von den Seinen erwürgt worden, sind unbegründete Gerüchte.[246] Die Vorgänge des Jahres 887 wurden von den Normannen als Uneinigkeit der Franken wahrgenommen und veranlassten sie zu Angriffen auf das Reich.[247]

3. Die Sicherung der Macht: 888 und 889

Als König Arnulf das Weihnachtsfest 887 in der bayerischen *civitas regia* feierte, „empfing er in Regensburg die Edlen der Bayern, Ostfranken, Sachsen, Thüringer, Alemannen und eine große Schar von Slawen".[248] Er ließ seine Epoche nicht selten vom 25. Dezember 887 an zählen, weshalb es nahe liegt, dass er am Weihnachtstag 887 in Regensburg gekrönt wurde.[249] Danach scheint der König völlig untätig gewesen zu sein und habe hier als nächste Aktivität nach mehr als einem Vierteljahr bloß das Osterfest am 7. April 888 gefeiert.[250] So der Regensburger Annalist, der auch nichts von den zahlreichen hochgestellten Besuchern

---

244 AF (Ratisb.) a. 887; S. 115.
245 BM² 1765a-c und k-l. Regino, Chronica a. 888; S. 128, überliefert den 12. Jänner. Zum Sterbeort siehe nur Hermann von Reichenau (wie Anm. 247).
246 Siehe BM² 1765d zu Annales Vedastini a. 887; S. 64, und Hermann von Reichenau, Chronicon a. 888; S. 109.
247 AF (Ratisb.) a. 887; S. 107.
248 AF (Ratisb.) a. 888; S. 116. Zur Bezeichnung Regensburgs als *civitas regia* siehe P. Schmid, Kaiser Arnolf 207 mit Anm.106, zu etwa DD LD 100f.; S.145f., vgl. S. 407 s. v. *civitas*.
249 Zu Arnulfs Herrschaftsbeginn in Regensburg siehe die gute, die zahlreiche Literatur berücksichtigende Darstellung von P. Schmid, Kaiser Arnolf 187–217, der 197 mit Anm. 42 Keller, Sturz 370–372, zustimmt, was die Frage der Krönung betrifft. – Siehe DD Arn. S. XI: Zählung der Epoche, die aber auch manchmal mit 1. 1. 888 begonnen wurde.
250 AF (Ratisb.) a. 888; S. 116.

und der intensiven und interregnalen Ausstellung von Urkunden erzählt, womit Arnulf sie begünstigte. Der Regensburger übergeht auch Arnulfs lokale und regionale Politik sowie dessen wochenlange Fahrt durch den Osten Bayerns und des Ostlandes. Daher kann er zurückhaltend, aber doch den langen, scheinbar tatenlosen Aufenthalt des Königs in Regensburg kritisieren,[251] „während viele kleine Könige in Europa, das heißt im Reich von Arnulfs Onkel Karl, emporstiegen; Berengar, Eberhards Sohn, machte sich zum König in Italien, während der Konrad-Sohn Rudolf entschied, das obere Burgund für sich auf königliche Weise zu erwerben; des weiteren entschlossen sich Ludwig, Bosos Sohn, und Wido, Lamberts Sohn, das belgische Gallien und die Provence, als wären sie Könige, in Besitz zu nehmen. Der Robert-Sohn Odo beanspruchte das Land bis zur Loire und Aquitanien. Hier wollte auch Ramnolf als König gelten".[252] Noch drastischer beschreibt Regino von Prüm die Auflösung des Karolingerreichs, wendet sich aber dann den Normannen vor Paris zu.[253]

Im Sinne einer traditionellen karolingischen Reichspolitik wären alle diese *reguli* als Tyrannen, das heißt als Usurpatoren,[254] sofort zu bekämpfen gewesen, um die Einheit des Reiches zu bewahren oder wieder herzustellen. In Abwendung von der ohnehin brüchig gewordenen, großfränkischen Politik seines gescheiterten Vorgängers stellte sich Arnulf aber zunächst der Notwendigkeit, seine bayerisch-ostländische Basis zu sichern. Arnulf begann seine Herrschaft in Regensburg, indem er seine Unterstützer ausgiebig belohnte. So erlebte das ostfränkische Reich den Beginn einer einmaligen Häufigkeit ausgestellter Königsurkunden.[255] Die meisten Schenkungen galten als Dank für „häufige Dienste", „bevor wir den königlichen Namen erhielten".[256] Eine verhältnismäßig große Zahl, nämlich rund ein Viertel seiner 178 bekannten und „im wesentlichen echten Urkunden", ließ der Herrscher für weltliche Empfänger und Empfängerinnen ausfertigen.[257] Diese saßen überall, besonders aber an den Grenzen, etwa dort, wo das Reich der Mährer bloß einen Tagesmarsch entfernt war, ebenso wie in Völs am Schlern „zwischen den Bergen und Almen, die das Gebiet Italiens berühren".[258] Zunächst beschenkte Arnulf seinen Blutsverwandten Grafen Sigihart,[259] ließ aber bald darauf zwei Privilegien für Abt Snelpero und das Kloster Kremsmünster folgen.[260] Auch begünstigte Arnulf die Reichenau, Chur und St.

---

251 Brunner, Gruppen 156–158, beweist treffend das Gegenteil.
252 AF (Ratisb.) a. 888; S. 116. Vgl. Kortüm, *Multi reguli* 68–88.
253 Regino, Chronca a. 888; S. 128–131. Der Untertitel von MacLean, Kingship and Politics, lautet „Charles the Fat and the End of the Carolingian Empire" und trifft genau diese Stelle.
254 AF (Ratisb.) a. 888; S. 117: Wido von Spoleto, und AF (Ratisb.) a. 890; S. 119: Boso von der Provence werden jeder als *tyrannus* bezeichnet.
255 Siehe die wertvolle Aufstellung bei W. Hartmann, Kaiser Arnolf 223–225. Vgl. P. Schmid, Kaiser Arnolf 228.
256 DD Arn 16; S. 25f. bis 22; S. 32f. Ötting, 888 II 18, bis Regensburg, 888 IV 13.
257 P. Schmid, Kaiser Arnolf 199. W. Hartmann, Kaiser Arnolf und die Kirche 223–227. Merta, Laien 259f. mit Anm. 72 (176 weltliche Empfänger und Empfängerinnen).
258 GuR 166 mit Anm. 157.
259 D Arn 5; S. 12f. (Sigihart).
260 DD Arn 7f.; S. 13–16.

Gallen im für ihn unsicheren Alemannien, ja privilegierte bereits das Kloster Maximin im lothringischen Trier,[261] wofür Graf Megingaud vom Mayenfeldgau persönlich intervenierte.[262] In Regensburg selbst musste Arnulf mit dem mächtigen, von seinen Vorgängern gleichsam als bayerischen Statthalter geförderten Grafen Engildeo zurecht kommen, ein Prozess, der feilich erst 895 mit dessen Sturz ein Ende fand.[263] Nicht zuletzt aber dürfte der König den Neubau der Pfalz bei St. Emmeram bald nach 887 begonnen haben.[264]

Im Spätwinter 888 verließ Arnulf für einige Wochen Regensburg und besuchte den Osten Bayerns und das Ostland, ist aber nicht in Pannonien nachzuweisen. Der König kam in die karantanische Moosburg, von wo er in höchster Eile nach St. Florian aufbrach, um innerhalb Arbos Traungauer Grafschaft erneut den Abt Snelpero von Kremsmünster zu beschenken.[265] Danach ging es zurück nach Regensburg, wo Arnulf am 7. April das Osterfest feierte und auch am 13. April nachzuweisen ist.[266] Nach dem 12. Mai 888 reiste Arnulf in Richtung Frankfurt ab, zu der Pfalz, die den anderen, den fränkischen Vorort seiner Herrschaft bildete.[267] Diese Reise muss von langer Hand vorbereitet gewesen sein, da zahlreiche Boten hin und her gingen. Zunächst erreichte der König den Rhein in Speyer und Umgebung, wo er am 26. und 29. Mai 888 urkundete und Zeit fand, Abt Bernhard von St. Gallen zu privilegieren, wohl ein, obgleich bald gescheiterter Versuch, ihn auf Dauer zu gewinnen.[268] Danach fuhr Arnulf flussabwärts nach Mainz, wo er eine allgemeine Synode für die nächsten Tage, wahrscheinlich schon für anfangs Juni 888 angeordnet hatte. Damit beendete der König eine lange Zeit ohne überregionale Kirchenversammlungen und eröffnete eine bis 895 dauernde einmalige Vielzahl von allgemeinen Synoden.[269] Arnulf kann nicht lange in Mainz geblieben sein, weil er am 8. Juni 888 bereits in Frankfurt war.[270] Hier hielt der König eine allgemeine Reichsversammlung ab, die eine Antwort auf die verschiedenen Königserhebungen „in Europa" finden sollte.[271] Die erste Entscheidung betraf das westfränkische Reich, wo König Odo soeben abermals einen großen Sieg über ein Normannenheer errungen hatte. Noch vor diesem bedeutenden Ereignis, das die unveränderte Wirksamkeit eines erfolgreichen Heerkönigtums bestätigte, kamen westfränkische Große mit einem für Arnulf wichtigen Angebot. Genannt werden als ihr Sprecher der schon in Mainz aufgetretene Erzbischof Fulco von Reims sowie Rudolf, Abt von St. Omer und St. Vaast, und Graf Balduin, der fürstengleiche Herrscher von Flandern.

---

261 D Arn 6; S. 13 (Reichenau). D Arn 9; S. 16f. (Chur). D Arn 10; S. 18f. (Trier). D Arn 11; S. 19f. (St. Gallen).
262 Hlawitschka, Lotharingien 77 und 110–113.
263 P. Schmid, Kaiser Arnolf 208.
264 P. Schmid, Kaiser Arnolf 212–214.
265 D Arn 20; S. 30f., Moosburg, 888 III 19, und D Arn 21; S. 31, St. Florian, 888 IV 1.
266 AF (Ratisb.) a. 888; S. 116. D Arn 22; S. 32f., Regensburg, 888 IV 13.
267 D Arn 23; S. 33f., Regensburg, 888 V 12.
268 DD Arn 24f.; S. 35f. und S. 36f.
269 W. Hartmann, Kaiser Arnolf und die Kirche 239–241. Konzil von Mainz 888; S. 253–263 (Akten).
270 D Arn 26; S. 57.
271 AF (Ratisb.) a. 888; S. 116.

Obwohl Fulco zunächst für Widos westfränkische Ambitionen eingetreten war und nach dessen Rückkehr nach Italien alle drei dem König Odo die Treue geschworen hatten, luden sie nun Arnulf ein, „er solle nach
(West-)Francien kommen und das ihm zustehende Reich übernehmen".[272] Arnulf lehnte ab, entließ die Westfranken „ohne Rat und Trost"[273] und nahm hingegen mit dem siegreichen Odo intensive Verhandlungen auf. Das Ergebnis war, dass beide einander in Worms trafen, wo sie „Freunde wurden," das heißt, einen Vertrag schlossen, worin Odo die Oberherrschaft Arnulfs anerkannte. Darauf wurde der Westfranke in Ehren entlassen, wobei ihm Arnulf zum Abschied bat, denjenigen Verzeihung zu gewähren, die „zu ihm (Arnulf) gekommen seien." Nach seiner Rückkehr erhielt Odo von Arnulf eine Krone, mit der er am 13. November in Reims abermals gekrönt und vom „Volk als König akklamiert wurde".[274]

Die selten ausführliche Überlieferung bietet gleichsam die Blaupause für Arnulfs Politik gegenüber den zumeist nichtkarolingischen Teilkönigen, von denen er die Anerkennung sowohl seiner Oberherrschaft wie die seiner unmittelbaren Herrschaft im Reich seines Großvaters Ludwigs des Deutschen verlangte.[275] Das Vorgehen gegen den Welfen König Rudolf von Oberburgund lieferte unverzüglich die Probe aufs Exempel. Rudolf hatte vom Bischof von Toul die Krönung zum König im *regnum quondam Lotharii* erreicht und rückte in Lothringen vor. Gegen ihn zog Arnulf bis ins Elsass, überließ aber dann die weitere Bekämpfung Rudolfs einem alemannischen Heer. Dieses zwang Rudolf zum Rückzug in das heute Schweizer Bergland, das „nur Steinböcken zugänglich ist".[276] Daher nahmen die Befehlshaber der Alemannen mit Rudolf Verhandlungen auf, die ihn überzeugten, wie Odo die Anerkennung Arnulfs zu suchen. Am 9. Oktober 888 war Arnulf wieder in Regensburg; um diese Zeit dürfte auch Rudolf gekommen sein, um mit Arnulf „in vielem einig zu werden" und wohl nach Leistung des Treueids friedlich heimzukehren.[277] Während die Abmachungen mit Odo hielten, war der Friede mit dem Welfen nicht von langer Dauer.

Im Spätherbst 888 entschloss sich der König, auch Italien in seine Reichspolitik einzubeziehen. Da mit Wido von Spoleto kein Abkommen zu erzielen war, setzte Arnulf auf dessen Gegenspieler Berengar von Friaul und rückte mit einer großen Streitmacht in Italien ein. Nach einem hochrangingen Gesandtenaustausch trafen die beiden Herrscher einander in Trient, wo Arnulf das italische Königtum Berengars anerkannte und dieser ihm die Treue schwur. Bemerkenswert ist, dass der Vertrag zwischen den beiden vorsah, dass Arnulf von

---

272 Annales Vedastini a. 888; S. 65. Zu Fulco von Reims siehe etwa Hlawitschka, Lotharingien bes. 120–122, und Schneider, Fulco 47–66.
273 Flodoard, Historia c. 5; S. 580 f.
274 Hlawitschka, Lotharingien 70 Anm. 23, zu Annales Vedastini a. 888; S. 65.
275 Zu Annales Vedastini a. 888; S. 66 und 67, siehe Hlawitschka, Lotharingien 79–83, und pointiert Brühl, Deutschland–Frankreich 376–378.
276 Regino, Chronica a. 888; S. 130: … *loca inaccessibilia, quae in multis solis hibicibus pervia sunt* …
277 AF (Ratisb.) a. 888; S. 116.

Berengar zwei Gutshöfe verlangte und erhielt. Diese Forderung erinnert entfernt an das Abkommen, das Karl der Große 787 mit Tassilo III. schloss.[278] Danach musste Arnulf seine Krieger heimschicken, weil eine schwere Pferdeseuche das Heer kampfunfähig gemacht hatte, während er selbst die Rückreise antrat. Sicher wählten die Truppen den direkten Weg über den Brenner oder einen anderen Tiroler Alpenübergang, wie dies etwa 896 nach dem Rückzug aus Italien geschah.[279] Dagegen zog Arnulf mit wenigen Leuten durch Berengars Friaul nach Karantanien. Unterwegs könnte der König die Gelegenheit genützt haben, um sich und seine Gemahlin Oda in den Codex Foroiuliensis, bekannt als Evangeliar von Cividale, einzutragen. Seinem Beispiel folgte zumindest ein Teil seiner Begleitung. Vor Arnulf wurden im Codex Foroiuliensis wahrscheinlich 865 die Namen von Kaiser Ludwig II. und seiner Gemahlin Ingelberga verzeichnet und 884 der Name Kaiser Karls III. des Dicken,[280] Dagegen führt das titellose Paar *Alnulf* für Arnulf und *Ota* eine insgesamt 17 Namen umfassende theodisk-slawische Gruppe an.[281]

Es seien Arnulf nur wenige Leute geblieben, weshalb er eine sichere Route wählen musste, bis er auf ostfränkischem Reichsboden ein königliches Heer aufbieten konnte, liest man in der Literatur. Aber ist nicht eine andere Interpretation wahrscheinlicher, auch wenn sie mit dem höchst unsicheren *argumentum e silentio* arbeiten muss? Arnulf erreichte ungefährdet die karantanische Karnburg im heutigen Kärnten, wo er Weihnachten feierte.[282] Am nächsten Tag, dem 26. Dezember 888 wurde Miltrud, die Frau seines wichtigen Getreuen Heimo, für ihre Verdienste um Arnulfs Erhebung zum König bedankt.[283] Danach hätte der Herrscher im Rückblick auf Ende 887 und 888 sagen können, er habe sein ostfränkisches Königtum gefestigt sowie eine neue, gleichsam föderale Reichspolitik entworfen und glaubhaft verfolgt. Zumindest die slawischen Fürsten des Südabschnitts, für die Regensburg zuständig war, hatten am Weihnachtsfest 887 in der bayerische Königsstadt teilgenommen und dadurch ihre Bereitschaft bekundet, Arnulfs Königtum anzuerkennen. Auch hätten die Menschen in den ostfränkischen *regna* kein Unglück und auch keine schweren Unwetter geplagt. Einer Weiterreise nach Regensburg schien an der Jahreswende 888 auf 889 nichts im Wege zu stehen. Aber am 20. Jänner 889, an die vier Wochen nach seiner Ankunft, war Arnulf immer noch im heute Kärntner Zentralraum

---

278 Vgl. die Belehnung Tassilos III. durch Karl den Großen mit den beiden Höfen Ingolstadt und Lauterhofen, um ihn 787 zum Vasallen zu machen, siehe WS 49 mit Anm. 210 f. nach Divisio regnorum a. 806, c. 2; S. 127.
279 Zu AF (Ratisb.) a. 896; S. 116, siehe Hlawitschka, Lotharingien 80–82.
280 Ludwig, Beziehungen 186 sowie 251, fol. 3ʳ.1, 1) *Lodohicus imp.* 2) *Ingelberga regina*, und S. 264, fol. 12ʳ.2, 1) *Domno Karolo imperatore* 2) *Domno Liuttuuardo episcopo*.
281 Ludwig, Beziehungen 213 ff. und 263, fol. 10ʳ.5. 1) *Alnolfo* 2) *Ota*. Die Datierung der Eintragung auf zwischen 882 und 887 in Conversio (ed. Wolfram) 288 ist selbstverständlich völlig falsch, da die beiden erst 888 ein Paar wurden. Interessant ist die Liquidavertauschung in *Alnolfo*, die für eine Fremdeintragung durch einen einheimischen Romanen spricht.
282 AF (Ratisb.) a. 888; S. 117.
283 D Arn 42; S. 60 f. (888 XII 26), Karnburg. Siehe Krahwinkler, Friaul 281.

und urkundete in der Moosburg.[284] Doch nicht genug damit, er verblieb auch danach noch rund ein weiteres Vierteljahr im Bayerischen Ostland, ohne dass man von ihm gehört hätte. Erst am 3. Mai 889 ist er wie im Vorjahr im Raum von St. Florian anzutreffen und privilegierte dort abermals Abt Snello von Kremsmünster.[285] Es ist unwahrscheinlich, dass er so viel Zeit benötigte, um im Ostland ein entsprechendes militärisches Gefolge aufzustellen. Auch ist kaum zu glauben, dass er sich hier von den Mühen des Jahres 888 erholte. Vielmehr hat es den Anschein, als ob sich der König von seinem Heer nicht nur wegen der ausgebrochenen Pferdeseuche, sondern auch wegen des italischen Hustenfiebers trennte. Diese Epidemie kam mit den entlassenen Kriegern ins ostfränkische Reich und wurde hier zu Jahresbeginn 889 zusätzlich zu zahlreichen Naturkatastrophen virulent. Damit wiederholte sich die Katastrophe des Jahres 877, als das aus Italien heimkehrende Heer Karlmanns die Krankheit einschleppte, und zwar mit besonders schlimmen Folgen für das Rheinland. Arnulf war damals ungefähr 27 Jahre alt gewesen und sehr wahrscheinlich im Heer seines Vaters nach Italien mitgezogen. Nun nützte er seine Erfahrungen mit der Epidemie, verkleinerte sein Gefolge, kehrte auf Umwegen heim und blieb bis in den Mai 889 im offenbar seuchenfreien Karantanien. Wusste Arnulf, dass die Krankheit durch Ansteckung übertragen wurde?[286] Dass sich Arnulf wegen Krankheit für einige Zeit völlig an entlegenen Orten zurückzog, ist nochmals für den Winter 896 auf 897 bezeugt.[287] Erst am 23. Mai 889 war Arnulf wieder in Regensburg, von wo er rasch in die Pfalz Forchheim aufbrach.[288]

Hier hielt der König Ende Mai 889 einen Reichstag ab. Gekommen waren auch normannische und slawische Gesandte, die um Frieden baten, was Arnulf bewilligte und sie sofort abfertigte. Wahrscheinlich handelte es sich dabei um

---

284 D Arn 43; S. 61 f. (889 I 20), Moosburg.
285 BM²1811. D Arn 44; S. 62 f. (889 V 3), Niederneukirchen bei St. Florian. Der Editor kann sich nicht entscheiden zwischen der Lokalisierung des ortskundigen St. Florianer Chorherrn Engelbert Mühlbacher und derjenigen, die Hans Pirchegger aufgrund von unklaren Motiven mit Wiener Neustadt vorgenommen hat (siehe Anm. 165). In unmittelbarer Nähe des oberösterreichischen Niederneukirchen befindet sich ein Oberndorf, und Abt Snello erhielt in der Urkunde Güter und Menschen in einem Oberndorf. Elisabeth Schuster nimmt die genannten Orte nicht in ihre „Etymologie der niederösterreichischen Ortsnamen" auf. Ein abgekommenes *Oberendorf* beim niederösterreichischen Neunkirchen ist erst 1249 belegt; siehe ebendort 3, 55 n. 9.
286 Vgl. AF a. 877; S. 90, mit AF (Ratisb.) a. 889; S. 117, wo nach dem ersten Eintrag, der Meldung vom Tod Liutberts von Mainz (am 17. Februar 889), ein Block von Naturkatastrophen und inneren Unruhen kommt, die in relativer Chronologie vom Jahresbeginn bis in den Frühsommer (Hagelschlag vor der Getreideernte) reichen. Die Nachricht vom italischen Hustenfieber steht an der Spitze des Blocks. Dagegen scheinen Bayern und vor allem sein Ostland davon verschont geblieben zu sein, weil die Seuche den *Germanicus populus* heimsuchte, worunter die Bayern nicht zu verstehen sind. So unterscheidet AF (Ratisb.) a. 882; S. 109, die Bayern von Germanien. Siehe auch Conversio (ed. Wolfram) 243 f. – Dümmler, Geschichte 3, 329, erklärt Arnulfs langen Aufenthalt im Osten damit, dass der König " ohne Zweifel seinen persönlichen Neigungen nachgab", das heißt wohl, dem Nichtstun fröhnte.
287 AF (Ratisb.) a. 897; S. 130.
288 D Arn 45; S. 63 f., Regensburg, 889 V 23.

Dänen und Slawen des Nordabschnitts,[289] unter denen aber die Abodriten fehlten. Dies dürfte der Grund für den Feldzug gegen sie gewesen sein, der sich aber bis in den September 889 verzögerte. Ebenso fand Arnulf es für nötig, einen Vasallen des Grafen Engildeo zu privilegieren, um auch diesen Gegner zu gewinnen.[290] Wichtiger waren freilich die Verhandlungen mit den anwesenden fränkischen und bayerischen Großen. Von ihnen verlangte Arnulf die eidliche Verpflichtung, seine Söhne Zwentibold und Ratold als seine Nachfolger anzuerkennen. Während die Bayern bereit waren, die Forderung zu erfüllen, regte sich bei den Franken Widerstand. Wahrscheinlich störte sie nicht bloß die uneheliche Geburt der beiden Söhne, sondern wie uns Heutige die Unklarheit, was diese Nachfolge institutionell bedeuten sollte. Man einigte sich dennoch auf einen Kompromiss: Der König erreichte die Zustimmung auch der Franken für den Fall, dass ihm seine legitime Gemahlin keinen Thronerben gebären sollte. Anscheinend waren danach noch Verhandlungen nötig geworden, weil sich Arnulf anfangs Juli zu einem weiteren Reichstag, und zwar diesmal in Frankfurt allein mit den Franken traf. Dadurch verzögerte sich abermals der geplante Abodritenfeldzug, der auch prompt ein Misserfolg wurde. Der König entließ das Heer, sei dann in großer Eile nach Frankfurt gezogen, ohne dass der Annalist sagt, aus welchem Grund, und sei dann langsam über Alemannien nach Bayern gegangen, wo er Weihnachten in Regensburg feierte.[291] Aus den Datierungen der erhaltenen Urkunden ergibt sich freilich ein ganz anderes Itinerar des Königs. Arnulf war zumindest zwischen 3. und 20. Juni 889 in Forchheim und ist erst wieder am 1. Juli in Frankfurt nachzuweisen.[292] Das heißt, er hatte gut zehn Tage Zeit, um die rund 200 km lange Entfernung zwischen den beiden Orten zu bewältigen, wobei er ein großes Stück des Weges flußabwärts auf dem Main zu Schiff fahren konnte. In Frankfurt urkundete Arnulf auch noch am 9. Juli und war am 21. Juli in Fulda.[293] Von dort ging es ins sächsische Kloster Corvey, das der König zweimal am 16. und 20. August am Ort und in der Umgebung privilegierte.[294] Der Abodritenfeldzug fand darauf im September 889 statt.[295] Nach der Entlassung des Heeres ging Arnulf über Thüringen nach Frankfurt zurück, wo er am 13. Oktober wieder und am 21. November 889 in diesem Jahr zum letzten Mal urkundete.[296] Danach ist der König tatsächlich ohne Eile durch Alemannien und Bayern nach Regensburg unterwegs. Er war am 27. November in der Umgebung von Heidelberg und hielt sich am 4. Dezember in Ulm auf. Spätestens von dort dürfte er auf dem Wasserweg zunächst Augsburg, wo er am 8. Dezember ur-

---

289 Zum Begriff „Nordabschnitt" siehe Wolfram, Konrad II. 227 mit Anm. 12f.
290 D Arn 52; S. 74f, Forchheim 889: Empfänger Gotahelm, Vasall Engildeos, bekommt im Nordgau Güter, Intervenient ist Bischof Erchanbald von Eichstätt.
291 AF (Ratisb.) a. 889; S. 118, erwähnt zu a. 889 von den Aktivitäten Arnulfs außerhalb Regensburgs nur die beiden Reichstage (BM² 1813a: Ende Mai und 1819a: anfangs Juli) und den Abodritenfeldzug.
292 D Arn 47; S. 66f. bis D Arn 51; S.73f.: in Forchheim. D Arn 53: S. 75–77: in Frankfurt.
293 D Arn 56; S. 80f.: in Frankfurt. D Arn 58; S. 82–84: in Fulda.
294 DD Arn 59f.; S. 85–88.
295 BM² 1827a.
296 D Arn 62; S. 90–92, und D Arn 69; S. 103f.

kundete,²⁹⁷ und schließlich Regensburg erreicht haben, wo er „ehrenhaft den Geburtstag des Herrn feierte".²⁹⁸

Regino handelt dagegen in seinem Jahresbericht 889 ebenso umfangreich wie fast ausschließlich von den Ungarn. Dazu schrieb er die Skythen-Geschichte des Iustinus und das Germania-Kapitel von Paulus Diaconus aus, zwar eine übliche, wenn auch keineswegs originelle Komposition, mit der er aber so unrecht nicht hatte, weil sich Pfeile schießende Reitervölker von außen betrachtet kaum veränderten. Am Ende berichtet Regino von der Bestellung Sunzo/Sundarolds, der dem soeben verstorbenen, hoch gepriesenen Erzbischof Liutbert von Mainz nachfolgte, und vom neuen Abt von Prüm, der die Würde ebenfalls nach dem Tod seines Vorgängers erhielt.²⁹⁹

4. Nach stetem Aufstieg ein jäher Absturz: 890 bis 896

4.1. Das Jahr 890

Als Spitzenmeldung der Jahreseintragung 890 berichtet der Regensburger Annalist von der Heeresversammlung,³⁰⁰ die nach dem 22. März im pannonischen Omuntesperch angesetzt war und an der Zwentibald I. pflichtgemäß teilnahm.³⁰¹ Bei dieser Gelegenheit übermittelte der Mährerfürst dem König die Bitte des Papstes Stephan V. (885–891), er möge nach Italien und vor allem nach Rom kommen, um dort Ordnung zu schaffen. Arnulf lehnte bedauernd ab, weil er Probleme im eigenen Reich zu bewältigen habe. Welche diese waren, wird nicht gesagt. Es könnte sich dabei um den drohenden Aufsstand in Alemannien gehandelt haben, den jedoch weder der Regensburger Annalist noch Regino von Prüm erwähnen. Anders die Frage der Abtretung Böhmens an den Mährerfürsten, die der Regensburger an dieser Stelle übergeht.³⁰² Dagegen berichtet Regino davon ausführlich, wenn auch chronologisch ungenau, interessiert sich aber nach dieser Spitzenmeldung nur mehr für den ihm vertrauten Westen. So erfährt man nicht, was die beiden Herrscher in Omuntesperch sonst noch besprachen und ob das Treffen ein Erfolg war oder eher nicht.³⁰³ Im Mai ist der König auf einer „Versammlung mit den Seinen" wieder in Forchheim, wo er Irmgard, die Tochter Kaiser Ludwigs II. und Witwe nach dem Usurpator Boso, ehrenvoll empfängt, ihre reichen Geschenke huldvoll annimmt und sie friedlich nach Hause entlässt.³⁰⁴ Von Forchheim geht Arnulf nach Alemannien, angeblich

---

297 D Arn 70; S. 105f., Wiesloch, D Arn 71; S. 106, Ulm, D Arn 72; S, 107–109, Augsburg.
298 AF (Ratisb.) a. 889; S. 118.
299 Regino, Chronica a. 889: S. 131–134. Airlie, Sad stories; Diesenberger, Hungarians origins.
300 AF (Ratisb.) a. 890; S. 118 f.: Jahresbericht.
301 WS 173 mit Anm. 417.
302 Siehe dagegen AF (Ratisb.) a. 895; S. 126.
303 Siehe Anm. 58. Regino, Chronica a. 890; S. 134: Abtretung Böhmens.
304 Siehe Anm. 608–610.

4. Nach stetem Aufstieg ein jäher Absturz: 890 bis 896   61

nur um auf der Reichenau zu beten,[305] und reist von dort weiter nach Regensburg, wo er Weihnachten 890 feiert. Zum Schluss berichtet der Regensburger Annalist von der Einsetzung Salomons III. zum Bischof von Konstanz.[306]

Diplomatische Quellen und kleinere Annalen vermitteln ein wesentlich dramatisches Bild von Arnulfs alemannischem Aufenthalt. Der König war mit dem Versuch Bernhards, des unehelichen Sohnes Karls III., konfrontiert, in seiner und seines Vaters Heimat die Herrschaft zu übernehmen, wenn nicht ein weiteres Teilkönigtum zu errichten. Bernhards Aufstand, der Arnulf im Juni 890 beschäftigte,[307] scheiterte binnen kurzem und endete mit dem gewaltsamen Tod des zum Rebellen erklärten Königssohns; er hatte persönlich Wido in Italien und Rudolf von Burgund aufgesucht.[308] Der Grund seiner Erhebung dürfte nicht zuletzt die Erbfolgeregelung Arnulfs gebildet haben, die dessen unehelichen Söhne begünstigte, ihn aber von der Herrschaft ausschloss,[309] obwohl ihn der weichende kaiserliche Vater dem neuen König empfohlen hatte.[310]

4.2. Das Jahr 891

Anscheinend hatte das vorjährige Treffen in Omuntesperch nicht den erwünschten Erfolg gehabt, weil Arnulf bereits zu Jahresbeginn Gesandte „zu den Mährern schickte, um den Frieden zu erneuern". So der Regensburger Annalist, der sich darauf mit der Stadtgeschichte beschäftigt, den Tod des Bischofs Embricho (864–891) meldet und den verheerenden Brand Regensburgs am 10. August als Strafe Gottes deutet. Allerdings hätten die Flammen St. Emmeram und die mitten in der Stadt gelegene Kirche St. Cassian durch eben dieselbe göttliche Fügung verschont. Des weiteren wird von den Normannen berichtet, und zwar zunächst von ihren Verwüstungen Lothringens, dann von deren Sieg über das mainfränkische Heer, das Erzbischof Sunzo/Sundarold von Mainz schlecht geführt und dabei sein Leben verloren hatte. Dadurch wurde der wichtigste ostfränkische Metropolitansitz frei und konnte mit Abt Hatto von der Reichenau, dem alemannischen Gefolgsmann Arnulfs der ersten Stunde, besetzt werden. Schließlich ist ausführlich von Arnulfs Sieg über die Normannen bei Löwen die Rede.[311] Die verlustreichen Kämpfe mit den Normannen an der Geul und die Erhebung Hattos zum Erzbischof von Mainz beschäftigen auch Regino.[312] Im späten Jahr 891 errang König Arnulf seinen größten militärischen Triumph, weswegen ihn die Nachwelt als Sieger über *die* Normannen pries, wenn sie sich

---

305 Vgl. AF (Ratisb.) a. 893; S. 122, siehe auch Anm. 374.
306 Ende des Regensburger Jahresberichts.
307 Vgl. D Arn 78; S. 116–118, 890 VI 1, Forchheim, mit D Arn 79; S. 118 f., 890 Juni 26, Ulm.
308 BM² 1847a. Hlawitschka, Lothringien 108 mit Anm. 160 und 123 mit Anm. 34.
309 Offergeld, Reges pueri 488–492.
310 Regino, Chronica a. 887; S. 128.
311 AF (Ratisb.) a. 891; S. 119–122.
312 ¹² Regino, Chronica a. 891; S. 136–138.

seiner positiv erinnerte.[313] Allerdings blieben noch genügend von den Wikinger übrig, um im Winter Löwen wieder zu besetzen und im nächsten Jahr westlich des Rheins zu plündern und zu morden.

Erneut entwerfen die Ausstellungsdaten und Narrationes der Diplome sowie kleinere historiographische Texte ein differenziertes Bild der Ereignisse. Arnulf verbringt die ersten Monate 891 in Regensburg,[314] bricht dann im Mai gegen die Normannen auf, die er bis ins lothringische Arras verfolgt, ohne sie stellen zu können. Darauf kehrt der König schnell nach Bayern und ins Ostland zurück,[315] wohl weil Zwentibald Schwierigkeiten bereitet. So lässt Regino den König im äußersten Osten Bayerns den Übermut der Slawen dämpfen, bevor er von hier zum zweiten Zug des Jahres gegen die Normannen aufbricht. Betont wird die Schnelligkeit seines Aufmarsches, so dass die Feinde überrascht wurden.[316] Am 1. Oktober 891 steht Arnulf in Maastricht, wo sich das Heer im Frühjahr hätte sammeln sollen.[317] Am 9. Oktober urkundet er an der Maas,[318] während sich ein „nutzloses" Alemannenheer selbst wegen Krankheit beurlaubt. Und am 1. November ist der König weitab von Löwen in Nimwegen.[319] Damit kann die Nachricht der Annales Vedastini unmöglich übereinstimmen, die Normannen hätten erst im November ein festes Lager am Flusse Dyle bei Löwen bezogen.[320] Da der Annalist im selben Jahreseintrag Herbst mit Frühling verwechselt, kann Arnulfs erfolgreicher Angriff auf die Schanzen bei Löwen durchaus im Oktober 891 erfolgt sein. Die falsche Datierung von Arnulfs Sieg dürfte auch dadurch entstanden sein, dass der Annalist das Datum der Wiederbesetzung Löwens durch die überlebenden Normannen auf ihren Aufmarsch vor der Schlacht übertrug. Einen ansehnlichen Teil der Beute sendet Arnulf nach Regensburg, feiert aber Weihnachten 891 an der alemannisch-bayerischen Grenze in Ulm.[321]

---

313 Zum Nachleben siehe etwa Fuchs, Arnolfs Tod 416 mit Anm.1, sowie das Deckblatt von Kaiser Arnolf. Seine besondere Memoria pflegte das Kloster St. Emmeram zu Regensburg, das ihn als zweiten Gründer feierte: siehe Fuchs, Arnolfs Tod 424–434. Bereits Adam von Bremen, Gesta I 47; S. 47f., und I Schol. 9 (10); S. 49, gelingt das Kunststück, Arnulfs Normannensieg überschwenglich zu preisen und ihn kurz darauf nach Liutprand, Antapodosis I 36; S. 27, als Strafe Gottes am lebendigen Leib von Würmern zerfressen werden.
314 DD Arn 82–87; S.122–130, Regensburg 891 I 6, bis III 9.
315 Annales Vedastini a. 891; S. 70f. DD Arn 90f.; S. 132–134, Regensburg, 891 VI 28, und Mattighofen 891 VII 21.
316 Regino, Chronica a. 891; S. 137, und AF (Ratisb.) a. 891; S. 120.
317 D Arn 92; S. 135f. Regino, Chronica a. 891; S. 136.
318 D Arn 93; S. 136f.
319 D Arn 95; S. 139, 891 XI 1.
320 Annales Vedastini a. 891; S. 70.
321 AF (Ratisb.) a. 891; S. 120f. BM² 1865a gibt eine gute Quellenübersicht und entscheidet sich für Oktober 891 als Datum der Schlacht.

4.3. Das Jahr 892

Über das Wüten der Normannen legt hauptsächlich Regino Zeugnis ab, weil nicht zuletzt sein Kloster Prüm davon schwerstens betroffen war. Auch wurde er zu dieser Zeit Abt des Stiftes, nachdem sein Vorgänger Farabert freiwillig und mit königlicher Erlaubnis resigniert hatte. Der Wechsel fand jedoch keineswegs allgemeine Zustimmung. Regino wurde vielfach angefeindet, wogegen er sich wortreich zur Wehr setzte. Ein Teil seiner Philippica erschien ihm nachträglich zu heftig, so dass er Streichungen, wir würden heute sagen, Schwärzungen im Text vornahm. Schließlich will der Autor sich nicht länger mit seiner eigenen Person beschäftigen und dafür wieder zur Darstellung der allgemein interessanten Ereignisse zurück kehren. Er beginnt und endet mit den Wirren im Westfrankenreich, wo König Odo nach Aquitanien ausgreift, während der unermüdliche Königsmacher Fulco in seiner Bischofsstadt Reims mit namhafter adeliger Unterstützung Karl den Einfältigen zum König erhebt. Eine Vorgangsweise, die Arnulf so sehr erzürnt, dass er die Reimser Besitzungen in Lothringen einzieht.[322] Erwähnt wird die Ermordung des lothringischen Grafen Megingaud am 28. August, dessen ledig gewordene *honores* Arnulf seinem Sohn Zwentibold verleiht, eine Entscheidung, die den Beginn einer aktiven lothringischen Politik Arnulfs zugunsten seines ältesten Sohnes ankündigt. Aus dem Ostreich verlautet die Geschichte vom Sturz des thüringischen Markgrafen Poppo II., der nicht zu den Freunden des Königs gezählt hatte. Nun bot sich als Anlass des Huldentzugs Poppos, weil dieser offenbar Schuld daran trug, dass der Würzburger Bischof Arn bei einem Slawenfeldzug scheiterte und den Tod fand.[323]

In diesem Jahr 892 beschäftigten den Regensburger Annalisten ausschließlich die Ereignisse an der Slawengrenze. Sein Bericht und der Reginos sind durch Urkunden zu verifizieren oder zu falsifizieren. So ist es nicht richtig, dass Arnulf nach seinem Normannensieg unmittelbar nach Bayern gezogen sei, wie Regino schreibt.[324] Vielmehr feierte der König Weihnachten 891 in Ulm und brach von dort unter Umgehung Regensburgs in den Osten auf. Am 21. Jänner ist er in Zusmarshausen westlich von Augsburg und urkundet am 15. Februar 892 in Altötting. An beiden Stationen werden wichtige Entscheidungen getroffen, die erste für die Reichenau und ihren zum Erzbischof von Mainz erhobenen Abt Hatto,[325] die zweite für den Traungau im Ostland. Arnulf schenkt hier dem Kloster St. Florian aus Königsgut Besitz im nahegelegenen Rohrbach, den er seinerzeit einem Thiethard urkundlich verbriefte, ihm aber aberkannte, weil dieser abtrünnig geworden sei sowie das Reich und des Königs Getreue beraubte.[326] Die erwartete Ortsangabe *in comitatu Arbonis* fehlt und taucht erst in

---

322 Siehe Hlawitschka, Lotharingien 120, zu Fulco, Historia Remensis ecclesiae IV 3; S. 375.
323 Regino, Chronica a. 892; S. 138–141. Vgl. Anm. 328. Zu Arnulfs lothringischer Politik siehe die umfassenden Darstellungen von M. Hartmann, Lotharingien 125–136, und Hlawitschka, Lotharingien 65–113.
324 So Regino, Chronica a. 891; S. 138.
325 D Arn 96; S. 140–142.
326 D Arn 97; S. 142 f.

der nächsten Urkunde wieder auf, die in Salzburg am 3. April 892 ausgestellt wurde und eine Besitzübertragung in Melk an der Donau vollzog. Zwischen Februar und April ereigneten sich demnach Zwentibalds Weigerung, Arnulf zu treffen, und fand das strategische Gespräch Arnulfs mit Brazlavo von Siscia auf den Hengistfeldern statt. Was aber bedeutet die Nichtnennung Arbos in der Urkunde vom 15. Februar 892, da doch der Markgraf noch vor wenigen Monaten seinem König brieflich beteuerte, dass ihm die Mährer wie „Eigenleute" bereit seien zu dienen?[327] Und was ist von den Untaten Thiethards zu halten? Kaum ist anzunehmen, dass er ganz allein abtrünnig wurde und in Eigenregie räuberisch handelte. War er ein Vasall Arbos, als welcher er ursprünglich wie andere seinesgleichen vom König privilegiert wurde? Hat Thiethard im Auftrag des Markgrafen mit Zwentibald paktiert und sich am Königsgut bereichert, wie es die Urkunde so betont? Trug gar Arbo Mitschuld an Zwentibalds Felonie? Oder unterstützte Thiethard den Arbo-Sohn Isanrih, der in Mautern und Umgebung eine illegale Herrschaft errichtet hatte?[328] Schließlich bestand die Bestrafung Thiethards nur im Entzug seines Rohrbacher Besitzes, wo er doch eines todeswürdigen Verbrechens beschuldigt wurde? Die Fragen sind nicht zu beantworten.

Das Ergebnis des Gesprächs mit Brazlavo war, dass Franken, Bayern und Alemannen aufgeboten wurden und in drei Heersäulen angreifen sollten. Außerdem nahmen erstmals ungarische Reiterkrieger, deren Einsatz Brazlavo vermittelt haben dürfte, an Arnulfs Kriegszug teil. Den ganzen Juli 892 verwüstete Arnulfs großes Heer das flache mährische Land. Trotzdem ist Zwentibald imstande, den freien Verkehr im Pannonien Arnulfs zu stören. Seine Gesandte zu den Bulgaren müssen daher im September 892 die Flussfahrt auf Kupa und Save für den Hinweg wie die Rückkehr im Mai 893 wählen. Ihr Auftrag lautete, Erneuerung des alten Friedens und Erlassung eines Salzembargos gegenüber Mähren. Abschließend berichten der Regensburger Annalist und Regino vom Sturz des Markgrafen Poppo II. von Thüringen, ohne den Tod Bischof Arns von Würzburg zu erwähnen.[329] Ausnahmsweise verzichtet der Regensburger Annalist auf die Mitteilung, wo Arnulf das Weihnachtsfest 892 feierte. Allerdings sei der König nach Regino zu Jahresbeginn aus Bayern nach Frankfurt gekommen. Das lückenhaft überlieferte Itinerar des Königs lässt jedoch eher vermuten, dass er den Spätherbst und Frühwinter 892 in Frankfurt verbrachte, am Ort auch den „Geburtstag des Herrn" feierte und von hier nach Lothringen aufbrach.

4.4. Das Jahr 893

Der Regensburger Annalist beginnt seinen Jahresbericht 893 mit der Angabe, Arnulf sei vor Fasten, das heißt vor dem 21. Februar 893 nach Lothringen auf-

---

327 Siehe Anm. 389.
328 Siehe unten Anm. 685.
329 AF (Ratisb.) a. 892; S. 121 f. Regino, Chronica a. 892; S. 140.

gebrochen. Tatsächlich urkundete er bereits am 2. Februar in einem Ort beim lothringischen Diedenhofen/Thionville.[330] Auch ist der König nicht über den Rhein gegangen, um dort nur zu beten, wie der Regensburger Annalist schreibt, wenn er die wahren Gründe nicht mitteilen wollte oder konnte.[331] Am 28. Jänner 893 hatten westfränkische Große in Reims Karl den Einfältigen zu ihrem König erhoben, und der Ortsbischof Fulco krönte und salbte den dreizehnjährigen Knaben. Arnulf hatte nun ein doppeltes Problem zu bewältigen. Zum einen hatte er Odo vertraglich als König der Westfranken anerkannt. Zum andern bedeutete das westfränkische Königtum eines legitimen Karolingers eine Bedrohung Lothringens, obwohl Arnulf nicht wissen konnte und es auch nicht erlebte, wie real diese Bedrohung tatsächlich war.[332] Er erschien jedenfalls persönlich im Land und setzte eine deutliche Regierungshandlung, indem er von den lothringischen Bistümern und Klöstern das *servitium regis/imperatoris* einforderte. Regino weiß von „ungeheuren Geschenken," die der König auf der Rundreise einsammelte. In einem Privileg für St. Gallen werden die jährlichen Pflichtgeschenke aufgezählt, die die Klöster dem König schuldeten: zwei Rösser und ebenso viele Schilde und Lanzen.[333] Es ist anzunehmen, dass sich Arnulf damit im Lothringen des Jahres 893 nicht begnügte.

Der Regensburger Annalist erwähnt zuerst die Fahrt des Königs, um in Lothringen zu beten. Nach dieser verharmlosenden Spitzenmeldung berichtet der Regensburger etwas ausführlicher vom Untergang der letzten Wilhelminer.[334] Danach wird ein erneuter Verwüstungsfeldzug in Mähren erwähnt, der für Arnulfs Heer auf dem Rückzug beinahe in einer Katastrophe geendet hätte. Dazu vermitteln die erhaltenen Diplome eindeutige Ausstellungsdaten.[335] Der König ist am 23. Juni 893 noch in Regensburg und am 21. August in der Eparesburg, vielleicht in Ybbs, sicher nicht in Mautern.[336] Er befand sich wahrscheinlich auf der schließlich glücklichen Rückkehr aus Mähren, weil er dreizehn Tage später am 2. September schon in Regensburg war. Von dort geht der König über Ranshofen, wo er am 22. Oktober 893 das tragische Kapitel „Wilhelminer" kaltblütig abschließt,[337] zum Hof Ötting. Hier trifft Arnulf die Königin, die bald darauf den legitimen Sohn Ludwig zur Welt bringt. Das Kind wird vom Erzbischof Hatto von Mainz und Adalbero Bischof von Augsburg aus der Taufe gehoben und nach dem Großvater Ludwig dem Deutschen benannt.

---

330 Siehe die Daten und Orte der vor und nach Weihnachten 892 ausgestellten Diplome: D Arn 105; S. 154f., Frankfurt, 892 XI 3, D Arn 106; S. 156f., Frankfurt, 892 XII 7, D Arn 110; S. 162f., Frankfurt, 893 I 6 (Epiphanie), D Arn 112; S. 164–166, bei Diedenhofen/Thionville, 893 II 2 (Mariae Lichtmess).
331 Vgl. Anm. 375.
332 Hlawitschka, Lotharingien 115–117. Wolfram, Intitulatio II. 114–122.
333 Vgl. AF (Ratisb.) a. 893; S. 122, mit Regino, Chronica a. 893; S. 141. Zu den Pflichtgeschenken siehe D. Arn 146; S. 223, Forchheim, 896 VIII 9.
334 AF (Ratisb.) a. 893; S. 122.
335 D Arn 117; S. 172, bis D Arn 120; S. 177.
336 Die Raffelstettener Zollordnung unterscheidet klar zwischen der Eparesburg und Mautern: siehe NÖUB 1, 153.
337 Siehe auch NÖUB 1, 28–30 und 33–35.

Nach Regensburg zurückgekehrt, empfängt Arnulf Gesandte des Papstes Formosus, die ihn dringend bitten, nach Italien zu kommen und vor allem den Usurpator Wido in die Schranken zu weisen. Diesmal ist der König bereit, die Bitte zu erfüllen und entläßt die ehrenvoll aufgenommenen Gesandten mit reichen Geschenken.[338] Als Vorausabteilung sendet Arnulf seinen Sohn Zwentibold mit einem alemannischen Heer nach Italien, das aber so gut wie nichts ausrichtet.[339] Die schlimmen Wetterkatastophen des Winters 893 auf 894 beschäftigten den Regensburger Annalisten so sehr, dass er den Jahreseintrag 893 bis in den März 894 ausdehnte und erst nach dem ersten Eintrag des nächsten Jahres das Weihnachtsfest 893 erwähnte.[340] So erzählt er zu 893 von einem außergewöhnlich harten, schneereichen und überlangen Winter, der die Weinreben sowie Schafe und Bienen erfrieren läßt. Die große Bedeutung der Honig- und Wachsmacher bezeugen die bayerische Lex und Bischof Arbeo von Freising (764–782/83) in seinem Lob des Bayernlandes.[341]

4.5. Das Jahr 894

Der Regensburger Annalist beginnt das Jahr 894 mit der Erwähnung eines starken Donnerschlags, der die Menschen am 28. Jänner, am Todestag Karls des Großen, erschütterte. Danach kommt der Autor aber wieder auf das Weihnachtsfest 893 zu sprechen, das Arnulf im Königshof Aibling feiert, von wo er mit einem alemannischen Heer nach Italien aufbricht.[342] Ausführlich schildert der Annalist die Einnahme Bergamos, dessen Widerstand als Rebellion gegen den rechtmäßigen Herrscher brutal geahndet wird, den Abbruch des Zuges wegen Erschöpfung des Heeres und die abenteuerliche Rückkehr über das ebenfalls Widerstand leistende, verklauste Aostatal. Im Rhônetal angekommen, wird Zwentibold mit einer unmöglichen Mission betraut, er soll nämlich mit seinen Alemannen den widerspenstigen Burgunderkönig Rudolf stellen. Dieser zieht sich in die Schweizer Berge zurück, die Alemannen verwüsten das flache Land.[343]

Arnulf, der sich vom Heer getrennt hat, trifft seine Königin in Kirchen am Rhein und ist zwischen 5. und 13. Juni in Worms nachzuweisen.[344] Hier hält er einen Reichstag ab, an dem auch Karl der Einfältige teilnimmt. Arnulf empfängt den königlichen Buben huldvoll und entlässt ihn freundlich, so der Regensburger Annalist. Kürzer und nichts sagender kann diese wichtige Begegnung kaum

---

338 AF (Ratisb.) a. 893; S. 122 f.
339 Siehe Anm. 507.
340 Vgl. Löwe, Deutschlands Geschichtsquellen 6, 683.
341 Siehe Wolfram, Tassilo III. 68 und 78 f., zur Lex Baiwariorum XXII 9 f., S. 471 f. und Arbeo, Passio sancti Haimhrammi martyris c. 6 (Lob des Bayernlandes; schöne Übersetzung von Bernhard Bischoff).
342 AF (Ratisb.) a. 894; S. 123. Was den Jahresbeginn berifft, schwankt der Annalist zwischen Weihnachten und Neujahr. AF (Ratisb.) a. 898; S. 132, schließt mit den Worten: „....während Christi Geburtstag das gegenwärtige Jahr endete."
343 Hlawitschka, Lotharingien 124, zu AF (Ratisb.) a. 894; S. 125.
344 D Arn 126; S. 187, bis D Arn 128; S. 192.

4. Nach stetem Aufstieg ein jäher Absturz: 890 bis 896

beschrieben werden, auch wenn man den daran folgenden Eintrag dazu rechnet. Arnulf, so heißt es, sendet seinen Sohn Zwentibold mit einem Alemannenheer erneut gegen Rudolf von Burgund, ohne wirklich etwas zu erreichen. Regino steht den westfränkischen Ereignissen wesentlich näher. Trotzdem wirkt sein Bericht von zwei Wormser Reichsversammlungen 893 und 894 kaum glaubhaft, was die Zeitangabe betrifft. Inhaltlich dürfte dagegen seine Darstellung richtig sein. Der in Reims zum König erhobene Karl der Einfältige kann sich nicht gegen Odo behaupten und sucht mit seinen Leuten Hilfe bei Arnulf. Die beiden Könige treffen einander zur Sommerszeit 893 (recte 894) auf einer Reichsversammlung in Worms. Karl bringt reiche Geschenke und erreicht, dass er von Arnulf das westfränkische Reich, „das er usurpiert hat, aus seiner Hand empfängt." Darauf ordnet Arnulf an, die Bischöfe und Grafen des Maas-Raums sollen Karl in sein Reich zurückführen „und wieder auf den Thron setzen." Außerdem erfolgte eine, wenn auch nur halbherzige militärische Intervention zugunsten Karls. Das Unternehmen wird aber bald abgebrochen, als Odos Truppen zum Kampf fest entschlossen an der Aisne aufmarschierten. Außerdem sollen einige Heerführer Arnulfs mit Odo *in amicitia* verbunden gewesen sein. Karl flieht darauf kurze Zeit nach Burgund, kehrt aber wieder zurück, als Odo nach Paris geht. Es herrschen Chaos und Blutvergießen.[345]

Regino erwähnt zu 894 noch eine andere Wormser Reichsversammlung, auf der Arnulf von lothringischen Große vergeblich verlangte, seinen Sohn Zwentibold als ihren König anzuerkennen. Danach geht Arnulf nach Lorsch, wo er dem Boso-Sohn Ludwig auf Intervention seiner Mutter Irmgard Schenkungen im Burgunderreich Rudolfs vermacht. Die großzügige Schenkung bleibt wirkungslos, weil er etwas gegeben hat, worüber er keine Macht besitzt. Regino und der Regensburger Annalist berichten beide vom Tod Widos und Zwentibalds I. Die Nachricht davon dürfte Arnulf schon in Regensburg erhalten haben, wo er am 26. August 894 zweimal urkundete und den ganzen Herbst und Großteil des Winters blieb.[346] Regino erzählt schon zu 894 den Sturz und die baldige Begnadigung der Königstochter Hildegard, nennt aber nicht Engildeos Mitschuld. Der Regensburger Annalist befasst sich exklusiv mit den Gräueltaten, die Ungarn, die Verbündeten von 892, in Pannonien verübten, und nennt sie sowohl Awaren wie mit ihrem neu entdeckten Namen.[347] Widos Tod bedeutete keine Änderung der Lage in Italien zugunsten Arnulfs, weil der Sohn, unterstützt von seiner Mutter, die Politik seines Vaters bruchlos fortsetzte. Dagegen erlaubt Zwentibalds Tod einen offiziellen Friedensschluss zwischen den Mährern und den Bayern, der im Herbst 894 zustande kommt. Der Regensburger Annalist schließt seinen Jahreseintrag 894 mit der Erwähnung der hochrangigen byzantinischen Gesandtschaft, die Geschenke bringt, sagt aber nicht, dass sie um Unterstützung

---

345 Hlawitschka, Lotharingien 119–134. BM² 1895f. Regino, Chronica a. 893; S. 141. Annales Vedastini a. 894; S. 74 (Rückzug wegen Freundschaft der gegnerischen Heerführer).
346 DD Arn 129f.; S. 192–197.
347 Siehe Anm.127.

gegen die Bulgaren bittet. Regino weiß dagegen nichts von der griechischen Gesandtschaft.³⁴⁸

4.6. Das Jahr 895

Das Jahr 895 sah Arnulf auf dem Höhepunkt seiner Herrschaft; es schien ihm fast alles zu gelingen.³⁴⁹ Der Winter begann zwar in Bayern mit einer schweren Hungersnot, wie sie sich in den Wetterkatastrophen der Vorjahre angekündigt hatte.³⁵⁰ Aber Arnulfs Handlungsfähigkeit wurde dadurch nicht beeinträchtigt. Zunächst ging er gegen das Paar Hildegard und Engildeo vor. Der Köngstochter wurden ihre öffentlichen Würden und königlichen Güter aberkannt und sie selbst nach Frauenchiemsee verbannt, während der mächtige Graf Engildeo alle seine Grafschaften und Würden an den königlichen Verwandten Luitpold verlor. Hildegard erhält bald den Großteil ihres einstigen Besitzes mit der Huld des Königs zurück, aber vom gestürzten Grafen verliert sich jede Spur.³⁵¹ Im Mai 895 fand in Tribur, wo Arnulf zwischen 5. und 25. des Monats nachgewiesen ist,³⁵² die große, von 26 Bischöfen aus allen ostfränkischen Völkern besuchte und vom König angeordnete Synode statt. Den Vorsitz führten die Erzbischöfe Hatto von Mainz, Hermann von Köln und Ratbod von Trier. Arnulf trat königlich auf, versprach die Unterstützung der kirchlichen durch die weltliche Gerichtsbarkeit und wurde „von den Bischöfen geradezu als Herrscher von Gottes Gnaden gefeiert".³⁵³ Von Tribur ging Arnulf nach Worms, um hier wieder einen Reichstag abzuhalten, den auch der geladene westfränkische König Odo aufsuchte, während Karl der Einfältige unter dem Einfluss seiner Berater zunächst sich gegen ein Kommen entschied. Wie das letzte Mal wurde Odo ehrenvoll aufgenommen und nach einigen Tagen huldvoll entlassen. Auf der Heimreise begegnete er mit seinen Leuten zwischen Bachrach und Koblenz einigen Gesandten Karls des Einfältigen, darunter Fulco von Reims, die nun doch mit Geschenken auf dem Weg zu Arnulf waren. Während der Erzbischof fliehen konnte, kam ein Graf seiner Begleitung ums Leben.³⁵⁴ Auf dem Wormser Reichstag gelingt Arnulf noch die Erhebung seines Sohnes Zwentibold zum König von Burgund und Lothringen.³⁵⁵ Sehr bald danach scheiterte der neue König aber schon bei seiner ersten größeren Regierungshandlung, der Belagerung von Lyon, und dies trotz eines starken militärischen Aufgebots. Aus Westfranken wird ein heftiges

---

348 AF (Ratisb.) a. 894; S. 123–125. Regino, Chronica a. 894; S. 142.
349 Siehe zum folgenden AF (Ratisb.) a. 895; S. 125–127, Regino, Chronica a. 895; S. 143 f. Zu Hildegard siehe Regino (wie Anm. 348).
350 Siehe Dümmler, Geschichte 3, 665 mit Anm. 1.
351 Die vollständige Überlieferung mit Kommentar enthält Reindel, Luitpoldinger n. 2; S. 2–4. Siehe auch oben Anm. 348 und unten Anm. 733–736.
352 D Arn 132; S. 197–199, bis D Arn 135; S. 202 f.
353 W. Hartmann, Arnulf und die Kirche 245–252 (Zitat). Siehe auch Anm. 822.
354 Siehe Hlawitschka, Lotharingien 136 f.
355 Zum lothringischen Königtum Zwentibolds siehe Kasten, Königssöhne 552–557.

4. Nach stetem Aufstieg ein jäher Absturz: 890 bis 896   69

Erdbeben berichtet. Arnulf empfängt im Königshof Salz eine abodritische Gesandtschaft, die Geschenke überreicht und um Frieden bittet, der ihnen gewährt wird. Diese Begegnung fand sechs Jahre nach dem erfolglosen Feldzug vom September 889 statt. Was war in der Zwischenzeit geschehen? Mitte Juli war Arnulf endlich wieder in Regensburg,[356] wo böhmische Fürsten unter der Leitung von Spitignewo und Witzla erschienen, um sich wieder dem König und den Bayern zu unterstellen. Schließlich empfängt der König päpstliche Gesandte, die ihn erneut dringend zu einem Romzug auffordern. Nach Beratung mit seinen Bischöfen entschließt sich Arnulf, der Bitte des Papstes Formosus nachzukommen. Er ist am 29. September noch in der Pfalz Ötting[357] und bricht im Oktober 895 mit einem aus Franken und Alemannen gebildeten Heer nach Italien auf. Nach dem Überschreiten des Po wird das Heer geteilt,[358] die Alemannen ziehen über Bologna nach Florenz, die Franken unter Arnulfs Führung über den Apennin nach Luni bei Carrara, wo der König etwas mehr als 400 km von Rom entfernt Weihnachten feiert.[359]

4.7. Das Jahr 896

Regino verfasste für 896 einen der kürzesten, der Regensburger Annalist einen der bei weitem längsten und vielseitigsten Jahreseinträge.[360] Aber selbst in Regensburg bleibt das Tagesdatum von Arnulfs Kaiserkrönung unbekannt. Ganz zu schweigen davon, dass sich Regino darum gekümmert hätte, zumal er fast so wenig von Arnulfs Kaiserkrönung berichtet wie die Italiener, die sie überhaupt nicht zur Kenntnis nehmen.[361] Auch wird nicht berichtet, ob Oda zur Kaiserin gekrönt wurde oder eher nicht. Der Regensburger Annalist beginnt mit der Erzählung von einem mühevollen, wieder durch erbärmliches Schlechtwetter und eine Pferdeseuche behinderten Marsch auf Rom. Als das Heer vor der Ewigen Stadt eintrifft, sind die Tore verschlossen, weil Ageltrude mit ihrem stadtrömischen spoletinischen Anhang zum Widerstand bereit scheint. Aber durch Gottes Fügung gelingt es, den Widerstand rasch zu brechen und die Stadt im Sturm einzunehmen, ohne einen einzigen Mann zu verlieren. Regino nimmt die Einnahme Roms zum Anlass, seine, wenn auch unvollständige Gelehrsamkeit zu beweisen. Er meint zu wissen, dass die Stadt seit dem senonischen Gallier Brenno nicht mehr erobert wurde. Offenbar war er über Alarichs Einnahme Roms 410 und Geiserichs Handstreich 455 nicht unterrichtet.[362] Aber Regino teilt auch mit, dass Arnulf die Stadt „mit Zustimmung des obersten Pontifex" einnahm. Ausführlicher wird der Regensburger: Von den Spoletinern befreit, kann

---

356 D Arn 136; S. 203–205; Regensburg, 895 VII 26.
357 Vgl. D Arn 138; S. 208 f., Ötting, 895 IX 29.
358 Siehe D Arn 139; S. 209–211, Pavia, 895 XII 1.
359 AF (Ratisb.) a. 895; S. 125–127, Regino, Chronica a. 895; S. 143 f.
360 AF (Ratisb.) a. 896; S. 127–130, Regino, Chronica a. 896; S. 144.
361 BM² 1983 a–c.
362 RuG 218 (Alarich) und 241 (Geiserich).

Formosus seine länger gehegte Absicht verwirklichen, Arnulf zum Kaiser zu krönen. Die Mehrheit der Bewohner Roms unterstützt seine Entscheidung. Arnulf wird vom Papst *cesar augustus* genannt und ihm in der Basilica der Apostelfürsten „nach Sitte seiner Vorgänger in einer kaiserlichen Weihe die Krone aufs Haupt gesetzt". Dies dürfte ein, zwei Tage nach dem 15. Februar 896 geschehen sein.[363] Bald nach dem 1. März ist Arnulf von Rom aufgebrochen, um Spoleto anzugreifen. Vor dem Erreichen des Zieles befällt ihn eine so schwere Krankheit, dass er den Italienzug abbrechen und in Eile die Heimfahrt antreten musste. Alle in und für Italien getroffenen Maßnahmen sind damit hinfällig geworden. Auch Arnulfs nach Mailand gesandter kleiner Sohn Ratold muss seine Mission abbrechen und den Vater über den Como-See in die Heimat folgen.[364]

Nach dem Abzug der Franken nahmen die einheimischen Großen ihre Machtkämpfe militärisch wie diplomatisch wieder auf. Davon betroffen waren diejenigen, die auf Arnulf gesetzt hatten, wenn sie nicht wie Waltfrid von Friaul rechtzeitig starben. Lambert und Berengar teilten sich das *regnum Italicum*. Beregnar nahm das italische Reich bis zur Adda in Besitz und berief sich auf das Erbrecht. Lambert ging gegen die Mailänder Getreuen Arnulfs brutal vor und ließ den Grafen Maginfrid enthaupten sowie dessen Sohn und Schwiegersohn blenden.[365] Bereits zu Ostern 896 am 4. April starb Papst Formosus. Sein Leichnam wurde von seinem mittelbaren Nachfolger Stephan VII. (896–897) einem monströsen Totengericht unterzogen und anschließend außerhalb der päpstlichen Begräbnisstätten verscharrt. Darauf berichtet der Regensburger ungewöhnlich ausführlich von den Kämpfen zwischen Griechen, Bulgaren und Ungarn, eine Kenntnis, die der Annalist anscheinend von der hochrangigen byzantinischen Gesandtschaft erhalten hatte, die Kaiser Arnulf im Herbst 896 in Regensburg empfangen hatte. Dies dürfte auch dessen Entscheidung mit beeinflusst haben, den slawonischen Fürsten Brazlavo von Siscia mit der Verteidigung der pannonischen Moosburg zu betrauen.[366]

Folgt man dem Regensburger Annalisten, ist Arnulf schwer krank von Italien nach Bayern heimgekehrt und hat nur mehr von Regensburg aus zu regieren versucht. Noch weniger berichtet Regino, der den König den Rest des Jahres 896 schwer krank „danieder liegen" lässt.[367] Tatsächlich berief Arnulf für den August eine Reichsversammlung ins fränkische Forchheim ein, wo er am 9. und 13. des Monats wichtige Urkunden ausstellte,[368] aber auch in äußerste Lebensgefahr geriet. Arnulf befand sich in einem Gebäude, das plötzlich einstürzte, wobei er mit vielen anderen schwer verletzt wurde. Es spricht für die Lebenskraft des

---

363 Siehe unten Anm. 521.
364 Siehe unten Anm. 522.
365 Siehe Krahwinkler, Friaul 283, zu AF (Ratisb.) a. 896; S. 129.
366 AF (Ratisb.) a. 896; S. 129. Krahwinkler, Friaul 284. Siehe oben Anm. 185.
367 Regino, Chronica a. 896; S. 144.
368 D Arn 146; S. 222 f., Forchheim, 896 VIII 9, S. 223, enthält Hinweis auf die Reichsversammlung. D Arn 147; S. 223–225, Forchheim 896 VIII 13.

Königs, dass er den Unfall trotz seines angeschlagenen Allgemeinzustandes überlebte und Weihnachten 896 bereits im Königshof Ötting feierte.[369]

5. Es geht dem Ende zu: 897 bis 899

5.1. Das Jahr 897

Nach der Weihnachtsfeier 896 empfing Arnulf noch in Ötting mährische Gesandte, die den Kaiser um des Friedens willen baten, flüchtigen Verbannten kein Exil zu gewähren.[370] Damit hatte der mährische Bruderzwist auch Arnulf erreicht, obwohl er noch nicht Partei ergreifen musste. Danach ging der Kaiser nach Regensburg und hielt dort eine Reichsversammlung ab. Er stellte hier am 30. Jänner drei Diplome aus.[371] In Anschluss daran muss der Rückzug in abgeschiedene Orte, *secreta loca*, Bayerns erfolgt sein, wozu sich Arnulf wegen seiner körperlichen Beschwerden entschloss. Während die Bayern unter einer schweren Hungersnot mit vielen Toten litten, dürfte die winterliche Auszeit Arnulfs Gesundheit zumindest vorübergehend sehr gut getan haben, weil er von Mai bis August 897 einen wahren Marathon an Aktivitäten durchhalten konnte, und zwar zunächst fern von Bayern und im darauf folgenden Herbst in militärischer Bereitschaft nördlich von Regensburg. Der Annalist berichtet von einem Reichstag, der Ende Mai in Worms abgehalten wurde. Vor dem Treffen hat aber schon König Zwentibold durch Boten die Bitte überbracht, der Vater möge ihm eine Frau besorgen, was auch geschieht. Arnulf erreicht die Eheverbindung mit dem mächtigen Sachsengrafen Otto dem Erlauchten, der dem lothringischen König seine Tochter Oda in die Ehe gibt. Die Hochzeit findet zu Ostern am 27. März 897 ohne Arnulf statt. Der Kaiser war noch am 5. Mai 897 in Velden im bayerischen Isengau (heute Landkreis Landshut) und ist in Begleitung seiner Gemahlin in Worms am 8. und 9. Juni 897, geraume Zeit vor Beginn des Gerichtstages am Ende des Monats, nachgewiesen.[372] Als Teilnehmer des Treffens nennt der Regensburger Annalist König Zwentibold, der wieder die Hilfe seines Vaters dringend benötigt. Es geht um Zwentibolds Versöhnung mit oppositionellen lothringischen Adeligen, die er enteignet und sich dabei übernommen hatte. Regino ist in dieser linksrheinischen, für ihn so wichtigen Sache genauer. Zwentibold hat den Grafen Stephan, Odacar, Gerhard und Matfrid ihre vom König verliehenen *honores et dignitates*, Besitzungen und Würden, entzogen und deren Vermögen zum Großteil unter seine Leute verteilt. In Worms gelingt die Aussöhnung zwischen Zwentibold und den lothringischen Adeligen mit Ausnahme Odacars. Auch wurden nicht näher benannte Angelegenheiten zwischen

---

369 Hermann von Reichenau, Chronicon a. 896; S. 111 (Einsturz). AF (Rastisb.) a. 897; S.130 (Ötting). Siehe etwa Reuter, Uota-Prozeß 264 f.
370 Dazu und zum folgenden siehe AF (Ratisb.) a. 897; S. 130 f., und Regino, Chronica a. 897; S. 144 f.
371 DD Arn 149 bis 151; S. 226–231.
372 D Arn 152; S. 231 f., Velden, 897 V 5. D Arn 153; S. 232 f., Worms 897 VI 8. D Arn 154; S. 234 f., Worms, 897 VI 9; Uota als Intervenientin vor Hatto und dem Ortsbischof genannt.

Vater und Sohn besprochen. Es ist anzunehmen, dass es um Nachfolgefragen ging.[373] Danach wechselte Arnulf im Zickzack-Kurs über Ingelheim nach Trebur, wo eine weitere Reichsversammlung stattfand. Arnulf stellte hier am 14. Juli 897 eine Urkunde aus.[374] Er nützte die Nähe zu Fulda, um zu beten, und ging von dort zur Pfalz Salz an der Saale, wo diesmal sorbische Boten Geschenke brachten und dadurch die königliche Oberhoheit erneut anerkannten.[375] Am 7. August 897 stellte Arnulf in Frankfurt zwei Urkunden aus und beendete damit seine außerbayerische Präsenz für immer.[376]

Nach diesem letzten Lebenszeichen aus seiner wichtigsten westlichen Residenz vergeht nicht weniger als ein Dreivierteljahr,[377] ohne dass von Arnulf ein Diplom überliefert wäre oder intentionale Texte sein Tun und Lassen mit genauen Daten versehen hätten. Nicht einmal der Ort wird erwähnt, wo er Weihnachten gefeiert hatte. Der Annalist lässt den Kaiser in Regensburg böhmische Fürsten gnädig empfangen, die um Hilfe gegen ihre mährischen Feinde baten. Darauf verbringt Arnulf den ganzen Herbst nördlich von Donau und Regen, wo er an der Grenze zu Böhmen „mit seinen Getreuen" in Bereitschaft steht, sollte ein militärisches Eingreifen nötig werden. In die Reihe aller dieser Aktivitäten, die zum einen mit großen körperlichen Anstrengungen verbundenen waren und zum andern die verlässliche und vertrauensvolle Mitwirkung eines zahlreichen Personals erforderten, will der Satz gar nicht passen, mit dem Hermann von Reichenau den Jahreseintrag 897 seiner Chronik schließt: Der Kaiser sei misstrauisch geworden und habe keinem Menschen mehr getraut und von „allen" für sich und seinen kleinen Sohn Ludwig die Leistung eines Treueids verlangt.[378] Diente die Abhaltung der vielen Reichstage des Jahres 897 vor allem dazu, von den dort jeweils versammelten Großen den Eid zu verlangen? Oder war der herbstliche Aufenthalt im Nordgau eine weitere Auszeit, die er mit seinen Getreuen, *fideles*, und nicht mit dem bayerischen Heer verbrachte? Dieses intervenierte im nächsten Jahr zweimal ohne den Kaiser, als der mährische Bruderkrieg offen ausgebrochen war.

5.2. Das Jahr 898

In diesem Jahr 898 gehen die beiden wichtigsten Historiographen der Ereignisse völlig getrennte Wege. Regino berichtet mit Ausnahme von Italien nur von linksrheinischen Ereignissen rund um den wenig glücklich handelnden Zwen-

---

373 Hlawitschka, Lotharingien 165–169. Regino, Chronica a. 897; S. 144.
374 D Arn 155; S. 235 f. (Mandat an die sächsischen Großen), Ingelheim, 897 Mai 21. D Arn 156; S. 236 f., Trebur, 897 VII 14.
375 Vgl. AF (Ratisb.) a. 895; S. 126: Arnulf empfängt abodritische Boten in Salz.
376 DD Arn 157 f.; S. 237–240.
377 D Arn 160; S. 242 f., Regensburg, 898 V 18, ist das nach Frankfurt nächste datierte Zeugnis für Arnulfs Aufenthalte.
378 Hermann von Reichenau, Chronicon a. 897; S. 111. Diese Nachricht hielt schon Dümmler, Geschichte 3, 456 f., für glaubhaft.

5. Es geht dem Ende zu: 897 bis 899

tibold. Der Regensburger Annalist beschäftigt sich bloß mit der bayerischen Ostlandpolitik und vor allem mit dem mährischen Bruderkrieg.[379] Die Daten der ausgestellten Diplome bezeugen Arnulfs ausschließlich bayerische Aufenthalte, und zwar genauer zwischen Regensburg und den Pfalzen Ranshofen sowie Mattighofen. Am 18. Mai 898 urkundete der Kaiser in Regensburg,[380] am 19. und 31. August in Ranshofen,[381] am 11. September 898 im nahe gelegenen Mattighofen.[382] Dass er nur drei Tage davor in Regensburg war, ist unwahrscheinlich.[383] Mit dem Diplom, das am 13. Oktober 898 in Regensburg ausgestellt wurde, beginnt die Reihe der erhaltenen Arnolf-Urkunden, von denen alle in der königlichen Stadt entstanden sind. Inhaltlich erinnern die Urkunden ein wenig an Arnulfs Anfänge; es werden fast ausschließlich treue Helfer vornehmlich in Bayern privilegiert. Die Ausstellungsdaten der Urkunden lassen sich aber nicht leicht mit den historiographischen Erzählungen verbinden. So war Arnulf vom 13. bis 18. Oktober 898 sicher in Regensburg, wo er erst wieder am 13. Dezember nachzuweisen ist.[384] Danach dürfte er nach Ranshofen gegangen sein. Im Verlauf von Kämpfen in Mähren ergriff der getreue Brazlavo, sofern die Auflösung des überlieferten Namens Priznolav richtig ist,[385] den ehemaligen Großgrafen Erembert. Dieser alte Gegner Arnulfs zählte anscheinend zu den bayerischen Exulanten in Mähren. Nun wurde er Luitpold übergeben, der ihn in Ketten nach Ranshofen brachte, wo der Kaiser Weihnachten 898 feierte. Diese Nachrichten beenden die wichtigste Jahreseintrag des Annalisten: „Kaiser und König" Arnulf habe den Markgrafen Luitpold und den Grafen Arbo (man beachte die differenzierte Titulatur) beauftragt, den jüngeren Bruder Zwentibald II. zu unterstützen. Während der bayerischen Intervention in Mähren wurde klar, dass ausgerechnet Arbo und sein Sohn Isanrih den Bruderzwist angestiftet hatten. Kurzfristig verlor Arbo deshalb seine Würden, konnte aber nicht auf Dauer ausgeschaltet werden und wurde wieder als Markgraf eingesetzt, wahrscheinlich erst nach der Isanrih-Affäre.

5.3. Das Jahr 899

Während Regino den Jahresbericht 899 mit dem, von Arnulfs Beauftragten inszenierten „Intrigenspiel von St. Goar" beginnt und danach nur mehr Arnulfs Tod erwähnt,[386] ist der Regensburger Annalist wesentlich ausführlicher, nahm

---

379 Regino, Chronica a. 898; S. 145 f., und AF (Ratisb.) a. 898; S.131 f.
380 D Arn 160; S. 242 f.
381 DD Arn 161 f: S. 243–246.
382 D Arn 164; S. 250 f.
383 D Arn 163; S. 247–250 f. Der Editor fügte dem Datum ein Fragezeichen hinzu.
384 DD Arn 165–168; S. 251–257.
385 Vgl. Annals (Reuter) 138 Anm. 4.
386 Zu Regino, Chronica a. 899; S. 146 f., siehe M. Hartmann, Lotharingien 136, die Karl Hauck zitiert.

doch das Geschehen gleichsam vor der Haustür seinen Ausgang.[387] Die Darstellung begleiten fünf zwischen 5. Februar und 2. Juli entstandene Diplome, die inhaltlich an diejenigen von 889 anschließen.[388] Noch im Winter sendet Arnulf bayerische Große mit ihren Kriegern gegen Mähren. Sie machen Beute und kehren nach Verwüstungen des Landes heim. Dann geht das Theater mit Uotas Ehebruch über die Bühne, das mit 72 Eideshelfern auf einem Reichstag in Regensburg zu ihren Gunsten beendet wird. Als *terminus ante quem* kann die letzte bekannte Arnulf-Urkunde dienen, die am 2. Juli 899 auf „Fürsprache „unserer geliebten Gemahlin" ausgestellt wurde, die freilich einiges aus ihrem Besitz schenken durfte oder musste. Demnach fand der mit dem angeblichen Ehebruch befasste Reichstag im Juni statt. Hier erlitt Arnulf erneut einen Schlaganfall, angeblich weil er von einigen Leuten vergiftet wurde. Man verdächtigte als Täter einen Mann namens Graman und eine Frau Rudpurc, die auch beide hingerichtet wurden.[389] Zu den Verdächtigungen, Ehebruch der Königin und Vergiftung des Königs, kam als drittes Merkmal der schwindenden Autorität Arnulfs die ganz reale Errichtung einer illegalen Herrschaft im Raum von Mautern hinzu, die dem Arbo-Sohn Isanrih mit mährischer Hilfe auf Reichsboden gelang. Mit letzter Kraft wollte dies Arnulf, der sich nur in diesem Fall von Regensburg entfernte, wenn auch erfolglos verhindern. Schließlich scheiterte auch Arnulfs Versuch, seinen Kanzler Wiching als Nachfolger des am 12. Juni 899 verstorbenen Bischofs Engilmar von Passau zu installieren. Des Kaisers Erzkanzler Theotmar berief eine bayerische Diözesansynode ein und setzte Wiching als unkanonisch ab, da er immer noch Bischof von Neutra/Nitra sei.[390]

Am Ende des Jahres 899 ist Arnulf in Folge des zweiten schweren Schlaganfalls gestorben und wurde bei „seinem" Heiligen in St. Emmeram ehrenvoll beigesetzt. Regino lässt den Tod des Kaisers schon am 29. November 899 eintreten und berichtet von seinem Begräbnis in Ötting. Der Regensburger Annalist berichtet davon erst zum Jahre 900 und ohne Tagesdatum, gibt aber als Ort des Begräbnisses richtig St. Emmeram an.[391] Unklar ist, wieso St. Emmeram ab dem Spätmittelalter den 27. November als Todestag Arnulfs feierte. An diesem Tag starb im Jahre 784 Virgil von Salzburg. Sein lange verschollenes Grab wurde 1181 wieder entdeckt, und in Rom seine Heiligsprechung eingeleitet, die am 18. Juni 1233 dauernden Erfolg hatte. Vielleicht wollte man in Regensburg darauf mit einem „heiligen" Arnulf reagieren. Oder es war nur ein Versehen, das dennoch eine lange Tradition bis ins 19. Jahrhundert entwickelte. Übereinstimmend legen dagegen „die meisten süddeutschen Nekrologien, alle älteren Regensburger Totenbücher sowie das Nekrolog von Niederaltaich" den Todestag mit 8. Dezember 899 fest, ein Datum, das die Regensburger Memorialüberlieferung be-

---

387 AF (Ratisb.) a. 899; S. 132 f.
388 DD Arn 172–176; S. 261–267.
389 AF (Ratisb.) a. 899; S. 132 f. Siehe auch Anm. 616.
390 GuR 186 f.
391 Zum Tod des Kaisers und seines Nachlebens siehe die sehr gute und ausführliche Darstellung von Fuchs, Arnolfs Tod 416–434. Im besonderen siehe AF (Ratisb.) a. 900; S. 133 f., und Regino, Chronica a. 889; S. 147, sowie BM² 1955b.

stätigt.[392] Als Ursache seines Todes erfand Liudprand von Cremona, der ihn als Ungarnfreund hasste, die ebenfalls sehr nachhaltige Mär von einer Läuse-Attacke, die den Kaiser das Leben kostete.[393] Aber auch ohne diese Geschichte bedeuteten Arnulfs Siechtum und Tod das traurige Ende einer guten zeitgemäßen Herrschaft, eines Königtums der Kunst des Möglichen. Dem Toten folgte ein sechsjähriger Bub, Ludwig IV. das Kind und letzter ostfränkischer Karolingerkönig.

---

392 Siehe Fuchs, Arnolfs Tod 425f. mit Anm. 47 (Zitat) und WS 274f. zu Virgil von Salzburg.
393 Siehe Fuchs, Arnolfs Tod 417f., zu Liudprand, Antapodosis I 36; S. 27.

III. Die Person

1. Fragen nach Herkunft, Namen, Reichs- und Ungarnpolitik

Mit dem Namen Arnulfs von Kärnten verbindet man seit langem ein ganzes Bündel von Fragen. War er von unehelicher oder nichtehelicher Geburt? Wo ist der Unterschied? Aus welcher bayerischen Familie stammte seine Mutter Liutswind? Trug er einen nichtköniglichen Nebennamen, der anzeigte, dass er nicht für die Herrschaft bestimmt war? Wo und wann ist er geboren? Wo ist er aufgewachsen? Was ist zu seinem Beinamen „von Kärnten" zu sagen? Endet mit ihm die Europa weite Geschichte der Karolinger oder beginnt unter ihm als ostfränkischem König die Umgestaltung der karolingischen Welt oder gar schon die deutsche Geschichte? Oder die der Deutschen, deren „Stämme" ihn zu ihrem König wählten? Hat er die Ungarn nach Europa gebracht und Pannonien an sie verloren, wo er selbst spätestens 876 einen Teil seiner politischen Laufbahn begonnen hatte? Die Liste der Fragen kann fortgesetzt werden.

Arnulfs Eltern waren Karlmann (ca. 829/76–880), der älteste Sohn Ludwigs des Deutschen und ein Urenkel Karls des Großen, und eine, aus einem bayerischen Geschlecht stammende, „(sehr) edle Frau" namens Liutswind. Die Dame wird in der Literatur zumeist entweder den Luitpoldingern oder den Sighartingern zugeschrieben, wenn man nicht überhaupt auf eine besondere Zuordnung verzichtet.[394] Wie aber ginge die Geschichte weiter, wenn Karlmann vor oder gegen 861 mit Liutswind eine vollgültige Muntehe eingegangen wäre?[395]

Auf die Frage, ob Arnulf ein nichtköniglicher Nebenname war, der seinen Träger von der Herrschaft ausschloss oder eher nicht, geht Regino von Prüm ein, wenn er schreibt, Arnulf sei zwar keiner legitimen Verbindung seiner Eltern entstammt, sei aber dem Bischof Arnulf von Metz (612–641), dem heiligen Stammvater der karolingischen Frankenkönige, nachbenannt worden. Der Autor sah darin ein gutes Omen, mochte er das Vorzeichen auch erst als *prophetia ex eventu* erkannt haben.[396] Gleichzeitig zu Arnulfs Herrschaftsbeginn hat bereits der Poeta Saxo das Beispiel Arnulfs von Metz dem gleichnamigen König eindringlich vermittelt.[397] Und schon 881 erwartete Notker von St. Gallen von Arnulf die glanzvolle Fortsetzung der karolingischen Dynastie.[398]

---

394 Dopsch, Arnolf und der Südosten 150 f. mit Anm. 19: Luitpoldinger. Mitterauer, Markgrafen 218: Sighardinger. R. Schieffer, Kaiser Arnolf 6: keine besondere Zuweisung. Siehe unten Anm. 527–554.
395 Siehe unten Anm. 545 f.
396 Regino, Chronica a. 880; S. 116.
397 Zu Poeta Saxo, Annales V vv. 135–140, S. 58, siehe Becher, Zwischen König und „Herzog" 106 f.
398 Siehe unten Anm. 408.

Ob Arnulf in Karantanien geboren wurde, ist mehr als unsicher, ja unwahrscheinlich,[399] da die Gegner Karlmanns hier selbst noch nach 856 eine Zeitlang so fest im Sattel saßen, dass sie die Anwesenheit eines Königssohn mit Familie hätten verhindern können.[400] Als Karlmann 856 Herr des Bayerischen Ostlandes und damit auch Karantaniens wurde, fand er dort tatsächlich eine nicht gerade freundliche Aufnahme, auf die er bis 861 mit harten Maßnahmen reagierte.[401] Fast gleichzeitig geriet Karlmann zwischen 861 und 865 mit dem Vater und den Brüdern in heftige Kämpfe um das vorgezogene Erbe Ludwigs des Deutschen. Von 863 auf 864 wurde Karlmann sogar über ein Jahr lang als Gefangener seines Vaters in Regensburg festgehalten, während sich ein zwielichtiger Graf Gundakar in Karantanien festzusetzen suchte.[402] Daher würde es nahe liegen, dass der kleine Arnulf während dieser stürmischen Zeit bei seiner Mutter lebte, an welchem Ort ist aber ebenso wie der seiner Geburt unbekannt. Die Abtei Moosburg an der Isar stand als Wohnsitz damals kaum bereits zur Verfügung.[403]

Alle diese Vermutungen widerlegt jedoch teilweise eine übersehene, erst von Eric Goldberg richtig gelesene Stelle, und zwar nicht bloß für das Jahr 860, sondern wahrscheinlich für einen größeren Zeitraum bis 865, bis zum Friedensschluss zwischen Ludwig dem Deutschen und seinen Söhnen.[404] Die Liste der Großen, die Ludwig dem Deutschen anfangs Juni 860 zum Koblenzer Familientreffen folgten,[405] enthält als vierten Eintrag den Namen des bayerischen Großgrafen Ernst und wohl schon Schwiegervaters Karlmanns. Davon durch fünf Einträge getrennt stehen nacheinander die Namen Ratbod, Arnulf und Hugo. Der Editor, der sich sonst erfolgreich bemühte, die Genannten zu identifizieren, wusste mit diesem Dreierblock nichts anzufangen. Tatsächlich handelt sich um den Truchseß Ratbod und die beiden einzigen, damals lebenden Enkel Ludwigs des Deutschen, um Karlmanns und Ludwigs des Jüngeren Söhne Arnulf und Hugo. Offenkundig hatte sie der Großvater vor den drohenden Auseinandersetzungen um sein Erbe in seine Obhut genommen und dem Truchseß Ratbod in Regensburg anvertraut. Demnach dürfte Arnulf zumindest um 860 und den folgenden Jahren nicht bei der Mutter und auch nicht in der karantanischen Moosburg, sondern in Regensburg und damit in der Nähe seines Großvaters zusammen mit seinem vielleicht gleichaltrigen Vetter Hugo gelebt haben.[406] Hugo fiel 879 im Kampf gegen eine Normannenschar.[407] Als sich

---

399 Vgl. Dopsch, Arnolf und der Südosten 150, zur Kärntner Tradition.
400 WS 185 f.
401 GuR 251. Conversio (ed. Wolfram) 177 f.
402 GuR 251–255. Mitterauer, Markgrafen 175–178.
403 Störmer, Früher Adel 1, 228, nach Mitterauer, Markgrafen 227–246 und 249.
404 GuR 162 f.
405 Zu Koblenz und zur schwierigen Überlieferungs- und Editionsgeschichte siehe die ausführliche und hilfswissenschaftlich bestens abgesicherte Untersuchung von Geary, Oathtaking 237–254.
406 Siehe Goldberg, Struggle 261 und 267, zu Capitularia n. 242; 2, 154, sowie D LD 96; S. 138 f., Frankfurt, 859 Mai 1, wonach auch der Truchseß Ratbod wie sein Namensvetter und wahrscheinlicher Verwandter, der 854 abgesetzte Präfekt des Ostlandes, hier zuständig und ein

Notker von St. Gallen 881 um eine gesicherte karolingische Zukunft des Ostreichs sorgte, setzte er daher all seine Hoffnung auf Arnulf und den inzwischen geborenen kleinen Bernhard, den illegitimen Sohn Karls III. des Dicken (876–887).[408] Drei Jahre später ließ Notker aber keinen Zweifel daran, dass legitime Karolinger Karl oder Ludwig hießen.[409] Auch Arnulfs eigener legitimer Sohn war ein Ludwig (893–911), der ausdrücklich dem Urgroßvater Ludwig dem Deutschen nachbenannt wurde.[410]

Die Nennung Arnulfs 860 in der Umgebung seines Großvaters stellt als nächstes die Frage, wie alt er in Koblenz war. Die Annahme, Arnulf sei zwischen 845 und 855 zur Welt gekommen,[411] dürfte das Koblenzer Dokument auf spätestens 850 einschränken, so dass Arnulf damals mindestens zehn Jahre alt war. Das Datum würde zum herkömmlichen Kompromiss passen, wonach man Arnulf um 850 geboren sein lässt.[412]

Folgt die Frage nach seinem Beinamen „von Kärnten". Arnulf erhielt spätestens 876 von seinem Vater Karlmann Karantanien mit einer Moosburg,[413] eine Entscheidung, die 880 Ludwig der Jüngere und 882 Karl der Dicke anerkannten.[414] Damit waren mit je einer Moosburg die Grafschaft Karantanien und das davon abhängige und von Priwina gegründete und von Chozil bis nach 874 beherrschte pannonische Fürstentum mit dem Vorort Moosburg gemeint.[415] Während der Wilhelminer-Fehde ist Arnulfs Anwesenheit in Pannonien bezeugt. Bei ihm in Pannonien nahmen nämlich die Angehörigen des Geschlechts ihre Zuflucht und lösten damit zwischen 882 und 884/885 die heftigsten Kämpfe zwischen Arnulf und dem Mährerfürsten Zwentibald I. aus.[416] Vor wie nach diesem Krieg stellte ein Diakon Gundobad eine Urkunde aus, worin er dem Bistum Regensburg die Schenkung von pannonischen Besitzungen verbriefte. Der Ort der Ausstellung dürfte in Pannonien, wahrscheinlich in der pannonischen Moosburg gewesen sein. Einer der Zeugen nennt sich *Karentanus*, was er im eigentlichen Karantanien wohl als unnötig unterlassen hätte. In beiden Ur-

---

Gegner Karlmanns war. Zur Auseinandersetzung um das vorgezogene Erbe Ludwigs des Deutschen siehe auch GuR 251–254. Zu *civitas regia* Regensburg siehe Schmid, Kaiser Arnolf 207 mit Anm. 306, und bes. Kraus, Civitas regia, zu etwa DD LD 100 f.; S.145 f., vgl. S. 407 s. v. *civitas*. Zum Großgrafen Ernst siehe Mittterauer, Markgrafen 132 f.

407 Regino, Chronica a. 879; S. 115 f.
408 Notker, Continuatio S. 330.
409 Notker, Gesta II 11 und 14: S. 68 und 78.
410 AF (Ratisb.) a. 893; S. 122. BM²1891.
411 Becher, Arnulf von Kärnten 672 mit Anm. 31, nach Dümmler, Geschichte 3, 474 mit Anm. 2.
412 BM² 1765 d. Kasten, Chancen 40. Conversio (ed. Wolfram) 291–296.
413 Conversio c. 13 (ed. Wolfram) 198 f.: Letzte Nennung Chozils erfolgte 874.
414 Regino, Chronica a. 880; S. 117 (mit einer Moosburg). AF (Ratisb.) a. 884; S. 112: *qui (Arnulfus) tunc tenuit Pannoniam.*
415 WS 306–310. Conversio c. 3 und c. 8 (ed. Wolfram) 63 und 71, dürften die ältesten Stellen enthalten, wonach „die Nachbarn" der Krantanen = die Bewohner Pannoniens ein Teil Karantaniens waren.
416 Siehe Anm. 668–682.

kunden wird Arnulf erwähnt, in der zweiten sogar als beim Rechtsgeschäft Anwesender.[417]

Bedenkt man die Sprache der Zeit, gäbe Arnulf von Karantanien durchaus Sinn. Aber Arnulf von Kärnten? Es war nicht in Erfahrung zu bringen, wer diesen anachronistischen Beinamen wo zum ersten Mal verwendet hat,[418] und die folgende Erklärung muss ebenso ein sehr unsicherer Versuch bleiben. Wie die Beinamen der allermeisten Herrscher wurde auch der Arnulfs von einer viel jüngeren Nachwelt gegeben und sagt mehr über deren Zeithorizont denn über den des Benannten selbst aus. Dies trifft besonders für Ludwig den Deutschen zu, dessen ostfränkisches Reich hauptsächlich östlich des Rheins lag und daher besonders von den westlichen Nachbarn nach antikem Vorbild als *Germania* bezeichnet wurde.[419] Diese Germania und seine Bewohner wurden vom Hochmittelalter bis ins 20. Jahrhundert als Deutschland und Deutsche missverstanden, so dass aus dem *Hludowicus rex Germaniae* oder *Germanicus* ebenso anachronistisch wie einprägsam ein Ludwig der Deutsche wurde.[420] Trotz seiner mehr als problematischen Herkunftsgeschichte soll der Beiname, weil allzu gut eingeführt, auch hier verwendet werden. Ebenso wurde Arnulf nach einem Land benannt, das es zu seinen Lebzeiten weder dem Namen noch gar der Verfassung nach gab. Arnulfs Benennung nach Kärnten setzte nämlich zunächst voraus, dass Karantanien nicht länger mehr das Fürstentum der unterpannonische Moosburg umfasste. Auch musste aus der umfangreichen karolingischen Grafschaft Karantanien des 9. Jahrhunderts und dem ebenfalls riesigen ottonischen Herzogtum[421] das Land und Herzogtum Kärnten der frühen Neuzeit geworden sein, wie es im Grunde erst König Ferdinand I. (1503–1565) schuf. Nach langen Verhandlungen erreichte der Habsburger 1535/36, dass das Erzbistum Salzburg und das Bistum Bamberg die tatsächliche Unabhängigkeit ihrer umfangreichen Kärntner Besitzungen aufgaben und landständisch wurden. So errichtete Ferdinand I. ein klein gewordenes, aber einheitliches Land, wie es auch das Volkslied bis heute besingt, das aber in der Tradition des 976 eingerichteten Herzogtums Karantanien stand.[422] Dies erlaubte, *Carantanum/Carantania* samt Pannonien rückwirkend als Kärnten zu verstehen.[423] So schreibt etwa Jakob

---

417 TR 86 und 102; S. 78 f. und 91.
418 Dopsch, Arnolf und der Südosten 144: „Arnolf ist mit dem Beinamen von Kärnten in die moderne Geschichtswissenschaft eingegangen." Brühl, Deutschland – Frankreich 142–144, behandelt das Problem der Beinamen vor allem karolingischer Herrscher, lässt aber Arnulf aus, wahrscheinlich weil er keinen Beleg für das Aufkommen des Beinames fand. Für das gleiche Ergebnis ist Frau Dr. Christine Tropper, ehemalige Stv. Direktorin des Kärntner Landesarchivs, Klagenfurt, zu danken, die sich auf Anfrage außerordentlich bemühte, das Rätsel zu lösen.
419 Brühl, Deutschland–Frankreich 140 mit Anm. 322 f. Geuenich, Ludwig „der Deutsche". Theotisce 313–329. GuR 323 mit Anm. 239–241. Siehe etwa AB a. 840; S. 24, a. 842; S. 29, a. 845; S. 32, und a. 864; S. 73 sowie AF aa. 850 und 852; S. 40 und 42 sowie S. 143: Register s. v. *Germania*.
420 Brühl, Deutschland–Frankreich 140 f.
421 Conversio (ed. Wolfram) 115–144. GuR 257 f. WS 73–81. Brunner, Herzogtümer 70–73.
422 Dopsch, Die Länder und das Reich 212 mit Anm. 19.
423 Zur Namensform siehe Bertels, Carantania; Dopsch, Die Länder und das Reich 145 f., und WS bes. 73–79, vgl. 79–84.

Unrest (gest.1500) in seiner Kärntner Chronik: Im Jahre 865 geschah es, dass der Salzburger Erzbischof Adalwin *kham gen Quarantein, yetz Kerndtn*.[424] Die Worte beruhen auf *Conversio Bagoariorum et Carantanorum* c. 13, ordnen aber ein pannonisches Ereignis Karantanien/Kärnten zu.[425] Folglich findet man in spätmittelalterlichen Chroniken des österreichischen Raums zum Jahre 887 den Satz: *Arnulfus (filius Karlomanni) de Carantano ad regnum invitatur.* Diesen Eintrag konnte man auf zweierlei Weise lesen, entweder als „Arnulf, (der Sohn Karlmanns), wurde aus Karantanien zur Königsherrschaft berufen" oder als „(Der Sohn Karlmanns) Arnulf von Kärnten wurde zur Königsherrschaft berufen".[426] Wie immer man den Beinamen auch deutet, damit wird jedenfalls ausgesagt, dass Arnulfs erster Herrschaftsmittelpunkt im äußersten Südosten Bayerns und des Ostfrankenreichs lag. Von hier zog er im Herbst 887 mit einem großen Heer von Bayern und Slawen gegen den Rhein, um das Königtum zu erringen. Dazu verhalf ihm das endlich angetretene bayerische Erbe nach seinem Vater Karlmann, der sich in der Datumzeile seiner Urkunden zunächst Bayernkönig und nach dem italienischen Abenteuer 878 König in Bayern nannte.[427] Schon Arnulfs Großvater Ludwig der Deutsche urkundete zwischen 830 und 833 als *rex Baioariorum*, gab aber diese Intitulatio sofort auf, als er erfolgreichen Anspruch auf ein ganzes fränkisches Teilreich erheben konnte. Ähnlich ging Arnulf vor. Er wurde bereits vor November 887 nicht bloß von „seinen Nachbarn im Osten" als König der Bayern oder von Bayern bezeichnet, verwendete aber vom Anbeginn seines Königtums die seit 833 übliche Intitulatio der ostfränkischen Könige *divina favente gratia rex*.[428]

Mag auch Bayern und das Ostland seit spätestens 876 die Grundlage von Arnulfs Herrschaft gebildet haben, sein Königtum war ein karolingisches und daher fränkisches, das er im Umfang des Reiches seines Großvaters unter Einschluss Lothringens zu erringen und zu erhalten suchte. Seine Vorfahren seien die Könige der Franken und Bayern gewesen, heißt es daher später einmal in einer Urkunde, die Arnulf in der bayerischen Königsstadt Regensburg ausstellen ließ. Und so sah es auch ein bayerischer Großer, wie Erzbischof Adalwin von Salzburg.[429]

Der Charakter von Arnulfs Königtum wurde auf einer viel beachteten Tagung diskutiert, die zwischen 9. und 11. Dezember 1999 in Regensburg stattfand. Den Anlass bot die 1100. Wiederkehr von Arnulfs Todestag am 8. Dezember

---

424 Zu Jakob Unrest, Kärntner Chronik 489, siehe WS 67 mit Anm. 135 und allgemein Sellin, Unrests Welt.
425 AF a. 863; S. 56: *Karlmannus,..., qui praelatus erat Carantanis.* Regino, Chronica a. 889; S. 117: *Concessit ....rex* (Ludwig der Jüngere) *Arnulfo Carantanum, quod ei pater* (Karlmann) *iam pridem concesserat.*
426 Annales ecclesiae Sabionensis nunc Brixiensis a. 887; S. 427–446. Chronicon Salisburgense a. 887; col. 337. Lhotsky, Quellenkunde 411, nennt unter dem Namen Chronicon Saltzeburgense eine andere Chronik der Zeit.
427 DD Karlmann 1, 2, 12 und 13; S. sowie DD Karlmann 11, 14–28; P. Schmid, Kaiser Arnolf 188.
428 Siehe Wolfram, Intitulatio II. 105 und 110.
429 D Arnolf 117; S. 172, 893 VI 23. Vgl: Conversio c. 10 (ed. Wolfram) 72: *in chronicis imperatorum et regum Francorum et Bagoariorum scriptum.*

899.[430] Rudolf Schieffer hielt am ersten Tagungstag den öffentlichen Abendvortrag unter dem Titel „Kaiser Arnolf und die deutsche Geschichte." In souveräner Kenntnis der ebenso reichen wie kontroversiellen Literatur und der nicht ganz einfachen Quellenlage[431] sowie in wunderbar klarer Sprache behandelte der leider viel zu früh verstorbene Vortragende die Fragen, die an die Geschichte Arnulfs am häufigsten gestellt wurden und werden.[432] Bedeuteten der Sturz Karls III. und Arnulfs erfolgreiche Erringung des Königtums den Beginn der deutschen Geschichte, die Anfänge, die vom Willen der gleichsam pränationalen deutschen Stämmen getragen wurden, oder handelte es sich um die erfolgreiche Rebellion eines Thronräubers, um ein nicht ungewöhnliches Ereignis in der frühmittelalterlichen Geschichte, insbesondere in dem sich auflösenden spätkarolingischen Reich?[433]

Ebenso oft wird die zweite Wahlfrage gestellt, ob Arnulf vom Adel der ostfränkischen Völker eingeladen wurde, ihr König zu werden, wie es nachweisbar westfränkische Gegner König Odos, obgleich erfolglos, im Jahre 890 versuchten.[434] Oder hat er selbst die Initiative dazu ergriffen? Mit anderen Worten, wurde mit Arnulfs Königserhebung die Erbmonarchie durch die Wahlmonarchie abgelöst? Für die außenstehenden Angelsachsen bestand darüber kein Zweifel, „dass er allein väterlicherseits zur Herrschaft geboren worden sei".[435]

Was den Beginn der deutschen Geschichte betrifft, entschied sich Schieffer dagegen und folgte der Deutung, die in den Grundzügen bereits Gerd Tellenbach in dafür wenig günstiger Zeit tapfer vertreten hatte. Wie kann man aber auch im 9. Jahrhundert von einer wie immer gearteten Form deutscher Geschichte sprechen, wenn die Deutschen erst nach der Jahrtausendwende allmählich entstanden sind?[436] Daher wäre 887 zwar als ein sehr wichtiges Datum einer Epoche zu verstehen, die sich aber je nach Betrachtungsweise als „Charles the Fat and the End of the Carolingian Empire" oder als deutlicher Beginn der „Umgestaltung der karolingischen Welt" beschreiben lässt.[437]

Bleibt am Ende die Ungarnpolitik Arnulfs. Den Einsatz ungarischer Reiter 892 in Mähren war ein schreckliches Verbrechen, wie Liutprand von Cremona überzeugt war, oder eben ein sehr bald total gescheiterter Versuch, für die Sicherung der Südostecke des Reichs neue Verbündete zu gewinnen. Überdies war Arnulf nicht der erste, der Ungarn einsetzte, sondern der Mährerfürst Zwenti-

---

430 Siehe Kaiser Arnolf S. V.
431 Keller, Zum Sturz Karls III. bes. 348–356: Die drei wichtigsten Texte zu den Ereignissen von 887, die beiden Fassungen der Annales Fuldenses und Regino von Prüm, sind im hohen Maße tendenziös. Die Interpretation der Ereignisse vom Spätherbst 887 hängt daher davon ab, ob man eher der zeitgleichen Mainzer oder der zeitnahen Regensburger Fortsetzung der Annales Fuldenses den Vorzug gibt und wie weit man sich auf den späteren Regino von Prüm stützt.
432 Schieffer, Kaiser Arnolf 1–16. Annals (Reuter) 115 Anm. 2.
433 Siehe bes. Schieffer, Kaiser Arnolf 2–7.
434 Schieffer, Kaiser Arnolf 9 mit Anm. 29. Brühl, Deutschland–Frankreich 376 f.
435 Scharer, Herrschaft 54, Janet L. Nelson folgend.
436 GS 259 f.
437 Vgl. den Untertitel von MacLean, Kingship and Politics, mit Wolfram, Die Umgestaltung der karolingischen Welt 357–372.

bald I. ließ diese Reiterkrieger die Besitzungen seiner wilhelminischen Feinde verwüsten.[438]

2. Der Herrscher ist menschlich

Hartes schwarzes Brot, Bier und, wo er gedieh, auch Wein, bestenfalls der aus der Wachau, der „Osterwein" und keineswegs der viel süffigere aus Bozen, sowie alle Arten und Mengen von Hülsenfrüchten waren die wichtigsten Nahrungsmittel des einfachen Volkes. Davon produzierte zu Arnulfs Zeiten ein „Hörndlbauer", ein Vieh züchtender Landwirt, nach Abzug der Abgaben im Durchschnitt bloß die Hälfte seines und seiner Familie Jahresbedarfs an Lebensmittel, während es der „Körndlbauer" bis zu drei Fünftel schaffte, wenn das Wetter mitspielte und wenigstens das „dreifache Korn," das dreifache Saatgut, geerntet werden konnte.[439] Für das Defizit musste der Waldgang aufkommen. Kein Wunder, dass dieses fragile Gleichgewicht leicht kippte. Naturkatastrophen wie Hagel- und Blitzschläge, Überschwemmungen und späte Wintereinbrüche, Menschen- und Tierseuchen,[440] ja selbst Heuschreckenplagen wurden aufgezeichnet als Ursache von lokalen, regionalen und allgemeinen Hungersnöten mit fatalen Folgen wie stark überhöhter Sterblichkeit. Es soll sogar zu Kannibalismus der verzweifelten Hungernden gekommen sein, doch kann es sich dabei in vielen Fällen um einen literarischen Topos gehandelt haben.[441] Angekündigt wurde die Not durch Himmelszeichen wie Sonnen- und Mondfinsternisse, Kometen, aber auch durch Erdbeben. Am schwersten hatte freilich das niedrige Volk, das *vulgus promiscuum*, unter den ständigen Kriegen und Fehden zu leiden. Am schlimmsten waren die Verwüstungsfeldzüge der Normannen, die die einfachen Leute, sofern sie überlebten, erdulden mussten. Andernfalls drohte ihnen Ungemach von den eigenen Herren. Zwischen Seine und Loire hatte sich um 860 eine verschworene Selbsthilfegruppe gebildet, die den Normannen, die sich an der Seine festgesetzt hatten, tapferen Widerstand leistete. Die Gruppe agierte jedoch „unvorsichtig, *incaute*," ihre Einigung galt rasch als Verschwörung, *coniuratio*, und wurde von „unseren Großen mühelos zerschlagen".[442] Andrerseits wurden die einfachen Leute geschützt, weil man sie brauchte, um Grund und Boden zu bewirtschaften, mit dem sie erworben, verkauft oder verschenkt wurden. Nur mit ihnen konnte Landbesitz die Quelle adeligen Wohlstands werden. Miltrud, die Frau des Ministerialen Heimo, erhielt vom König neun Königshufen samt 15 bäuerliche Untertanen und deren Kindern. Die Erwachsenen bleiben nicht anonym; sie werden namentlich aufgezählt

---

438 Siehe Anm. 52f.
439 GuR 357. Vgl. Dümmler, Geschichte 3, 437 und 665.
440 AF (Mogunt.) a. 887; S. 105 (Wintereinbruch und verheerende Tierseuche in Franken).
441 Fichtenau, Lebensordnungen 2, 399.
442 Zu AB a. 859; S. 51, siehe Brunner, Gruppen 131f.

und führen dieselben Namen wie die Edlen.[443] „Wie der Herr so's Gescherr" lautet das aus der Antike übernommene Sprichwort. Heimo selbst war einige Monate zuvor von Arnulf mit ungewöhnlich reichen Privilegien ausgestattet worden, um unter anderem eine Fluchtburg für das einfache Volk zu errichten. Und es war, wie die Urkunde betont, nicht die einzige Burg an der Grenze des Ostlandes.[444]

Frühmittelalterliche Burgen und Pfalzen bestanden aus Holz und waren dem natürlichen Verfall ausgeliefert. So wurde Arnulf, bereits schwer erkrankt, im August 896 fast erschlagen, als die morschen Balken eines Teils der Forchheimer Pfalz nachgaben und einstürzten.[445] Im allgemeinen aber war ein König wie Arnulf von den Mühsalen des einfachen Volkes durch ein differenziertes Hof-Personal abgeschirmt. So sorgte ein Kämmerer für die Finanzen, der Truchsess oder *dapifer* für die Verpflegung,[446] der Mundschenk für den Wein und die Getränke, der Marschall für die Pferde und Fuhrwerke, und der Pfalzgraf war für Recht und Gericht am Hof zuständig, sofern nicht der Seneschalk die Aufsicht über das Gesinde wahrnahm.[447] Wenn die Hoforganisation jedoch zusammenbrach, konnte ein Herrscher sehr rasch Hunger wie ein einfacher Bauer leiden, so geschehen dem Kaiser Karl III., den im November 887 alle Hofleute verließen. Er bekam eine Art Gnadenbrot von Liutbert, dem von ihm gekränkten Erzbischof von Mainz, bis Arnulf seine Bitten erfüllte und ihm einige alemannische Fiskalgüter zuwies.

Arnulf stand als Königssohn früh schon in der Öffentlichkeit. so dass man fragt, wie er sich dieser darstellte. Allerdings bestand die Öffentlichkeit nicht aus dem einfachen Volk, sondern wurde durch die Schriftkundigen, die zumeist Geistliche waren, gebildet und der Nachwelt bis heute übermittelt. Notker von St. Gallen setzte alle Hoffnung auf den jungen Arnulf, allerdings gemeinsam mit seinem Vetter Bernhard, dem Sohn Karls III., „damit das Licht des großen Ludwigs (des Deutschen) im Hause des Herrn nicht erlösche."[448] Es war Regino von Prüm, der sich als einziger mit Arnulfs Aussehen beschäftigte und ihm wie seinem Vater Karlmann eine „äußerst elegante Gestalt," zuschrieb. Er entsprach somit dem fränkischen Schönheitsideal, wie es von dem Sohn eines Karolingers und einer „edlen Dame" zu erwarten war. Schon im alten fränkischen Recht war davon die Rede, wie das Ideal alle Fassungen des Lex-Salica-Prologs verkündeten.[449]

---

443 D Arn 42; S. 60f.
444 Conversio (ed. Wolfram) 340–353.
445 Siehe Anm. 369.
446 D Arn 164; S. 250f., Mattighofen, 898 IX 11.
447 Zum Hofstaat Arnulfs siehe Dümmler, Geschichte 3, 486f., der aber nicht mehr als die Namen der Funktionsträger nennen kann.
448 Zu Notker, Continuatio Erchanberti 840–881, S. 330, siehe Löwe, Geschichtsquellen 754 mit Anm. 335.
449 Regino, Chronica a. 880; S. 116 (Beschreibung von Arnulf und Vater Karlmann). Vgl. Regino, Chronica a. 878; S. 114 (Ludwig der Stammler). Siehe Fichtenau, Lebensordnungen 1, 190 und 228.

2. Der Herrscher ist menschlich

Als Erwachsener und Herrscher zeigte Arnulf mitunter starke Emotionen. Er habe im Herbst 887 geweint, als ihm die Partikel vom Heiligen Kreuz gebracht wurde, worauf er Karl III. 882 die Treue geschworen hatte, habe aber dennoch seine Absicht, dem Kaiser die Herrschaft zu nehmen, nicht geändert.[450] Tränen vergossen Arnulfs Krieger 896 vor dem Sturm auf Rom, nachdem er als Heerführer eine anfeuernde Rede gehalten hatte.[451] Weinen gehörte sich eben für den Edlen und nicht bloß, um seine Sünden zu bereuen.[452] Es wird aber auch berichtet, Arnulf habe einen Wutausbruch erlitten, als er 891 von der Niederlage eines fränkischen Heeres gegen Normannen an der Geul erfuhr. Darauf sei der König aber mit neuen Truppen nach Lothringen gezogen, wo er den großen Sieg bei Löwen errang, weil er unkonventionelles Vorgehen mit traditioneller Vorsicht verband.[453] Sein Wüten 894 nach der Einnahme von Bergamo war dagegen wenig königlich, obwohl mit dem Argument verbrämt, so bestraft man eben als Kaiseranwärter rebellierende Majestätsverbrecher.[454] Als Karolinger hatte sich Arnulf im Krieg zu bewähren, als tapferer Kämpfer an vorderster Front wie als umsichtiger, seine Leute schonender und dennoch erfolgreicher, weil taktisch, vielleicht auch strategisch geschulter Feldherr.[455]

Zu den Pflichten des Herrschers zählte, dankbar zu sein und diejenigen zu belohnen, die ihm treue Dienste geleistet hatten. Viele Diplome Arnulfs besonders aus seiner frühen Königszeit zeugen davon, dass er sich dieser Verpflichtung bewusst war und sie zu erfüllen trachtete. Die Adressaten der Wohltaten waren zumeist auch keine einfachen Leute; selbst der Unfreie, dem sein königlicher Herr die Freiheit schenkte, hatte schon etwas erreicht.[456] Arnulf versuchte aber auch, mögliche Gegner durch Gunstbeweise zu gewinnen, wobei er mit dieser Politik nicht immer erfolgreich war.[457] Dank schuldete Arnulf vor allem Gott und den Heiligen, unter denen er den Regensburger Emmeram als Patron seines Lebens und Reiches am meisten verehrte und an dessen Kloster er eine Pfalz erbauen ließ. Emmeram hatte Arnulf wahrscheinlich 893 persönlich an der Spitze einer Heerschar von Heiligen aus größter Gefahr gerettet.[458] Der Regensburger Heilige hatte bereits 869 aktiv in Kämpfe eingegriffen, als Ludwig der Deutsche gegen den Verräter Gundakar, der dabei ums Leben kam, zu Felde zog.[459] Allerdings blieben Zuständigkeit und Wirksamkeit Emmerams auf das ostfränkische Reich und im besonderen auf Bayern beschränkt. In Rom musste sich Arnulf an andere Heilige um Hilfe wenden, an den Apostel Jakob, den

---

450 Siehe AF (Mogunt.) a. 887; S. 106, und Anm. 226.
451 Siehe oben Anm. 13 und Anm. 226.
452 Fichtenau, Lebensordnungen 2, 614 s. v.
453 Siehe AF (Ratisb.) a. 891; S. 119 f., und unten Anm. 497.
454 Siehe AF (Ratisb.) a. 894; S. 124.
455 Siehe die wichtige Beobachtung von Kasten, Chancen 48 f., dass kein „echter" Karolinger den Schlachtentod fand, während fünf „illegitime" Karolinger im Kampf fielen.
456 D Arn 164; S. 250 f.
457 Siehe Anm. 624.
458 Arnold von St. Emmeram I 5; S. 550 f. AF (Ratisb.) a. 893; S. 122, berichtet nur von Schwierigkeiten beim Rückzug aus Mähren, weiß aber nichts vom Eingreifen des und der Heiligen.
459 Zu AF a. 869; S. 67 f., siehe GuR 320.

„Bruder des Herrn," und nicht zuletzt an den Märtyrer Pankratius. Von dessen Kirche San Pancrazio hatte 896 die ebenso unblutige wie rasche Erstürmung Roms ihren Ausgang genommen.[460] Im Sommer desselben Jahres widmete Arnulf von Regensburg aus den beiden Heiligen die von ihm erbaute Kapelle zu Roding.[461] Noch in seinen letzten Lebensmonaten hat sich Arnulf zweimal um den heiligen Pankratius gekümmert, und zwar für und mit der vom Kaiser erbauten Kapelle zu Ranshofen, die letztlich für Ötting bestimmt war.[462]

Zu den königlichen Pflichten zählte auch die Pflege der Memoria der Vorgänger und Vorfahren. Arnulf stiftete zahlreiche Seelgeräte, für Ludwig den Deutschen in Lorsch, wo der Großvater begraben wurde, für den Vater Karlmann, der in Ötting seine letzte Ruhestätte gefunden hatte, und selbstverständlich für St. Emmeram, wo er selbst begraben werden wollte. Eine Dotation an Gandersheim verpflichtete das sächsische Kloster wahrscheinlich 892 nicht bloß zum Gebet für Vater und Großvater, sondern auch für die „bösen" Onkel Ludwig den Jüngeren und Karl III. Für die Ausstellung dieser Schenkungsurkunde intervenierten Arnulfs Gemahlin Oda und die Königstochter Hildegard. Menschliches Handeln geschieht stets aufgrund eines Bündels von Motiven. So war das Seelgerät für Gandersheim wahrscheinlich nicht bloß ein Zeichen der persönlichen Frömmigkeit, sondern hatte auch eine aktuelle politische Bedeutung. Arnulf wollte in Sachsen nachhaltige Präsenz zeigen, indem er die Kontinuität seiner Herrschaft durch die Nennung seiner unmittelbaren Vorgänger betonte. Auch war er Hildegard für ihre Unterstützung im November 887 zu Dank verpflichtet. Die Prinzessin war nicht bloß die Tochter Ludwigs des Jüngeren, sondern auch die Nichte des sächsischen Großgrafen Otto des Erlauchten.[463]

Arnulf dürfte sehr auf seine Gesundheit bedacht gewesen sein. So hat es den Anschein, dass er sich für einige Monate ins Bayerische Ostland, wohl nach Karantanien, mit kleinem Gefolge zurückzog, um dem italischen Hustenfieber, auszuweichen, das seine heimkehrenden Krieger 888/89 ins heutige Süddeutschland und ins Rheinland einschleppten.[464] Als Arnulf im Spätwinter 896 vor Spoleto die ersten Schlaganfälle erlitt, trat er sofort die, wenn auch geordnete Rückreise ins heimatliche Bayern an. Im Winter 896 auf 897 hielt er sich hier mit wenigen Getreuen an unbekannten Orten auf, um seine Krankheit zu kurieren.[465] Der kunstfertige jüdische Arzt, der Erzbischof Liupram (836–859) und einen seiner bayerischen Mitbrüder erfolgreich behandelt hatte, stand sicher nicht mehr zur Verfügung. Und wie weit Arnulfs Leibarzt Amandus dessen ebenso kompetenter Nachfolger war, muss offen bleiben.[466] Die Kopfoperation, der sich Karl III. noch vor Ostern (16. April) 887 unterzog, war allerdings ein wagemu-

---

460 Siehe Anm. 363.
461 D Arn 145; S. 220f., Regensburg, 896 VIII 2.
462 DD Arn 167 und 172; S. 255f. und 261f., Regensburg, 898 X 17 und 899 II 5.
463 Zu D Arn 107a; S. 159, siehe Anm. 599ff.
464 AF (Ratisb.) a. 889; S. 117, und oben Anm. 286 sowie unten Anm. 494.
465 AF (Ratisb.) a. 897; S. 130.
466 GuR 324 mit Anm. 248. D Arn (Leibarzt).

tiger medizinischer Eingriff,[467] hatte aber wegen der Schwere der Krankheit nur wenig Erfolg. Gleich seinem Onkel hat Arnulf der ererbten Krankheit bis zuletzt getrotzt, der er schließlich erlag. Er wurde aber weder von Läusen zerfressen, noch ist er am Tag des Salzburger Heiligen Virgil (27. November) gestorben, sondern fand seinen Tod in Folge von mehreren Schlaganfällen am 8. Dezember 899 in Regensburg, wo er auch bestattet wurde.[468] Arnulf starb als knapp Fünfzigjähriger und übertraf die durchschnittliche Lebenserwartung eines männlichen Karolingers von 40 Jahren um etwa 20 Prozent.[469]

3. Arnulf als Heerführer und letzter Karolingerkaiser

Es zählt zur Eigenart nicht bloß frühmittelalterlicher Texte, dass die Individualität eines Menschen zumeist hinter tradierten Verhaltensmustern zurücktritt, ja verschwindet.[470] Dies gilt auch für den Herrscher, der aber noch am ehesten an seinem Verhalten im Krieg als Persönlichkeit erkennbar wird. Und auch dann ist mit typischen Aussagen zu rechnen, wenn etwa der König nach antikem Vorbild vor der Schlacht eine anfeuernde Rede halten muss.[471] Zugute kommt diesem Kapitel das besondere Interesse, das der Regensburger Annalist an militärischen Ereignissen besaß.[472] Dazu zählte auch die Kaiserkrönung in Rom, die im Februar 896 erst nach dem Sturm auf die Stadt erfolgen konnte und für den Wissenden einmal mehr die politische Theorie bestätigte, wonach als *imperator* ursprünglich und in erster Linie der siegreiche Feldherr akklamiert wurde. Nun kam hinzu, dass der Ausgang eines Kampfes als Gottesurteil galt. Eine Niederlage war die Strafe Gottes, die den Betroffenen zu lebensgefährlicher „Unvorsichtigkeit" verleitet hatte.[473] Dagegen wurde ein Sieg von einem gnädigen Gott verliehen. Um diese Gnade zu erlangen, wurde vor der Schlacht gebeichtet und eine Messe gelesen, wovon der Regensburger Annalist sowohl vor dem Sturm auf Bergamo 894 wie vor dem auf Rom 896 berichtet. In beiden Fällen exponierte sich Arnulf, um die Lage persönlich in Augenschein zu nehmen.[474] Dass dies von einem Feldherrn erwartet wurde, beweist auch das Ende Heinrichs, des obersten Heerführers Ludwigs des Jüngeren, 866 vor Paris. Bei einer berittenen Aufklärung fiel sein Pferd in eine von den Normannen gegrabene Falle, worauf der unglückliche Reiter von ihnen getötet wurde.[475]

---

467 AF (Ratisb.) a. 887.
468 Fuchs, Arnolfs Tod 422–426.
469 Zur durchschnittlichen Lebenserwartung eines männlichen Karolingers siehe Goldberg, Struggle 29.
470 Wolfram, Konrad II. 11–13.
471 Siehe etwa AF (Ratisb.) a. 891; S. 120; vgl. Bachrach, Warfare 154.
472 Annals (Reuter) 10.
473 Siehe etwa das Urteil über die Niederlage des Mainzer Erzbischofs am Flüsschen Geul: siehe AF (Ratisb.) a. 891; S. 119, und Regino, Chronica a. 891; S. 137.
474 AF (Ratisb.) a. 894; S. 123, und a. 896; S. 127f. Siehe Bachrach, Warfare 155 und 183f.
475 Regino, Chronica a. 867 (recte 866); S. 126. Annales Vedastini a. 866; S. 61f.

Nach einem offenkundig gottgegebenen Sieg war Arnulf bereit, gegen Widerständler als Majestätsverbrecher brutale Exempel zu statuieren, wie im Februar 894 nach der Einnahme von Bergamo geschehen.[476] Wenn es ihm gelang, für ein bestimmtes Kriegsziel ein motiviertes und genügend großes Heer aufzubieten, bewies er sich als erfolgreicher Feldherr. Immer wieder wird betont, dass er seine Feinde durch die Schnelligkeit seiner Truppenbewegungen überraschte. Auch schonte er das Leben seiner Krieger,[477] wozu seine Großen ebenfalls bereit waren. So ziehen sich Arnulfs Truppen 893 von ihren Stellungen an der Aisne zurück, als ihre Anführer sehen, dass Odo sein überlegenes Heer entschlossen und kampfbereit aufmarschieren lässt. Allerdings dürften auch persönliche Gründe für den Rückzug der ostfränkischen Truppen verantwortlich gewesen sein.[478] Arnulf scheint von der antiken Militärliteratur zumindest mittelbar und aus Auszügen gewusst zu haben, was besonders die Belagerungstechnik betraf.[479] Der König setzte aber auch die karolingische Taktik fort, den Feind mit drei konzentrisch angreifenden Heeren in die Zange zu nehmen.[480] Er handelte situationsbedingt innovativ, indem er seine berittenen Frankenkrieger absitzen ließ, weil das morastige Terrain vor dem Flusse Dyle keine Reiterattacke erlaube, und war offen für Ratschläge seiner Leute, ja suchte deren Meinung.[481] Selbst in scheinbar aussichtslosen Situationen, wie der Überwindung gesperrter Wege im Gebirge, fand er einen erfolgreichen Ausweg. Der grausamen, auf Burgen gestützten Kriegführung der Mährer, die nicht zuletzt auch aus Hinterhalten heraus angriffen, begegnete Arnulf mit der ebenso grausamen Verwüstung des gegnerischen flachen Landes, wendete diese Taktik aber auch im Westen an. Er ließ *more solito* Burgen errichten,[482] die der Verteidigung der Grenze und dem Schutz der dort lebenden Bevölkerung dienen sollten. Obwohl nichts darüber berichtet wird, ist anzunehmen, dass Arnulf das Kriegshandwerk von und bei seinem Vater vor allem in den Kämpfen mit den Mährern von 870/71 bis 872/74,[483] aber auch 877 in Italien gelernt hat.[484] Weil der Mährerfürst Zwentibald I. nach dem Frieden von 874 eine Zeitlang Ruhe hielt und die Bulgaren friedlich blieben, wurde Arnulf nicht sofort als Heerführer gefordert, als er spätestens 876 die Herrschaft über das Bayerische Ostland antrat. Dafür stellte sich ihm mehrmals die Aufgabe, ein großes Heer über weite Strecken heil in die Heimat zu bringen, was ebenfalls keine geringe logistische Herausforderung bedeutete. So geschehen mit dem bayerischen Kontingent nach Asselt 882 und im Spätherbst

---

476 AF (Ratisb.) a. 894; S. 124.
477 AF (Ratisb.) a. 894; S. 124.
478 Siehe etwa Regino, Chronica a. 893; S. 141.
479 Vgl. Bachrach, Warfare 162 (*testudo*).
480 Siehe AF (Ratisb.) a. 892; S. 121. Vgl. GuR 91 mit Anm. 102.
481 AF (Ratisb.) a. 891; S. 120, und AF (Ratisb.) a. 896; S. 127.
482 Siehe D. Arn 32; S. 47f., oder NÖUB n. 6b: 1, 76–78, und Conversio (ed. Wolfram) 341 Anm. 9.
483 GuR 315–318.
484 AF a. 877; S. 90.

888 nach Ausbruch der Seuchen in Trient oder beim jeweiligen Rückzug aus Italien.[485]

Zu den Waffen griff Arnulf nachweisbar erstmals 879, als er seinen todkranken Vater befreite, den dessen bayerische Gegner in einem Königshof belagerten.[486] Hatte diese Auseinandersetzung den Charakter einer innerbayerischen Fehde, war es im Jahre 882, dass Arnulf zum ersten Mal ein Heer außerhalb Bayerns führte. Karl III. der Dicke, der soeben auch König von Bayern geworden war, bot ein riesiges, aus allen ostfränkischen Völkern und auch aus Langobarden bestehendes Heer gegen die Normannen auf, und Arnulf war der Befehlshaber des bayerischen Kontingents, *eorum* (sc. *Baiowariorum*) *princeps*. Der von Karl angeordnete Rückzug vor Asselt ersparte es Arnulf, sich 882 als Feldherr vor dem Feind zu bewähren.[487] Kaum ins Bayerische Ostland zurückgekehrt, wurde er zwischen 882 und 885 in einen mehrjährigen Mährischen Krieg verwickelt, ohne dass er seine Stellung als Anführer der Bayern nützen konnte. So nahm der Konflikt einen atypischen Verlauf. Entgegen den bisherigen und auch späteren Auseinandersetzungen mit den Mährern wurde Arnulf, der mit seinen Kriegern stets der Angreifer war, diesmal in die Defensive gedrängt. Auch blieben die Kämpfe regional, nämlich auf die ostländischen Besitzungen der Wilhelminer und das pannonische Dreieck beschränkt. Ein Grund für die Schwäche Arnulfs zwischen 882 und 885 lag in seinem bedingungslosen Eintreten für eben diese Adelsgruppe.[488] Dadurch wurde nicht nur der Gevatter Zwentibald aufs äußerste vergrämt, sondern auch der Konflikt mit Arbo, dem Grafen der drei Donaugrafschaften, vertieft, dessen Protektor Kaiser Karl III. war. In dieser Lage verlor Arnulf die Unterstützung führender Großer Bayerns wie des Ostlandes. Im Jahre 884 traf Karl III. an der Kleinen Tulln nicht bloß Zwentibald, sondern auch Brazlavo von Siscia, die beide Karls Vasallen wurden. Brazlavo zählte später zu den engsten Vertrauten Arnulfs. Ein Friede mit Arnulf wurde nicht verhandelt, woran man sieht, wie isoliert er war.[489] Als aber Arnulf 885 wieder die Unterstützung namhafter bayerischer Großer gewonnen hatte,[490] möglicherweise weil er von den Wilhelminern abrückte, vermittelten jene endlich einen Frieden mit Zwentibald.[491] Darauf wendete sich das Blatt. Arnulf, der Herr des Ostlandes, konnte im Herbst 887 mit Hilfe eines großen bayerisch-slawischen Heeres das Königtum erringen.[492] Allerdings kam Arnulfs großes Heer auch diesmal nicht zum Einsatz; es genügte sein Erscheinen auf dem möglichen Kriegsschauplatz. Ein solches nicht unübliches, Menschen wie Ressourcen schonendes Manöver, das allerdings auch ausgiebiges Beutemachen verhin-

---

485 Siehe unten Anm. 487 (a. 882), Anm. 492 (a. 888), Anm. 511f. (a. 894) und Anm. 521f. (a. 896).
486 Annales ex annalibus Iuvavensibus antiquis excerpti a. 878 (recte 879); S. 742.
487 AF (Ratisb.) a. 882; S. 107f.
488 Siehe GuR 255–257 und 269f.
489 AF (Ratisb.) a. 884; S. 110–113.
490 Siehe auch Brunner, Gruppen 156 mit Anm. 57, und Reindel, Herzog Arnulf 230–233.
491 AF (Ratisb.) a. 885; S. 113. GuR 259.
492 Siehe AF a. 877; S. 90, und oben Anm. 210.

derte,⁴⁹³ wiederholte sich bereits im nächsten Jahr 888, als Arnulf mit Berengar von Friaul ins Reine kommen wollte. Wieder genügte die Drohung, und Berengar gab klein bei, obwohl Arnulfs Riesenheer wegen einer Pferdeseuche aufgelöst und über die Alpen heimgeschickt werden musste. Allerdings nicht rechtzeitig, weil die Truppen das italienische Hustenfieber mitbrachten.⁴⁹⁴ Als Arnulf 889 die Taktik vom Vorjahr gegenüber den Abodriten wiederholen wollte, richtete ein erneut großes Aufgebot nichts gegen die asymmetrische Kriegführung der nordostelbischen Slawen aus.⁴⁹⁵ Eine Erfahrung, die noch Kaiser Konrad II. machte und daraus 1031 die Konsequenzen zog, indem er ein kleines Heer aus bestens ausgerüsteten Elitekriegern einsetzte und Erfolg hatte.⁴⁹⁶ Allerdings ließ sich Arnulf 889 nicht unvorbereitet auf das Abodritenabenteuer ein. So befanden sich der Salzburger Erzbischof Theotmar und der karantanische Grenzgraf Ruodpert, zwei Experten für die Slawenmission wie für den Kampf mit den Slawen, in seinem Gefolge.⁴⁹⁷

Im Jahr 891 stellte sich Arnulf der größten militärischen Herausforderung seines Lebens, die er bestand und wofür ihn die Nachwelt in ruhmreichem Gedächtnis behielt. Der König befand sich im Bayerischen Ostland, als ein schlecht geführtes rheinisches Frankenheer an der Geul/Göhl, einem Flüsschen im deutsch-belgisch-niederländischen Grenzgebiet Ende Juni von Normannen in die Flucht geschlagen wurde. Als Arnulf von dieser höchst verlustreichen wie schändlichen Niederlage erfuhr, zeigte er Gefühle des Schmerzes und der Wut, sammelte aus den „östlichen Völkern des Reiches" ein Heer und marschierte nach Überschreiten des Rheins zur Maas. Geblieben waren ihm dort in erster Linie kampfstarke Franken. Ein „nutzloses" alemannisches Aufgebot hatte sich rechtzeitig krankheitshalber verdrückt. Aber auswärtige und spätere Quellen berichten glaubhaft auch von der Teilnahme sächsischer und bayerischer Krieger.⁴⁹⁸ Die Normannen, die aus den besonders tüchtigen Dänen bestanden, hatten sich im November 891 bei Löwen an der Dyle in einem sumpfigen, für Reiterattacken ungünstigen Terrain verschanzt und höhnten die heranrückenden Krieger Arnulfs hinter ihren Verhauen hervor. Arnulf beruft einen Kriegsrat ein und eröffnet den „edlen Herren", dass sie mit ihren Leuten zu Fuß kämpfen müssten, obwohl diese Kampfesweise im Unterschied zu der der Sachsen für Franken ungewöhnlich sei.⁴⁹⁹ Allerdings sprang schon der westfränkische König Ludwig III. (879–882) vom Pferd, um die Flucht seiner Krieger umzudrehen, und errang dadurch 881 in der Normannenschlacht von Saucourt einen glänzenden

---

493 AF (Ratisb.) a. 888; S. 117: Berengar fürchtet, Arnulfs großes Heer könnte plündernd dem Lande schweren Schaden zufügen, wie es etwa (siehe AF a. 875; S. 84 f.) im Westfrankenreich geschehen war. Zur Bedeutung des Beutemachens siehe etwa Störmer, Adel 1, 158 und 187.
494 AF (Ratisb.) a. 888; S. 117. Siehe oben Anm. 286.
495 AF (Ratisb.) a. 889; S. 118.
496 Wolfram, Konrad II. 237 mit Anm. 53 f.
497 Siehe Anm. 851–853.
498 Siehe Scharer, Herrschaft 54, zu Anglosaxon Chronicles 1, 82, und Becher, Zwischen König und „Herzog" 107 mit Anm. 60.
499 AF (Ratisb.) a. 891: S. 119 f.

Sieg, der auch im Ostreich gewürdigt wurde.[500] Zu Arnulfs Vorbereitung des Kampfes mit den Normannen setzt der Regensburger Annalist seinen Bericht über den Kriegsrat fort und lässt Arnulf nach klassischem Muster eine anfeuernde Rede halten. Gleichzeitig vergisst der Historiograph aber nicht zu erwähnen, dass der König die Bitte seiner Krieger erfüllte, in ihrem Rücken eine berittene Reserve zum Schutz vor Überraschungsangriffen bereit zu halten. So gelingt der Sturm, die Franken durchbrechen die Verschanzungen und töten unzählige Feinde, während sie selbst nur einen einzigen Mann verlieren. Zwei Normannenkönige fallen, zahlreiche Feldzeichen werden erbeutet und als Zeugnisse des Sieges nach Bayern gesandt. Für den Regensburger Annalisten gibt es danach keine Normannen mehr. Tatsächlich bezogen überlebende Normannen sehr wohl wieder das Lager bei Löwen. Auch blieben bei den Schiffen genügend von ihnen übrig, die im Februar 892 Lothringen, vor allem aber das Kloster Prüm mit Mord und Brand heimsuchten, wie der davon persönlich betroffene Regino berichtet.[501] Damals war Arnulf bereits wieder im Bayerischen Ostland, nachdem er über Alemannien die Rückkehr angetreten und Weihnachten 891 in Ulm gefeiert hatte. Von einer Bestrafung der „kranken" alemannischen „Heerverschleißer" des Vorjahres wird nichts berichtet.[502] Dafür beteiligten sich Alemannen im Juli 892 auch am Kriegszug gegen Mähren. Dieser wurde zum üblichen Verwüstungsfeldzug und hatte folgende Vorgeschichte.

Anfangs 891 sollten Verhandlungen den Frieden zwischen dem Frankenreich und dem Mährerfürsten erneuern. Als aber Arnulf im Frühjahr 892 Zwentibald I. im Ostland treffen wollte, weigerte sich dieser, der verpflichteten *praesentia principis*, dem Erscheinen vor dem Fürsten, nachzukommen, wozu er zwei Jahre zuvor in *Omuntesperch*, wohl beim heutigen Klosterneuburg, noch bereit gewesen war. Im Jahre 890 hatte Zwentibald allerdings Arnulf eine päpstliche Botschaft zu überbringen und erhielt von seinem *compater* das böhmische *regnum*.[503] Grenzgrafen und vom Reich abhängige Fürsten, als welcher Zwentibald sich mehrfach bekannte, waren verpflichtet, in mehr oder weniger regelmäßigen Abständen persönlich vor dem Herrscher zu erscheinen. Ein Verstoß gegen diese Forderung galt als Felonie, als Treubruch.[504] Fürst Brazlavo von Siscia folgte hingegen 892 der Aufforderung König Arnulfs, zu den Hengistfeldern beim heute steirischen Wildon zu kommen, um einen Feldzug gegen die Mährer zu beraten. Wie es eine karolingische Taktik war, sollten drei Heersäulen, die von je Alemannen, Franken und Bayern gebildet wurden, zu einer bestimmten Zeit und an bestimmten Orten in Mähren einfallen. Auch wurden erstmals ungarische Reiter aufgeboten und bildeten eine militärische Neuerwerbung, die wahrscheinlich Brazlavo vermittelt hatte. Diese große Streit-

---

500 Annales Vedastini a. 881; S. 50, AF (Ratisb.) a. 881: S. 96, und Regino, Chronica a. 883: S. 120. Siehe unten Anm. 635.
501 Regino, Chronica a. 892: S. 138.
502 Zum Ausdruck „*harisliz* = Heerverschleißung" siehe WS 339 nach ArF a. 788; S. 80 und 82.
503 Regino, Chronica a. 890: S. 134. AF (Ratisb.) a. 890; S. 118, und a. 892; S. 121. Schuster, Etymologie 3, 74 (*Omuntesperch*).
504 WS 173 mit Anm. 417.

macht fiel den ganzen Monat Juli 892 über Mähren her. Trotzdem konnten damals Arnulfs Gesandte zu den Bulgaren nicht durch das pannonische Fürstentum reisen, weil Zwentibald den Weg verunsicherte.[505] Anscheinend ohne ungarische Hilfsvölker wiederholte Arnulf seinen Angriff auf Mähren im Jahr 893, geriet aber auf dem Rückzug in einen Hinterhalt, aus dem er sich und sein Heer nur mit Mühe retten konnte.[506]

Im Herbst 893 erreichte Arnulf ein neuerlicher päpstlicher Hilferuf, worauf der König seinen Sohn Zwentibold mit alemannischen Truppen gegen Wido nach Italien sandte. Das Heer aus dem Norden vereinigte sich mit den Streitkräften Berengars und belagerte Wido in Pavia. Nach einer dreiwöchigen *drôle de guerre*, wovon weder Regino noch der Regensburger berichten, trat Zwentibold angeblich nach Erhalt einer beträchtlichen Summe Geldes den Rückmarsch in die Heimat an.[507] Hier im Königshof Aibling feierte Arnulf, der gerade Vater eines legitimen Sohnes geworden war, Weihnachten 893. Danach brach der König im Jänner 894 zu einem Winterfeldzug nach Italien auf. Das Heer bestand wie das Zwentibolds im Vorjahr aus Alemannen, die mit Aussicht auf Beutemachen seit 891 deutlich „gesünder" geworden waren. Bis Verona gab es keine Probleme. Aber auf dem Weg nach Mailand stieß Arnulf in Bergamo auf erbitterten Widerstand, den ein Graf Widos namens Ambrosius anführte. So wurde die Stadt eingeschlossen und in entsprechender Entfernung ein bewachtes königliches Lager aufgebaut. Von einem Feldherrnhügel aus, auf dem Arnulf sein Feldzeichen errichtet hatte, leitete er die Kämpfe und setzte seine Leibwache an entscheidender Stelle ein. Er ließ seine Truppen ein Schilddach bilden, so dass unter dem Schutz dieser *testudo*, wie das Gerät in der Antike hieß, die Mauern erreicht und schließlich durch Grabungen zum Einsturz gebracht werden konnten. Die Stadt wurde anscheinend noch vor dem 1. Februar 894 eingenommen und geplündert,[508] so dass die Alemannen auf ihre Rechnung kamen, aber auch der König einen großen Schatz erhielt. Graf Ambrosius wurde „nach Urteil des Heeres" in voller Rüstung gehenkt, seine Frau und seine Kinder, aber auch der Bischof der Stadt verhaftet. Einem Veroneser Priester Gottfried, der ein Vorwerk der Stadt kommandierte, widerfuhr das gleiche Schicksal; er wurde ebenfalls vom Heer zum Tode verurteilt.[509] Der von Arnulf verübte Terror zeigte Wirkung: Mailand und Pavia unterwarfen sich, zahlreiche italische Große kamen und huldigten ihm.[510] Der König bewies vor Bergamo zwar keinen Großmut, aber zeigte, dass er eine Ahnung von der Poliorketik besaß oder maßgebliche Leute um sich hatte, die die antike Belagerungstechnik in ihren Grundzügen beherrschten. Damit war jedoch das Kriegsziel, die vollständige Erringung der Herrschaft über das italische Reich, nicht erreicht. Das Heer rückte zwar noch bis

---

505 AF (Ratisb.) a. 892; S. 121.
506 AF (Ratisb.) a. 893; S. 122.
507 Siehe BM² 1892 a-b.
508 D Arn 121; S. 177f., Bergamo 894 II 1. Siehe Bachrach, Warfare 183f.
509 AF (Ratisb.) a. 894; S. 123f. D Arn 131; S. 195–197, Regensburg 895 I 1: Bischof von Bergamo bekommt die Güter der Getöteten.
510 AF (Ratsb.) a. 894; S. 123f. Regino, Chronica a. 894; S. 142.

Piacenza vor, wo Arnulf am 11. März 894 eine Urkunde ausstellte, die nach dem ersten Jahr seiner italischen Herrschaft datierte.[511] Diesen Anspruch gab der König erst wieder auf, nachdem er Italien verlassen hatte. Bis dahin waren jedoch große Schwierigkeiten zu überwinden, zumal das Heer schon so „ermattet" war, dass Arnulf den Rückzug anbefehlen musste. Zu Ostern, am 31. März 894, war er mit seinen Truppen in der Nähe des feindlichen Ivrea am südlichen Eingang ins Aostatals angekommen.[512] Diese Burg sowie eine aus Steinen errichtete Befestigung am Eingang der Klausen verteidigte Anser, ebenfalls ein Graf Widos, mit Kriegern des Burgunderkönigs Rudolf. Arnulf erkannte, dass die Eroberung der Sperren nur unter großen Verlusten gelingen könnte, und ließ sich entsprechend Zeit, um eine Lösung des Problems zu finden. Am 17. April stand er mit seinem Heer noch bei Ivrea.[513] Bald darauf waren genügend einheimische Wegekundige angeheuert, mit deren Hilfe die schwierige Umgehung der Klausen gelang. Pferde mussten an Seilen über steile Wände gehievt werden. Doch am dritten Tag war das große Heer sicher in Aosta angelangt. Von dort ging es über den Großen St. Bernhard nach St. Maurice/Martigny. Hier trennte sich Arnulf vom Heer und schickte, weil er Rudolf nicht stellen konnte, die Alemannen unter Führung seines Sohnes Zwentibold zu einem Verwüstungsfeldzug in die heutige Welschschweiz. Er selbst traf in Kirchen am Oberrhein seine Königin Oda.[514]

Im Jahre 894 starben Arnulfs italischer Widersacher Kaiser Wido und unversöhnlich sein mährischer Gevatter Zwentibald I.[515] Beide Todesfälle bedeuteten für Arnulf keine wirkliche Entlastung, weil in Italien Kaiser Widos Witwe Ageltrude mit ihrem Sohn Kaiser Lambert unmittelbar die Politik des Toten fortsetzen konnte. Auch gab Widos Gegenspieler Berengar den Anspruch auf das Königreich Italien nicht auf. Überdies war absehbar, dass ein mährischer Bruderkrieg mit interregnalen Verwicklungen drohte. Im Herbst 895 trat Arnulf seinen zweiten Italienzug an, um womöglich die Kaiserkrone zu erringen, jedenfalls um die Herrschaft über das italische Reich zu sichern. Beides spiegeln die Datumzeilen seiner Diplome.[516] Zu Weihnachten sind Arnulf und sein Heer in einem kleinen Ort bei Carrara. Der Marsch von dort nach Rom betrug etwas mehr als 400 Kilometer und gestaltete sich wegen des Schlechtwetters, mangelnder Ortskenntnis und einer Pferdeseuche äußerst mühsam. Der Verlust der meisten Pferde zwang zur Verwendung von Ochsen als Transportmittel. Auch brach Berengar, der Arnulf bis Tuszien begleitet hatte, dem König die Treue, bevor dieser noch Rom erreicht hatte. So wurde die Ewige Stadt unter höchst widrigen Umständen erreicht und musste überdies noch gegen Ageltrude und ihren Anhang eingenommen werden. Ihr Sohn Kaiser Lambert hatte sie zur

---

511 D Arn 123; S. 180–182, Piacenza 894 III 11.
512 AF (Ratisb.) a. 894; S. 124.
513 DD Arn 124 f.; S. 183–186, Ivrea 894 IV 16 und 17.
514 AF (Ratisb.) a. 894; S. 124.
515 AF (Ratisb.) a. 894; S. 125.
516 Die Datumzeile von D Arn 140; S. 213, Rom 896 II 27, unterscheidet Arnulfs fränkische (VIIII) von seinen italischen Königsjahren (III). Ab D Arn 141; S. 214 f., Rom, 896 III 1, erfolgt fast ausschließlich die Datierung nach seinen Kaiserjahren.

Verteidigung der „festesten und edelsten Stadt" zurückgelassen. So fand Arnulfs Heer die Stadttore verschlossen. Der König ließ ein Lager errichten und berief bei der Kirche S. Pancrazio außerhalb der Porta S. Pancrazio rechts des Tibers eine Heeresversammlung ein. Zunächst wurde eine Messe gefeiert, und danach fragte der König das Heer, was zu tun sei. Die Versammlung bekundete dem König „unter Tränen" die Treue, die Priester nahmen den Kriegern die Beichte ab, und nach einem Tag Fasten sollte die Stadt gestürmt werden. Während das Heer noch unter Waffen stand und Arnulf persönlich die Lage an der Front erkundete, wurde aus einer regellosen Auseinandersetzung zwischen Belagerern und Belagerten gegen Abend die erfolgreiche Einnahme Roms, ohne dass Arnulfs Truppen einen einzigen Mann verloren hätten. Ageltrude hatte mit den meisten ihrer Leute rechtzeitig die Flucht ergriffen und sich zu ihrem Sohn nach Spoleto abgesetzt.[517] Wohl erst am nächsten Tag nach der Eroberung erfolgte der triumphale Einzug des Siegers.

Die Feierlichkeiten lassen noch ein wenig das Zeremoniell der karolingischen Hochzeit erahnen. Hatten der Papst und die Römer im November 800 Karl den Großen zwölf Meilen vor der Stadt mit Laudes eingeholt,[518] hatten im Februar 896 der „gesamte" Senat, soweit er nicht in Opposition verharrte, und die Schola Graecorum (sollten diese Griechen die Byzantiner vertreten?) schon beim Ponte Molle Aufstellung genommen. Hier begannen sie mit ihren Lobgesängen und Fahnenschwingen und geleiteten Arnulf in die Stadt, wo ihn der Papst „väterlich vor dem Paradies" empfing, das heißt „auf den Stufen des heiligen Petrus," wie dies auch für Karl den Großen überliefert wird.[519] Danach leitet der Papst den König in die Basilica der Apostelfürsten, wo er ihn nach Sitte der Vorfahren zum Kaiser krönte und als *Caesar et Augustus* akklamierte. Im Gegenzug verlangte Arnulf von den Römern einen vor allem gegen die Spoletiner gerichteten Treueid, den der Regensburger in extenso wieder gibt. Nach seiner Kaiserkrönung konnte Arnulf zwei von Ageltrudes Helfern, die Anführer des Senats Constantius und Stephan, verhaften lassen, verurteilte sie als Majestätsverbrecher, auch dieser Prozess erinnert an das Vorgehen Karls des Großen nach seiner Krönung,[520] und ließ sie in die Verbannung nach Bayern mitnehmen, was wohl eine lebensbedrohende Strafe war.

Kein Text, auch nicht der Regensburger Annalist erwähnt das Tagesdatum der Krönung, so dass es nur ungefähr erschlossen werden kann. Berichtet wird, dass Arnulf am 15. Tag nach seiner Ankunft Rom wieder verließ. Da er hier noch am 1. März 896 nachgewiesen wird, 896 ein Schaltjahr war und der 15. Tag vielleicht für zwei Wochen (quinze jours) steht, dürfte die Krönung ein, zwei Tage nach dem 15. Februar 896 geschehen sein.[521] Das Tagesdatum 22. Februar, das sich häufig in der Literatur findet, ist jedenfalls auszuschließen. Bei seinem

---

517 AF (Ratisb.) aa. 895 f.; S. 126–128.
518 ArF a. 800; S. 110.
519 AF (Ratisb.) a. 896; S. 128.
520 ArF a. 801; S. 113.
521 Die beiden ersten Kaiserurkunden sind D Arn 140; S. 213, Rom, 896 II 27, sowie D Arn 141; S. 214 f., Rom, 896 III 1. Zur Dauer des Aufenthalts siehe AF (Ratisb.) a. 896; S. 128 f.

Aufbruch ließ Arnulf in der Stadt einen getreuen Bevollmächtigten zurück. Dann zog Arnulf mit seinem Heer gegen Spoleto, musste aber das Unternehmen wegen eines Schlaganfalls abbrechen und den Rückzug über Trient antreten. Es ist zwar nicht richtig, dass der Rückzug in Panik ausartete, weil der Kaiser in Piacenza noch am 25. und 27. April 896 wichtige, urkundlich abgesicherte Entscheidungen traf. Es ist auch nicht richtig, dass Ageltrude ihn vergiften ließ, aber dass die Italiener nach Ausbruch der Krankheit nichts mehr von Arnulf hielten, beweist der totale Verlust seiner Stellung im Lande. Der nach Mailand abkommandierte kleine Ratold konnte nichts mehr retten; er verließ sehr rasch über Como das ihm zugedachte Königreich Italien.[522]

Auch das Kaisertum hatte Arnulf außer dem Titel nicht viel gebracht. Sein kaiserliches Tun und Handeln verrät allerdings die Annahme der karolingischen Tradition. Wahrscheinlich lässt sich dem Thema eine ebenso quellenlose wie mysteriöse Nachricht Hermanns von Reichenau zuordnen. Der Chronist beendet das Jahr 897 mit dem Satz: *Arnolfus imperator habito conventu nulli fidens sacramentum fidelitatis denuo sibi et filio parvulo Ludowico a cunctis exigit.* In einem mündlich-brieflichen Gedankenaustausch mit Stefan Esders und Helmut Reimitz Ende Mai 2022, wofür ich sehr zu danken habe, wurde die Möglichkeit bedacht, dass Arnulf die Wiederholung der Eidesleistung von allen Reichsangehörigen forderte, nachdem er in sein Reich als Inhaber einer anderen politisch-militärischen Qualität, nämlich als Kaiser und Imperator heimgekehrt war. Ebenso hatte Karl der Große 802 nach seiner Kaiserkrönung eine neuerliche Leistung des Eides von 789 verlangt.[523] Allerdings meinte Hermann von Reichenau, Arnulf habe den Eid aus Misstrauen gegenüber jedermann, das heißt, auch von seiner Umgebung gefordert, wofür aber die zeitnähere Überlieferung keinerlei Anhaltspunkte liefert. Auch beruft man keinen Reichstag ein, um den dort versammelten Großen sein Misstrauen auszudrücken. Eine Möglichkeit wäre die Annahme, der Chronist des 11. Jahrhunderts habe sich auf diese Weise die Wiederholung der Eidesleistung „aus eigenem" erklärt, wie dies der Editor auch an anderen Stellen mit der Anmerkung 18 feststellt. Was die Eidesleistung für den kleinen Königssohn Ludwig betrifft, wurde ein Ritual vollzogen, dessen Ursprünge in eine Zeit zurückreichen, da er noch nicht geboren war. Auf dem Tag zu Forchheim 889 forderte Arnulf, die versammelten Großen sollten die Nachfolge seiner unehelichen Söhne eidlich anerkennen. Nach längeren Verhandlungen erfolgte die Zustimmung unter der Bedingung, dass dem König kein legitimer Nachkomme mehr geboren werde.[524]

In den drei Jahren von 896 bis zu seinem Tod 899 hatte Arnulf weitere Unglücksfälle und Schlaganfälle zu erleiden, doch gab es dazwischen auch Zeiten leichter Erholung.[525] Nicht so jedoch gegen Ende 899. Stand am Beginn von Arnulfs militärischen Aktivitäten eine innerbayerische Fehde, so endeten sie

---

522 AF (Ratisb.) a. 896; S. 129.
523 Siehe Behrmann, Instrument 337 mit Anm. 1523–1525, nach Becher, Eid 88–194, zu Capitulare missorum generale von 802. Capitularia regum Francorum n. 33, c. 2; S. 92.
524 AF (Ratisb.) a. 889; S. 118.
525 Reuter, Uota-Prozeß 264 f.

auch als solche, obwohl diese auch eine Reichssache war. Markgraf Arbo und sein Sohn Isanrih hatten im mährischen Bruderkrieg von 898 den älteren Bruder Moimir II. unterstützt und dadurch gegen die kaiserliche Politik verstoßen. Überdies hatte sich Isanrih 899 in den römischen Ruinen von Mautern am rechten Donauufer gegenüber der heutigen Stadt Krems verschanzt, den Ort und die Umgebung dem Reich entrissen und illegal zu beherrschen gewagt. Ein Flottenunternehmen gegen das einstige Favianis und nunmehrige Mautern hatte keinen nachhaltigen Erfolg. Der Widerstand wurde zwar zunächst gebrochen, Isanrih musste kapitulieren und geriet in Gefangenschaft. Er konnte aber auf dem Weg nach Regensburg entkommen und zu Moimir II. fliehen, mit dessen Unterstützung er sich wieder bis 901 zum Herrn des dem Reich entfremdenden Gebietes machte. Der 899 neuerlich schwer erkrankte Kaiser Arnulf saß selbst in einem der Boote, die auf der Donau gegen Mautern fuhren. Es war sein letzter Kriegszug, seine letzte Tat als Imperator, dem die militärische Erhaltung und Integrität des Reichs anvertraut war.[526]

4. Arnulf und die Frauen

Zeit seines Lebens unterhielt Arnulf unterschiedliche Beziehungen zu einer Mehrzahl von Frauen. Die erste war Liutswind, die ihn gebar, die vorletzte war Uota/Oda, die in seinem letzten Lebensjahr die Ehe gebrochen haben soll, und die allerletzte war Rudpurc, die ihn angeblich vergiftete und den Verdacht mit dem Leben bezahlte. Außer den mindestens drei Kindern von seiner rechtmäßigen Gemahlin Uota/Oda hatte er Kinder von wenigstens drei verschiedenen Frauen, blitzte jedoch bei einer vierten ab, die sich trotz ihrer nichtehelichen Herkunft zu gut war, seine Konkubine zu werden. Es gab aber ebenso politisch tätige Frauen, die seinen Aufstieg zum König unterstützten, und solche, die ihm militärischen Widerstand leisteten. Während seine Helferinnen und Gegnerinnen namentlich genannt werden, erfährt man die Namen der Mütter seiner Kinder, wenn überhaupt, zumeist bloß beiläufig aus Urkunden, die dritte, und zwar geistliche Institutionen begünstigten. Dies gilt schon für Liutswind. Gäbe es nicht zwei entsprechende Schenkungsurkunden an Bischofskirchen, wüsste man nicht einmal den Namen von Arnulfs Mutter, die wie auch die meisten anderen Frauen bester adeliger Herkunft war. Selbst der Name seiner rechtmäßigen Gemahlin Uota/Oda kommt eher in Urkunden als in der Historiographie vor. Soweit vorhanden, zeigen urkundliche Texte, dass die Frauen begütert waren, sei es, dass sie Erbgüter besaßen oder königliche Schenkungen erhielten. Nach der Eheschließung mit Uota/Oda gelten Arnulfs Frauen aus früheren Beziehungen in der Historiographie als Konkubinen, während seine Urkunden den Ausdruck, den seine Nachfolger anstandslos gebrauchen, noch vermeiden.

---

526 Siehe GuR 270 f. und WS 119 zu AF (Ratisb.) a. 899; S. 133. Versöhnung Moimirs II. und Isanrihs mit Ludwig dem Kind siehe AF (Ratisb.) a. 901; S. 135.

4.1. Liutswind, die Mutter

Die Verbindung seiner Eltern soll keine gültige Muntehe gewesen sein; demnach wäre Arnulf von unehelicher Geburt gewesen. Vor 861 habe sich Karlmann von Liutswind getrennt und eine Tochter des Großgrafen Ernst, eines Gegners Ludwigs des Deutschen, geheiratet. Die Ehe blieb kinderlos, doch auf dem Totenbett soll Karlmann seine rechtmäßige Frau seinem Bruder Ludwig dem Jüngeren anvertraut haben.[527] Selbst bei dieser dramatischen Gelegenheit bleibt die Dame ungenannt, so dass sie die einzige Königin des 9. Jahrhunderts gewesen wäre, deren Name nicht bekannt ist. Dass Silvia Konecny zu diesem Thema schon 1976 in ihrer Wiener Dissertation eine wichtige Überlegung zur Diskussion gestellt hatte, wurde zunächst abgetan und danach lange Zeit übersehen, bis Matthias Becher zuerst 2002 und dann ausführlicher 2008 näher darauf einging. Danach wäre die ungenannte Tochter des Grafen Ernst niemand anderer als Liutswind selbst gewesen. Karlmann habe sie gegen den Willen seines Vaters geheiratet, weshalb Ludwig der Deutsche die Ehe nicht dotierte, so dass sie keine Muntehe oder Vollehe wurde. Konecny verweist auf Ludwig den Stammler, dessen erste Ehe vom Vater Karl dem Kahlen ebenfalls nicht anerkannt wurde,[528] und nennt auch die Verbindung Karlmanns mit Liutswind die erste Ehe dieses Karolingers.[529] Allerdings war die bekannteste und folgenschwerste erste Ehe die des lothringischen Königs Lothar II. (855–869) mit Waltrada.[530] Kann man noch sagen, dass Arnulf unehelich geboren wurde? Nach den Maßstäben, die die Kirche mit der Verrechtlichung der Ehe zu setzen begann und in Lothringen rigoros anwandte, wurde dies gewiss. Nach den weltlichen Kriterien der Zeit war eine uneheliche Geburt dagegen von geringer oder gar keiner Bedeutung.[531]

Liutswind, Arnulfs Mutter, könnte dem mächtigen bayerischen Adelsgeschlecht der Luitpoldinger angehört haben.[532] Michael Mitterauer und Karl Brunner haben jedoch auch die Möglichkeit bedacht, sie sei eine Angehörige der zur Zeit von Arnulfs Geburt nicht minder mächtigen Sighardinger/Ebersberger gewesen.[533] Für die Zuordnung Liutswinds beruft man sich entweder auf den

---

527 AF a. 879; S. 93.
528 Regino, Chronica a. 878; S. 114.
529 Zu Konecny, Frauen 138f., siehe Becher, Zwischen König und „Herzog" sowie Becher, Arnulf von Kärnten 672 und 676 mit Anm. 49.
530 Brunner, Gruppen 138.
531 Siehe umfassend Kasten, Chancen 17–52, bes. 22–32, und pointiert Brühl, Deutschland–Frankreich 372f.
532 Notker, Continuatio S. 330: *nobilissima femina*. Der Autor bescheinigt aber auch der *concubina*, von der Ludwig der Jüngere den Sohn Hugo hatte, hervorragende Herkunft. Daher ist wichtig Regino, Chronica a. 880; S. 116, der Arnulfs Mutter eine *nobilis femina* nennt. An beiden Stellen fehlt die Erwähnung ihres Namens, der bloß in den, allerdings Originalen D Arn 87; S. 128–130, und D Arn 136; S. 203–205, genannt wird.
533 Dopsch, Arnolf und der Südosten 150 mit Anm. 119, ordnet Liutswind der „Sippe der Luitpoldinger" zu. Mitterauer, Markgrafen 242, und Brunner, Gruppen 142 mit Anm. 131, bringen

Grafen Luitpold, dessen zweigliedriger Name im jeweils ersten Wort mit Liutswinds Namen übereinstimmt, oder auf den Grafen Sigihart, auf die Spitzenahnen der Luitpoldinger oder der Sighardinger.[534] In Urkunden nennt Arnulf den Grafen Luitpold sowohl seinen *nepos* wie *consanguineus*, seinen Verwandten und Blutsverwandten, und Sigihart seinen *propinquus*, seinen Verwandten.[535] Im 11. Jahrhundert bezeichnet das Chronicon Ebersbergense den Grafen Sigihart aber auch als Arnulfs *consanguineus*.[536] Beide Geschlechter waren besitzmächtig im selben Gebiet, in dem auch Liutswind durch königliche Schenkungen begütert war.[537]

Karlmann und Liutswind lebten jedenfalls zum Zeitpunkt von Arnulfs Geburt in keiner Muntehe, in keiner legitimen und dauerhaften Ehegemeinschaft. Daher mochte Arnulfs Geburt den Zeitgenossen je nach ihrer Parteinahme als unehelich – Erzbischof Hinkmar von Reims nennt Arnulfs Mutter eine *concubina* – oder als außerehelich gelten, sofern sie überhaupt darauf eingingen. Illegitimität sei eben nur ein politisch motiviertes Argument gegen einen unliebsamen Kronkandidaten gewesen, wie Carlrichard Brühl bemerkt.[538] Wichtiger war, dass Arnulf der einzige männliche Nachkomme eines echten karolingischen Vaters blieb, der ihn, den *filius regalis*,[539] sicher als seinen Nachfolger betrachtete.[540] Und so sahen es etwa auch die Angelsachsen.[541] Karlmann trennte sich angeblich von Liutswind zu einem unbekannten Zeitpunkt, um im Frühjahr 861 mit der Tochter des damals führenden bayerischen Grafen Ernst eine vollgültige Ehe einzugehen, die jedoch wegen Unfruchtbarkeit der Frau kinderlos blieb.[542] Karlmann hatte jedenfalls eine legitime *uxor*, die er ohne Namensnennung auf dem Totenbett seinem Bruder Ludwig zu treuen Händen empfahl.[543] Soweit die übliche Erzählung.

Dagegen fragte Silvia Konecny in ihrer Wiener Dissertation von 1976, ob nicht die Tochter des Grafen Ernst eben diese Liutswind war, die Karlmann vor dem Frühjahr 861 vollgültig geheiratet hätte. Ein Menschenalter nach dem Erscheinen der Arbeit Konecnys hat Matthias Becher die darin vorgetragenen Thesen erneut zur Diskussion gestellt und sie eher positiv beurteilt.[544] Damit

---

dagegen die Sighardinger/Ebersberger ins Spiel und nehmen an, dass die Verwandtschaft mit den Welfen die Verbindung erklärt. Vgl. Becher, Arnulf von Kärnten 671 f. mit Anm. 28.
534 Brunner, Gruppen 156–167. Becher, Arnulf von Kärnten 671 f.
535 D Arn 138; S. 208 f., und D Arn 162; S. 245 f. (Luitpold). D Arn 144; S. 219 f., und D. 159; S. 241 f. (Sigihart). Bereits D Arn 5; S. 12 f., von 888 I 1, begünstigt einen Sigihart, ohne ihn einen Verwandten zu nennen.
536 Chronicon Ebersheimense S. 10.
537 Siehe Mitterauer, Markgrafen 228–230.
538 AB a. 879; S. 149: *filium de concubina Arnulfum*. Kasten, Chancen 40 f. Schieffer, Kaiser Arnolf 6 f. Dopsch, Arnolf und der Südosten 150. Brühl, Deutschland – Frankreich 372 f.
539 TR 86; S. 78 f.
540 Becher, Arnulf von Kärnten 673 mit Anm. 34.
541 Scharer, Herrschaft 54, und Bedeutung Anm. 40.
542 Notker, Continuatio S. 330, und Regino, Chronica a. 880; S. 116. Siehe Konecny, Frauen 139 f.
543 AF a. 879; S. 93.
544 Becher, Arnulf von Kärnten 672 mit Anm. 30, zu Konecny, Frauen 139 f.

wäre eine Reihe von Schwierigkeiten gelöst, aber auch ein Rattenschwanz neuer Fragen, wie etwa die der Unfruchtbarkeit der Mutter Arnulfs, aufgeworfen, aber auch der Zeitpunkt der Taufe Zwentibolds und dessen Namensgebung durch den Mährerfürsten.[545] Möglich wäre, dass Ludwig der Deutsche die Zustimmung für die Verbindung seines Sohnes Karlmann mit der Tochter des mächtigen Grafen Ernst nicht dotierte und daher verweigerte und Karlmann mit Liutswind erst eine vollgültige Ehe schloss, als er 861 offen gegen den Vater rebellierte. Darauf ging Ludwig der Deutsche gegen den Schwiegervater vor. Graf Ernst war der führende bayerische Oppositionelle seiner Zeit. Ihn und seinen nicht gerade kleinen Anhang stürzte der König auf dem Regensburger Frühjahrsreichstag 861, obwohl oder gerade weil jener, wie Hinkmar bemerkte, der Schwiegervater, *socer*, seines aufmüpfigen Sohnes war.[546] Folgt man Silvia Konecny, wäre Liutswind dem Geschlecht der Ernste zuzuordnen.[547] Eine Entscheidung fällt schwer; sicher geht, wer Rudolf Schieffer beipflichtet, der von einem „nicht genau bestimmbaren adligen Hintergrund (von Liutswind)" spricht.[548]

Dass die vollgültige Ehe von Karlmann und der Tochter des Grafen Ernst nach 861 kinderlos blieb, würde auch für Liutswind passen. Von ihr ist es weder bekannt noch wahrscheinlich, dass sie außer und nach Arnulf noch Kinder bekam. Sie überlebte den Tod Karlmanns um ein halbes Menschenalter und dürfte vor dem 9. März 891 gestorben sein.[549] Ihre urkundlich, wohl nicht vollständig verbriefte Ausstattung war beachtlich.[550] Sie besaß den königlichen Hof Erding an der Sempt, womit sie ihr Sohn *in beneficium*, als Prekarie, ausgestattet hatte.[551] Ebenso bezeichnete Arnulf die Abtei Moosburg als *res proprietatis nostrae*, als königliches Eigengut, das Liutswind auf Lebzeiten verliehen worden war.[552] Das heißt nicht unbedingt, dass erst Arnulf seine Mutter damit versorgte. Die Besitzübertragung aus Königsgut könnte bereits Karlmann vorgenommen haben. Fragt sich nur wann? Karlmann agierte seit 856 im Bayerischen Ostland wie ein König und gewann 861 die Herrschaft über Bayern östlich des Inns.[553] Aber die Abtei Moosburg und der gut 20 Kilometer davon entfernte Hof Erding an der Sempt lagen westlich des Inns und damit jenseits von Karlmanns vorköniglichem Machtbereich. Daher bleiben für die Besitzübertragung an Liutswind bloß die Jahre 876 bis 880, da Karlmann König über ganz Bayern war. Arnulf hätte dann die Entscheidung seines Vaters nach 887 nur wiederholt oder nachgetragen. Dazu eine mögliche Parallele: Am 2. Juli 892 bestätigte Arnulf St.

---

545 Conversio (ed. Wolfram) 291–296.
546 AF a. 861; S. 55. AB a. 861; S. 55.
547 Zu den Ernsten siehe Mitterauer, Markgrafen 132–137.
548 Schieffer, Kaiser Arnolf 6.
549 D Arn 87; S. 128–130, und D Arn 136; S. 203–205.
550 Vgl. Kasten, Chancen 40.
551 Vgl. Kasten, Lehnswesen 337 f.
552 Zum auf Lebenszeit beschränkten Eigentum siehe WS 141.
553 AB a. 861 und a. 862; S. 55 und 58. Vgl. dagegen AF a. 861 und a. 862; S. 55, wo davon nichts berichtet wird.

Gallen wertvolle Rechte, die Ludwig der Deutsche, Ludwig der Jüngere und Karl III. dem Kloster verliehen hatten, und entschuldigte das Fehlen eines entsprechenden Diploms Karlmanns, weil sein Vater ständig auf Kriegszügen unterwegs gewesen sei.[554] Alles reichlich hypothetisch, so dass man sich lieber auf die Aussage der beiden Urkunden beschränken möchte, wonach Arnulf als König seine Mutter mit dem Hof Erding an der Sempt und der eine Tagesreise davon entfernten Abtei Moosburg an der Isar versorgte.

4.2. Winpurc, die Mutter (König?) Zwentibolds

Gegen Ende seines Lebens bestätigte Arnulf 898 einen Prekarievertrag, den eine *femina nobilis UUinpurc* mit Bischof Tuto von Regensburg abgeschlossen hatte. Dabei ging es auch um den Hof Nördlingen, den sie einst von ihrem Sohn Zwentibold und durch eine königliche Schenkung Arnulfs erhalten hatte.[555] Eduard Hlawitschka hat es gegen die ältere Forschung wahrscheinlich gemacht, dass der titellose Sohn Winpurcs kein anderer als der seit 895 nachgewiesene König von Lotharingien war.[556] Demnach wäre Winpurc die erste Frau gewesen, mit der Arnulf als ungefähr Zwanzigjähriger ein Kind hatte, und zwar den um 870 geborenen Zwentibold.[557] Dass die Urkunde dessen Königstitel unterdrückt, entspricht der Zurückhaltung der Arnolf-Diplome hinsichtlich der persönlichen Angelegenheiten des Ausstellers. Anscheinend um der Rechtssicherheit willen gibt Arnulf zu, die Nördlingen-Schenkung mit vollzogen zu haben. Einspruch gegen diese Darstellung könnte erhoben werden, weil das übernächste Arnolf-Diplom ebenfalls einen Zwentibold erwähnt. Aber die Güter dieses edlen Vasallen des königlichen Verwandten Luitpold lagen meilenweit von Nördlingen entfernt im Bayerischen Ostland, in Karantanien und im Traungau, so dass es sich um zwei verschiedene Zwentibolde handeln muss.[558] Fragt sich freilich, wie ein bayerischer Adeliger zum Namen des Mährerfürsten kam.[559]

4.3. Ellinrat, die Mutter Ellinrats?

Zum Jahre 893 berichtet der Regensburger Annalist, der Wilhelminer Engilschalk II. habe die uneheliche Tochter König Arnulfs entführt und sie geehelicht. Darauf sei er nach Mähren ins Exil gegangen in der erfüllten Hoffnung, über die Sache Gras wachsen zu lassen.[560] Im Jahre 914 bestätigte König Konrad I. einen Tauschvertrag, den eine ältere Dame mit Bischof Tuto von Regensburg einging.

---

554 D Arn 103; S. 151, Ranshofen, 892 VII 2.
555 D Arn 160; S. 242 f. (898 V 18).
556 M. Hartmann, Lotharingien 124 mit Anm. 9.
557 Siehe oben Anm. 42 f., Anm. 185 und Anm. 545.
558 Siehe D Arn 162; S. 245 f. (898 VIII 31), und D. LdK 27; S. 135–137 (903 IX 26).
559 Hlawitschka, Verbreitung 285 ff.
560 AF (Ratisb.) a. 893; S. 122.

Der Urkundenaussteller muss keine Rücksicht mehr nehmen und nennt die *matrona* namens Ellinrat die Konkubine König Arnulfs, zu dessen Seelenheil das Rechtsgeschäft mit vollzogen wird.[561]

In der Urkunde ist aber auch von einer jüngeren Ellinrat die Rede, die in durchaus kompetenten Darstellungen als Tochter der älteren und Arnulfs bezeichnet und mit der von Engilschalk entführten Tochter des Königs gleichgesetzt wird.[562] Die Urkunde nennt sie jedoch nicht die Tochter der älteren Ellinrat, sondern als deren „Gleichnamige".[563] Genügt dies, um das fehlende Wort *filia* zu ersetzen? Es ist daher fraglich, ob die entführte Tochter Arnulfs Ellinrat hieß. Wenn aber die Zuordnung ihre Richtigkeit hat und Engilschalk die jüngere Ellinrat 893 entführte, müsste die Begegnung Arnulfs mit der älteren Ellinrat spätestens gegen Ende der 870er Jahre stattgefunden haben.

4.4. Die Mutter Ratolds

Die Mutter Ratolds war eine nirgends genannte Konkubine Arnulfs. Sein unehelicher Sohn Ratold trägt einen nichtkarolingischen Namen, der jedoch etwa in Bayern weit verbreitet war.[564] So hieß der mächtige Edle und Graf Radolt, der am 10. Dezember 839 den Bischof von Freising in sein Haus zitierte, um eine enorme Schenkung an das Bistum verbriefen zu lassen.[565] Der Arnulf-Sohn Radolt wird zum ersten Mal anlässlich des Forchheimer Reichstags von Ende Mai 889 erwähnt, als der König versuchte, ihm und seinem viel älteren Halbbruder Zwentibold die Nachfolge zu sichern.[566] Die zweite und letzte bekannte Nennung erfolgte zum Jahre 896, als Ratold im Gefolge seines Vaters an dessen Romfahrt teilnahm. Bereits auf der Rückkehr sandte der vor Spoleto schwer erkrankte Arnulf seinen für Italien bestimmten Sohn nach Mailand, um dort die Huldigung des „italischen Volkes" entgegen zu nehmen. Das Unternehmen scheiterte, so dass Ratold ebenfalls Italien auf schnellstem Weg verließ. Er wird dabei als *parvulus*, als kleiner Bub, bezeichnet, kann demnach kaum viel mehr als acht Jahre alt gewesen sein. Daher könnte sich Arnulf von Ratolds Mutter erst getrennt haben, kurz bevor er die legitime Ehe mit Uota/Oda einging.[567]

---

561 D Ko. I. 20; S. 19f. (914 V 24).
562 Siehe etwa Kasten, Königssöhne 547 mit Anm. 186.
563 Reuter, Uota-Prozeß 256 mit Anm. 10.
564 Siehe TF 2, 843 f. (Register).
565 Zu TF 634 1, 539 f., siehe GuR 336, 339 mit Anm. 70 und 446 Anm. 43.
566 AF (Ratisb.) a. 889; S. 118.
567 AF (Ratisb.) a. 896; S. 129. Vgl. Kasten, Chancen 41, und Brühl, Deutschland – Frankreich 386 Anm. 196.

4.5. Uota/Oda, die rechtmäßige Königin

Am 12. Mai 888 bestätigte König Arnulf ein Privileg Ludwigs des Deutschen für das Kloster Lorsch und erwartete dafür das Gebet für seinen Großvater wie für sich, seine Gemahlin und das Reich. Das Diplom enthält die älteste bekannte Erwähnung der legitimen *coniunx* des Königs. Das Ausstellungsdatum ist demnach der *terminus ante quem* von Arnulfs Eheschließung.[568] Er stellte 11 Diplome zwischen Weihnachten 887 und Mitte Februar 888 in Regensburg aus, ohne eine Gemahlin zu nennen und wird damals kaum schon verheiratet gewesen sein.[569] Verständlicherweise blieb es dabei, als Arnulf zwischen Mitte Februar und anfangs April 888 in Bayern und dem Ostland ständig und mitunter höchst eilig unterwegs war,[570] so dass er keine Zeit fand, um ein Fest zu feiern. Erst ab Ostern am 7. April 888 ist der König für längere Zeit wieder in Regensburg nachzuweisen.[571] Hier könnte die Hochzeit daher nicht lange vor dem 12. Mai 888 stattgefunden haben.[572] Die Urkunde erwähnt bloß die Gemahlin, aber weder ihren Namen noch wird sie *regina* genannt.[573] Erst am Ende von Arnulfs hastig abgebrochenem Italienzug von 896 gibt es bis Jahresende 898, das heißt, bis knapp vor dem „Uota-Prozeß" wegen eines angeblichen Ehebruchs,[574] eine Reihe von Königsurkunden, in denen Uota/Oda namentlich intervenierte, und zwar häufig zusammen mit hohen Geistlichen und ausschließlich für geistliche Empfänger.[575] Die sehr wenigen früheren Nennungen sind interessante Ausnahmen.

Der Eintrag *Alnolfo* und *Ota* im Codex Foroiuliensis ist die älteste gemeinsame Namensnennung Arnulfs und Uota/Odas. Die Liquidavertauschung in *Alnolfo* läßt die Eintragung durch einen Einheimischen vermuten. Sofern das Königspaar dabei persönlich anwesend war und die forlanische Memorialüberlieferung zeitlich richtig eingeordnet wird, stammt die Eintragung vom Spätherbst oder Frühwinter 888 und ist der Art der Quelle geschuldet. Für Namenlose kann für gewöhnlich nicht gebetet werden.[576] Von anfangs Mai 889 datiert ein Privileg für Snello/Snelpero von Kremsmünster. Die Urkunde ist bereits das vierte von fünf Diplomen, die Arnulf für den Abt und/oder sein Kloster

---

568 Zu D Arn 23; S. 34, siehe Reuter, Uota-Prozeß 256, Becher, Zwischen König und „Herzog" 91 mit Anm. 9, und Kasten, Königssöhne 547 f.
569 D Arn 5; S. 12 f. (888 I 1) bis D Arn 15; S. 24 f. (888 II 11).
570 Siehe oben Anm. 166 und unten Anm. 713 f.
571 Nach der Ausstellung von D Arn 15; S. 24 f. (888 II 11) in Regensburg ist Arnulf hier erst wieder zu Ostern am 7. April gewesen, wie AF (Ratisb.) a. 888; S. 116, berichten.
572 Kasten, Königssöhne 547. Vgl. Reuter, Uota-Prozeß 256 mit Anm. 13.
573 Zu weiteren namenlosen, aber auch seltenen *regina*- Nennungen von Uota/Oda siehe Eggert, Arnolf 61 Anm. 57, und die Aufstellung bei Reuter, Uota-Prozeß 257–259. Siehe auch Konzil von Mainz 888 c. 1; S. 255: Gebet *pro gloriosa coniuge sua* (sc. *Arnolfi*).
574 Siehe die ausführliche Darstellung von Reuter, Uota-Prozeß 253–270.
575 D Arn 143; S. 217–219, verunechtet (896 IV 27). D Arn 154; S. 234 f. (897 VI 9). D Arn 170; S. 258 f. (898 XII 13). Siehe die Aufstellung bei Reuter, Uota-Prozeß 257 f.
576 Conversio (ed. Wolfram) 288 ist zu korrigieren; zur persönlichen Anwesenheit siehe ebendort 296 f.

ausstellte.⁵⁷⁷ Das Original enthält den Namen der Intervenientin Uota/Oda deutlich in Kapitalis hervorgehoben.⁵⁷⁸ Rätselhaft wirkt das undatierte Regest, das von einer Urkunde Arnulfs für das sächsische Frauenkloster Gandersheim erhalten blieb. Uota/Oda und Hildegard, die Erbtochter des fränkisch-sächsischen Königs Ludwig des Jüngeren und Kusine Arnulfs, intervenierten hier gemeinsam. Hildegard war eine Liudolfingerin, und Gandersheim das Hauskloster ihrer Familie. Dagegen stammte Uota/Oda aus dem Süden, wenn ihre Zuordnung zu dem „in der Lahngegend verwurzelten Geschlecht" (Rudolf Schieffer) der Konradiner hält.⁵⁷⁹ Schickte Arnulf seine „allerliebste Gemahlin" vor,⁵⁸⁰ um Otto dem Erlauchten, dem Onkel Hildegards und Haupt der Liudolfinger, Genugtuung dafür zu leisten, dass er 889 aus einem eingereichten Wunschzettel kein Privileg für dessen Hauskloster gemacht hatte?⁵⁸¹ Versöhnlich klingt nämlich auch das den Nonnen aufgetragene Gebetsgedenken für Arnulfs Großvater Ludwig den Deutschen, der auch Hildegards Großvater war, für den Vater Karlmann, für den Onkel Ludwig den Jüngeren, den Vater Hildegards, und ihren gemeinsamen Onkel Karl III. den Dicken. Der in der Recognition genannte Kanzler Aspert starb am 12. März 893, so dass 892 als Jahr der Ausstellung des Privilegs sehr wahrscheinlich wirkt. Arnulf war damals in Sachsen, um erneut die Nordabodriten zu bekämpfen.⁵⁸² Und Uota/Oda könnte 892 dabei gewesen sein, wie sie offenkundig auch 896 die Italienfahrt mitgemacht hatte, ohne in Rom genannt oder gar zur Kaiserin gekrönt zu werden.⁵⁸³

Ob es die spärliche urkundliche Überlieferung erlaubt, Schlüsse auf das persönliche Verhältnis Arnulfs zu Uota/Oda zu ziehen, bleibt eine offene Frage. Das Gleiche gilt von der Historiographie, die die Königin, sieht man von der Regensburger Fortsetzung der Annales Fuldenses ab, kaum oder überhaupt nicht zur Kenntnis nimmt.⁵⁸⁴ Daher fällt es auch nicht leicht, die Beschlüsse des Tags zu Forchheim entsprechend zu beurteilen. Ende Mai 889 fand hier ein Treffen fränkisch-bayerischer Großer statt, auf dem Arnulf die Anerkennung seiner unehelichen Söhne Zwentibold und Ratold als Nachfolger zu erreichen suchte. Nach längeren Verhandlungen stimmte die Versammlung mit dem Vorbehalt zu, dass seine namenlose *legalis uxor* keinen Erben gebären sollte. Arnulf ging auf diesen Kompromiss ein, obwohl oder weil er mit Uota/Oda bereits über ein Jahr lang verheiratet war, ohne dass sich die Geburt eines legitimen Kindes ankündigte. Jedenfalls dauerte es noch mehr als vier Jahre, bis der

---

577 GuR 197 mit Anm. 353.
578 D Arn 44; S. 63 f. (889 V 3).
579 Siehe etwa Schieffer, Karolinger 189, und Kasten, Chancen 41. Dagegen bezweifelt Reuter, Uota-Prozeß 257, die Zuordnung Uota/Odas zu den Konradinern. Störmer, Früher Adel 1, 193 f., zeigt jedoch, wie die Konradiner zur Zeit Arnulfs an Macht und Einfluss deutlich gewannen.
580 So wird sie etwa in D Arn 154; S. 234, genannt.
581 Becher, Zwischen König und „Herzog" 111–114.
582 Zu DD Arn 107 und 107a; S. 157–159, siehe Becher, Zwischen König und „Herzog" 111. Fleckenstein, Hofkapelle 1, 203 f.
583 D Arn 143; S. 217–219 (896 IV 27), wurde auf der Rückreise noch in Oberitalien ausgestellt und nennt Uota/Oda als Intervenientin.
584 Eggert, Arnolf 61 f.

legitime Erbe Ludwig, später genannt das Kind, im Herbst 893 zur Welt kam.[585] War Uota/Oda als Kind verheiratet worden? Und von Ludwigs des Kindes namenlosen älteren oder jüngeren und wie vielen Schwestern wüsste man nichts, hätte ihnen nicht 907 der königliche Bruder Besitz ihrer anscheinend bereits verstorbenen Mutter Uota/Oda schenken wollen.[586] Allein dieses Rechtsgeschäft erlaubt den Schluss, Arnulf und Uota/Oda hätten miteinander innerhalb von etwa acht Ehejahren (888 bis 896) mindestens drei Kinder gehabt. Daher soll man wohl kaum der Auffassung folgen, Uota/Oda habe am Ende ihrer aufrechten Ehe einen Ehebruch aus Frustration oder Rache begangen, weil sie sich als vernachlässigt oder gar verachtet gefühlt hätte. Auch dürfte ihre mächtige Familie eine derartige Behandlung einer ihrer Angehörigen kaum widerstandslos ertragen haben. Außerdem interessierte „die Nachricht von einem seit langer Zeit unerhörten Verbrechen" nur den Regensburger Annalisten.[587] Dieser hatte seinerseits davon keine Ahnung, dass bloß ein Dutzend Jahre zuvor Richarda, der jungfräulichen Gemahlin Karls III. des Dicken, derselbe, aus naheliegenden Gründen rasch als haltlos erkannte Vorwurf gemacht wurde.[588] Im Falle Uota/Odas waren 72 Eideshelfer und Eideshelferinnen im Juni 899 bereit, auf einem Regensburger Reichstag für die Unschuld der Königin einzustehen.[589] Im Grunde ging es jedoch wahrscheinlich gar nicht darum, sondern die Vorwürfe von 887 wie 899 waren, wie es Timothy Reuter formuliert,[590] „kodierte Angriffe auf den Herrscher", der als König nicht mehr *idoneus*, für geeignet, schien. Anschuldigungen dieser Art signalisieren „Krisen, nicht immer die der Ehe, aber stets die des Reiches".[591] Nicht selten verbindet sich die Erzählung vom Ehebruch der Herrscherin mit der Geschichte von der Vergiftung ihres Gemahls. Tatsächlich berichtet der Regensburger Annalist auch zum Jahre 899, Arnulf habe während des Reichstags einen Schlagfuß erlitten, der ihn lähmte, weil Männer und Frauen ihm Gift verabreicht hätten. Ein Graman wurde deswegen in Ötting geköpft, eine Frau namens Rudpurc als Anstifterin der Untat in Aibling gehenkt, und ein anderer, aber ungenannter Mann floh und verbarg sich in Italien.[592] Dort erzählte man sich im nächsten Jahrhundert, Widos Witwe Ageltrude habe einen von Arnulfs engsten Vertrauten bestochen und durch ihn vergiften lassen. Darauf wurde der König gelähmt und regierungsunfähig, so dass die *Italienses* nichts mehr von ihm hielten.[593] Uota/Oda überlebte ihren Gemahl um etwa ein Jahrzehnt und wird in Urkunden ihres Sohnes vor allem als (erzwungene?) Schenkerin genannt. Aus ihrem Besitz erhielt Säben am 13. September 901 den

---

585 AF (Ratisb.) a. 889; S. 118, und AF (Ratisb.) a. 893; S. 122; vgl. a. 900; S. 134. Siehe auch M. Hartmann, Lothringien 124f.
586 Siehe Reuter, Uota-Prozeß 258, zu D. LdK 52; S. 177.
587 AF (Ratisb.) a. 899; S. 132.
588 Regino, Chronica a. 887; S. 127.
589 AF (Ratisb.) a. 899; S. 132.
590 Reuter, Uota-Prozeß 262.
591 Fried, Weg 122.
592 Zu AF (Ratisb.) a. 899; S. 132f., siehe Reuter, Uota-Prozeß 261–270.
593 Liudprand, Antapodosis I 32 und 35; S. 25f.

Königshof Brixen, wohin das Bistum in der zweiten Hälfte des 10. Jahrhunderts übersiedelte.[594] Im Hochmittelalter erstreckte sich Brixen über die Kerngebiete des heutigen Tirol nördlich wie südlich des Brenners. In den 1960er Jahren wurden die drei Bistümer Bozen-Brixen, Innsbruck und Feldkirch die Nachfolger der alten Diözese Brixen.

4.6. Rotrud

In Frankfurt am 9. Juli 889 intervenierte eine Verwandte Arnulfs namens Rotrud gemeinsam mit dem sächsischen *illustris comes* Otto (dem Erlauchten) für den Priester und königlichen Leibarzt Amandus, damit dieser Besitz im lothringischen Moselgau erhalte, und am 27. November 889 schenkte ihr der König auf Lebenszeit Güter im Elsass. Die Dame könnte eine Verwandte des Grafen Manasse von Dijon gewesen sein, da sie 895/96 in den Liber memorialis von Remiremont mit einer Gruppe um Manasse und Erzbischof Fulco von Reims eingetragen wurde, die damals zu den Anhängern des ebenfalls eingetragenen Karls des Einfältigen zählten.[595] War die Schenkung ein weiterer Versuch Arnulfs, in Lothringen Herrschaftsrechte auszuüben?[596]

4.7. Ein alemannisches Mädchen verweigert sich dem König

Ekkehard IV. beginnt die St. Galler Kloster-Geschichten mit einer sehr ausführlichen Lebensbeschreibung Salomons III., des langjährigen, von Arnulf eingesetzten Abtes von St. Gallen und Bischofs von Konstanz (890–920). Am Ende seines Berichtes plaudert der Erzähler auch das Geheimnis aus, den Fehltritt, den der um 860 geborene Geistliche aus bester alemannischer Familie beging. Als er noch ein Schüler, das heißt vor 878/79, in St. Gallen war, wurde er bei vornehmen Leuten eingeladen. Heimlich verführte er dort die jungfräuliche Stieftochter des Hausherrn, die darauf eine Tochter zur Welt brachte. Die junge Mutter nahm den Schleier und wurde von Salomon, nachdem er 890 Bischof geworden war, zur Äbtissin eines Klosters bestellt. Sie kümmerte sich in geistiger wie materieller Hinsicht ständig um ihre Tochter, die sie schließlich mit einem Notker aus der vornehmen Familie der Waltrame und Notker verheiratete. Dies gelang ihr allerdings erst nach Überwindung beachtlicher Schwierigkeiten. Das Mädchen wuchs zu einer Schönheit heran und weigerte sich, ihrerseits den Schleier zu nehmen, aber auch die Konkubine König Arnulfs zu werden. Ekkehard legt ihr eine, für seine Zeit aufschlussreiche Antwort in den Mund, womit sie die kupplerischen Werber zurückwies: Sie stamme sowohl vom Vater wie von der Mutter her aus solchen Geschlechtern, dass sie es nicht nötig habe, ihre Jung-

---

594 D LdK 12; S. 113–115. Reuter, Uota-Prozeß 258 f. GuR 200 mit Anm. 369.
595 DD Arn 56; S. 80 f., und 70; S. 105 f. Hlawitschka, Lotharingien 144–151. Abbildung des Eintrags vor S. 145. Dümmler, Geschichte 3, 479 f.
596 AF (Ratsib.) a. 888; S. 116, und Regino, Chronica a. 888; S. 130.

fräulichkeit an irgendjemanden zu verschwenden, und sei er der König. Das Mädchen war „unehelich" geboren, ja nach allerdings viel späteren Bezeichnungen ein „Pfaffenkind" und konnte sich dennoch glaubwürdig auf ihre beste Herkunft aus den Familien ihrer Eltern berufen. Schließlich ging sie als jungfräuliche Braut eine standesgemäße Ehe ein und wurde zur Stammutter bedeutender Männer geistlichen wie weltlichen Standes. Die Zurückweisung Arnulfs sei zur Zeit geschehen, da sie die „Reife für den Mann" erlangt hatte.[597] Demnach könnte sich die Episode im Jahre 890 ereignet haben, als Arnulf in Alemannien den Aufstand Bernhards, des unehelichen Sohnes Karls des Dicken, bekämpfte.[598] Jedenfalls war Arnulf damals schon mehr als zwei Jahre mit Uota/Oda verheiratet.

4.8. Hildegard, die Königstochter

Nach der Befriedung des Bodenseeraums im Winter 891 auf 892 brach ein innerbayerischer Konflikt um die Frage aus, wer der Zweite nach dem König sein solle.[599] Die Sache wurde fürs erste 895 entschieden. Alles hatte damit begonnen, dass ein Graf Engildeo, bereits 878 genannt, spätestens nach dem Tode Ludwigs des Jüngeren zum mächtigsten Mann Bayerns aufgestiegen war. Engildeo stand in einer mehr oder weniger engen Beziehung zu Hildegard, der Tochter Ludwigs des Jüngeren und *neptis* Arnulfs.[600] Hildegard hatte die Erhebung Arnulfs tatkräftig unterstützt; einer ihrer Vasallen zählte dafür zu den ersten Empfängern königlicher Wohltaten.[601] Eineinhalb Jahre später erhielt einer der Vasallen Engildeos in dessen Grafschaft königlichen Besitz zu freiem Eigen. Allerdings fehlt in dieser Urkunde von 889 der sonst übliche Hinweis auf geleistete Dienste.[602] Wahrscheinlich 892 intervenierte die Königstochter gemeinsam mit der Königin Uota/Oda in einer Königsurkunde für Gandersheim.[603] Obwohl Hildegard dem Grafen Engildeo nahestand, hatte sie mit dessen schärfsten Rivalen, dem karantanischen Markgrafen Luitpold, eine gemeinsame Wallfahrt unternommen. Anfangs 895 verlor Engildeo seine Machtstellung an diesen Luitpold, den „Verwandten des Königs". Gleichzeitig wurde Hildegard gestürzt; die Repräsentanten aller ostfränkischen Völker verurteilten sie zur Verbannung ins Kloster Frauenchiemsee.[604] Warum die Königstochter in Ungnade fiel, wird nur allgemein mit Treulosigkeit begründet, dürfte aber in ihrem Beitritt zur Opposition

---

597 Zu Ekkehard, Casus sancti Galli c. 29; S. 70, siehe Schmid, Persönliche Züge 230–238, und Zeller, Lokale Eliten 231–243. Das Zitat borgte Ekkehard von Vergil, Aeneis VII 53.
598 BM² 1847a bis 1849b. Es ist bezeichnend, wie wenig AF (Ratisb.) a. 890; S. 119, über Arnulfs Eingreifen in Alemannien zu berichten wissen oder wollen.
599 Dazu und zum folgenden siehe GuR 167f.
600 Brunner, Fürstentitel 241 mit Anm. 49. GuR 413 Anm. 160. D Arn 107a; S. 159 (vor 893): *neptis*.
601 D Arn 14; S. 22f. (888 II 9).
602 D Arn 52; S. 74f. Forchheim 889.
603 D Arn 44; S. 63f. (889 V 3). Siehe auch oben Anm. 577.
604 AF (Ratisb.) a. 895; S. 125. Vgl. Regino, Chronica a. 894; S. 142.

gelegen sein, deren Ansprüche und Erwartungen nicht zuletzt die Ehe Arnulfs enttäuschte.[605] Die Zusammenhänge in diesem „Spiel der Mächtigen" sind im einzelnen nur schwer zu durchschauen. Aber sein Ausgang war klar: Im Kampf um die Entstehung fürstlicher Macht hatte der stärkste Mann im Ostland seinen gleichwertigen, ja zunächst übermächtigen Rivalen im Altland überwunden. Entscheidend waren Königsnähe und die Königstochter, die trotz der Rückschläge ihre Hände im Spiel behielt, so dass sie sehr bald rehabilitiert wurde und den Großteil ihres einstigen Besitzes zurück bekam.[606]

4.9. Drei erfundene Enkelinnen?

Im Frauenkloster Susteren, in der heutigen niederländischen Provinz Limburg gelegen, wurde König Zwentibold nicht bloß als Neugründer und Heiliger verehrt, sondern ihm auch bis zu drei Töchter zugeschrieben, mit den Namen Benedicta, die sich auch den Heiligenschein verdiente, Caecilia und Relindis. Die beiden erstgenannten Frauen sollen hintereinander Äbtissinnen des Klosters gewesen sein, Relindis wurde Inkluse. Die jüngere Forschung erklärt die drei adeligen Damen mehrheitlich für fromme Erfindungen.[607]

4.10. Irmgard, noch eine Verwandte, und ihre Mutter Angilberga

Irmgard war die Tochter Ludwigs II., Königs von Italien und Kaisers (844/50–875) und der Angilberga. Sie war die Gemahlin Bosos von der Provence und Mutter Kaiser Ludwigs III. des Blinden (890–928). Im Juni 889 ging sie nach Forchheim, offenkundig um für das Königtum ihres Sohnes Ludwig zu werben. Bei dieser Gelegenheit intervenierte sie als Arnulfs Nichte auch für ihre Mutter, der Arnulf von seinen Vorgängern verliehene Rechte auf italienische Besitztümer bestätigte.[608] Im Mai des Jahres 890 kam Irmgard abermals nach Forchheim, überbrachte reiche Geschenke, wurde ehrenvoll empfangen und entlassen, sehr wahrscheinlich mit der Zusage Arnulfs, der Erhebung ihres Sohnes zum König der Provence zuzustimmen, die noch im selben Jahr erfolgte.[609] Im Jahre 894 kam sie nach Lorsch und intervenierte wieder für ihren Sohn; auch sollte ihn Arnulf auf Kosten des Welfen Rudolfs von Burgund (888–911) begünstigen, was aber nicht gelang.[610]

---

605 Becher, Zwischen König und „Herzog" 105 f.
606 Becher, Zwischen König und „Herzog" 102–105. Regino, Chronica a. 894; S. 142: Rückerstattung des Besitzes.
607 M. Hartmann, Lotharingien 138 und 141 f, mit Anm. 71.
608 BM² 1813a und 1816. D Arn 49; S. 68 f. von 889 VI 12; vgl. DD Arn 140 f.; S. 211–215.
609 AF (Ratisb.) a. 890; S. 119. BM² 1846a.
610 Regino, Chronica a. 894; S. 142.

4.11. Miltrud, die Helferin

Am 26. Dezember 888 stellte Arnulf in der karantanischen Karnburg für Miltrud, die Frau seines *ministerialis* Heimo, eine Schenkungsurkunde aus und belohnte sie großzügig für ihre Verdienste bei seiner Erhebung zum König.[611] Es ist anzunehmen, dass auch andere Angehörige der Witigowo-Heimo-Sippe anwesend waren; sie zählten zu den Stützen der ostländischen Herrschaft Arnulfs.

4.12. Friedrun

Am 12. Mai 891 intervenierte der Babenberger Markgraf Poppo für eine sonst nirgends genannte Friedrun, der Arnulf zu seinem Angedenken und Seelenheil Königsgut geschenkt hatte.[612]

4.13. Ageltrude, die kaiserliche Widersacherin

Am 21. Februar 891 sah sich Papst Formosus (891–896) gezwungen, Wido II., Dux von Spoleto, und seine Gemahlin Ageltrude zum Kaiser und zur Kaiserin zu krönen. Arnulf konnte die Herausforderung seines Widersachers erst nach dessen Tod im Jahre 894 annehmen, doch trat Widos Witwe mit ihrem gemeinsamen Sohn Lambert sofort dessen politisches Erbe an. Als Arnulfs Heer im Februar 896 vor Rom erschien, waren die Tore auf Befehl von Ageltrude geschlossen, so dass die Ewige Stadt im Sturm genommen werden musste, nachdem die Spoletinerin noch rechtzeitig geflohen war. Nach seiner Kaiserkrönung und beim Abzug aus Rom verlangte Arnulf von den Römern einen Treueschwur, der ausdrücklich auch gegen Lambert und seine Mutter Ageltrude gerichtet war. Diese hatte sich nach Spoleto zurück gezogen und erwartete Arnulfs Angriff. Knapp vor dem Ziel befiel den Kaiser eine schwere Krankheit, so dass er den Feldzug abbrechen musste und schleunigst den Rückzug nach Norden antrat.[613] Liudprand von Cremona kontaminiert das Scheitern Arnulfs vor Spoleto und die Geschichte von seiner Lähmung durch Vergiftung und lässt Ageltrude die Giftmischerin gewesen sein.[614] Die Kaiserin, die im Herbst 898 ihren Sohn bei einem Jagdunfall verlor, zog sich mit weltlichen Gütern reich ausgestattet in ein Kloster in der Mark Camerino zurück.[615]

---

611 D Arn 42; S. 60 f. Siehe Krahwinkler, Friaul 281, und Conversio (ed. Wolfram) 284 f.
612 D Arn 83; S. 124 f.
613 AF (Ratisb.) a. 896; S. 127–129. Regino, Chronica a. 896; S. 144. Siehe Schulze, Vom Reich der Franken zum Land der Deutschen 351–354.
614 Liudprand, Antapodosis I 32 und 35; S. 25 f.
615 Schulze, Vom Reich der Franken zum Land der Deutschen 354. Dümmler, Geschichte 3, 433.

4.14. Rudpurc, die Giftmischerin

Unmittelbar im Anschluss an den Bericht vom Uota/Oda-Prozess erzählt der Regensburger Annalist zum Jahre 899 auch noch von der Vergiftung Arnulfs, die eine Frau namens Rudpurc angestiftet haben soll. Sie wurde in Aibling gehenkt; von einem Prozess ist, wie im Falle ihres Komplizen, der geköpft wurde, nirgends die Rede.[616]

5. Arnulf, die Künste und ihre Vertreter

Versteht man den Begriff Kunst im Sinne von *ars* oder τέχνη und erweitert man das künstlerische um das technische Können, sind hier nicht nur die Vertreter der bildenden Kunst und Architektur zu nennen, sondern auch ein Mediziner, ein oberster Jäger und die Hersteller von Waffen.[617] Zweifellos ist das berühmte Ziborium das künstlerische Spitzenerzeugnis der Ära Arnulfs. Der von Säulen getragene Aufbau über einem Tragaltar ist das einzige Kunstwerk, das zeitgleich mit seinem Namen verbunden wird; es ist „heute in der Schatzkammer der Münchener Residenz" aufbewahrt.[618] Die Zimelie trägt eine Inschrift, die König Arnulf nicht nur als ihren Stifter, sondern auch als ihren Auftraggeber feiert.

+ REX ARNULFUS AMORE DEI PERFECERAT ISTUD;
UT FIAT ORNATUS S(AN)C(TIS PAR)TIBUS ISTIS
QUEM XPS CUM DISCIPULIS COMPONAT UBIQ(UE). [619]

Das kostbare Stück zählte zum königlichen Schatz, den Arnulf seinem Lieblingskloster St. Emmeram zu Regensburg aus der neuen Pfalzkapelle übergab und von dem auch noch der Buchdeckel des Codex Aureus erhalten blieb.[620] Kunsthistorische Kritik verlegt mitunter die Entstehungszeit des Ziboriums, die dank der in der Inschrift verwendeten königlichen Titulatur zwischen 887 und 896 anzunehmen wäre, in die Zeit um 870 und bezeichnet den Hof des westfränkischen Königs Karl des Kahlen als Ort der Anfertigung. Von dort sei das Ziborium in das Ostreich gekommen, als Karl der Einfältige König Arnulf aufsuchte und mit besonderen Geschenken dessen Unterstützung erreichen wollte. Es scheint jedoch „einleuchtender, die Inschrift als ursprünglich anzusehen und

---

616 AF (Ratisb.) a. 899; S. 132 f.
617 Die Reichenauer Verfälschung D Arn 143; S. 217–219, des 12. Jahrhunderts spricht von *ars venatoria*. Schon Ludwig der Deutsche hatte einen *princeps super omnes forestes*, einen Oberforstmeister: D LD 152; S. 214, und Conversio (ed. Wolfram) 345 mit Anm. 48.
618 Stein-Keks, Ziborium 388.
619 Stein-Keks, Ziborium 393 mit Anm. 11. Die Wörter *sanctis partibus* hat Bernhard Bischoff gegenüber dem Editor Karl Strecker vorgeschlagen.
620 Stein-Keks, Ziborium 388, 392 f. und 396–398.

Arnolf als den tatsächlichen Stifter anzuerkennen".[621] Dafür spricht auch Arnold, Mönch und Propst von St. Emmeram (um 1000 bis vor 1050), der dem Hausheiligen um 1035 eine neue Vita widmete, da das Latein der alten Legende seiner Zeit nicht mehr genügte.[622] Der stark intentionale Text besitzt dennoch Glaubwürdigkeit, was die Verehrung Emmerams durch Arnulf betrifft, hat sie doch im Handeln seines Großvaters ein glaubwürdiges Vorbild.[623] Arnulf erklärte Emmeram zum persönlichen wie zum Patron des Reiches und glaubte die Errettung aus der Beinahe-Katastrophe im Mährerkrieg von 893 dem Eingreifen des Heiligen zu verdanken.[624] Dafür übergab Arnulf dem Kloster den *totus palatii ornatus*, den gesamten Schatz der neuen Pfalz, die er bei St. Emmeram erbauen hatte lassen, Davon erwähnt Arnold ausdrücklich das Ziborium und den Codex Aureus neben Kronen und Pallien.[625] Bei St. Emmeram ließ der König seine Grabstätte errichten, einen Ort des politischen Gedenkens, den König Konrad I. im Jahre 916 aufsuchte, um seine Herrschaft über die *Francia* zu legitimieren.[626]

Da einige Künstler Schenkungen empfingen, die ihnen der König als Dank für geleistete Dienste urkundlich vermachte, erfährt man auch ihre Namen und ob sie Geistliche oder wohl – stillschweigend – Weltliche waren. Mit aller gebotenen Vorsicht lässt sich ihre Herkunft aus den Räumen erschließen, in denen die geschenkten Besitztümer lagen. Es ist jedoch kaum möglich, diese Künstler konkreten Aufträgen des Königs zuzuordnen. Der Künstler und Priester Siginand bekommt vom König auf Lebenszeit das Kloster Susteren im Moselland, eine beachtliche Zuwendung. Der Mann könnte ein Lothringer gewesen sein.[627] Er hatte einen weltlichen Kollegen namens Eoprecht, der nach Ausweis seiner beiden Schenkungen im Donaugau wohl ein Bayer war. Eoprecht wird wie Siginand *artifex* genannt, ist aber auch ein *operarius*, eine Berufsbezeichnung, die wohl zurecht als Baumeister verstanden wird und am ehesten noch mit Arnulfs Regensburger Bautätigkeit zu verbinden wäre.[628] Der Priester und Medicus Amandus war Arnulfs Leibarzt. Er war einer der ganz wenigen Hofleute, die einen romanischen Namen trugen. Seine Belohnung bestand aus einer Schenkung im heutigen Ars-sur-Moselle bei Metz. Nicht unmöglich, dass Amandus aus dem romanisch sprachigen Teil Lothringens stammte. Für ihn intervenierten die königliche Verwandte Rotrud und der mächtige sächsische Graf Otto der Erlauchte; auf den ersten Blick ein sonderbares Paar, vielleicht aber nur deshalb

---

621 Siehe 890 bis 896 Anm. 43 sowie Stein-Keks, Ziborium 397 f. Anm. 24, zum Vorschlag von Percy Ernst Schramm.
622 Vgl. Wolfram, Konrad II. 295.
623 GuR 253 und 320.
624 AF (Ratsb.) a. 893; S. 122.
625 Zu Arnold von St. Emmeram I 5, S. 551, siehe Stein-Keks, Ziborium 389, deren Beitrag im Titel *totus palatii ornatus* enthält, sowie Schmid, Kaiser Arnolf 211 mit Anm. 121.
626 Siehe Schmid, Kaiser Arnolf 211 f., zu Arnold von St. Emmeram I 5; S. 551.
627 D Arn 85; S. 125 f., Regensburg, 891 II 23. Dümmler, Geschichte 3, 485 f.
628 D Arn 77; S. 115 f., Regensburg, 890 IV 15, und D Arn 152; S. 231 f., Velden, 897 V 5. Dümmler, Geschichte 3, 486.

sonderbar, weil von der Dame sonst so gut wie nichts bekannt ist.[629] In Thalhausen beim heutigen Salzburger Flachgauer Ort Dorfbeuern, gelegen in der Grafschaft des Grafen Iring, ging Besitz an den königlichen Jäger Gundbrecht, für den sich Graf Luitpold als Intervenient verwendete.[630] Gundbrecht war offenkundig ein Bayer. Seine Aufgabe bestand in der Sorge um die hohe Jagd des Königs und seiner Jagdgäste, das heißt ganz allgemein um den Schutz des Wildes.[631] Dies galt besonders für die ausgedehnten königlichen Bannwälder, die Forste, und die Brühlen, die Wildgehege, wie sie sich schon in der Nähe von Regensburg erstreckten, aber auch etwa die Pfalzen Ötting, Ranshofen und Mattighofen umgaben.[632]

In Bischof Arbeos von Freising (764–782/83) um 770 entstandenen Lob des Bayernlandes heißt es: „Das Waldgebirge war mit wilden Tieren bevölkert und das Unterholz mit Hirschen, Elchen, Auerochsen, Rehen, Steinböcken und mit Tieren und Wild aller Art."[633] Es war das „Schwarzwild", Bären und Eber, Rothirsche, „Schelche und Elche", Wisent und Auerochs, die zur königlichen und adeligen Jagd bestimmt waren. Dagegen galt Wildfrevel der einfachen Leute nicht als Diebstahl, sondern als Missetat, umso mehr, wenn sie im herrschaftlichen Bannwald begangen wurde. Die Jagd zählte zu den Vergnügungen der hohen Herren, um derentwillen die Grafen die Abhaltung der Gerichtstage und die Bischöfe ihre geistlichen Pflichten vergaßen. Kein Wunder, dass der Jagdunfall eine der häufigsten Todesursachen der Großen war. Ludwig der Deutsche wäre 864 auf der Hirschjagd beinahe an einem Sturz vom Pferd gestorben. Arnulfs langjähriger Gegenspieler Arbo fiel in hohem Alter einem Wisent zum Opfer. Das Volk sang Lieder auf ihn.[634] Ein dem theodisken Ludwigslied vergleichbarer Lobgesang wurde Arnulf nicht gewidmet. Er hätte freilich ein Heldenlied als Sieger über die Normannen 891 ebenso verdient wie der westfränkische König Ludwig III. (879–882), der 881 brandschatzende Wikinger bei Saucourt abfing und nur dank seines persönliches Einsatzes besiegte.[635]

Die Jagd war auch Training für den militärischen Ernstfall, und dafür benötigte man Waffen, die nicht zuletzt in den Klöstern hergestellt wurden. Zu den Abgaben, die der König jährlich von den Klöstern forderte, zählte die Ausrüstung für zwei leicht bewaffnete Reiterkrieger, zwei Kriegspferde sowie zwei Schilde und zwei Lanzen. Die Leistung wurde auch mitunter um die Hälfte

---

629 D Arn 56; S. 80, Frankfurt, 889 VII 9. Hlawitschka, Lotharingien 109 mit Anm. 164. Siehe oben Anm. 595.
630 D Arn 148; S. 225 f., Regensburg, 896 XI 20. Zu Thalhausen siehe Meyer/Karpf, Herrschaftsaufbau 518 f. mit Anm. 173.
631 Zum Thema „Jagd" siehe die umfassende Darstellung von Goldberg, In the manner of the Franks.
632 Zur Nennung eines Brühls in der Nähe Regensburgs siehe Schmid, Kaiser Arnolf 213 mit Anm. 132 zu D Arn 12; S. 20 f., Regensburg, 888 (II 8). zu den „oberösterreichischen" Pfalzen, von denen Ranshofen sicher einen Brühl hatte, siehe GuR 353.
633 Arbeo, Vita Haimhrammi c. 6 (ed. Bischoff) 15.
634 GuR 361.
635 Schulze, Vom Reich der Franken 368 f. Metzner, Ludwigslied 12–17. Siehe Annales Vedastini a. 881; S. 50 (persönlicher Einsatz), und oben Anm 500.

vermindert. Obwohl im idealen Klosterplan von St. Gallen nicht bloß die Werkstätten der Schildmacher und Eisenschmiede, sondern auch die der Schwertfeger eingezeichnet sind,[636] wurde die eher bescheidene Abgabe auch vom reicheren St. Gallen gefordert. So schreibt es eine Urkunde Ludwigs des Deutschen vor, die Arnulfs Kanzlei 896 als Vorurkunde verwendete.[637] Der Passus der Waffenlieferung steht zwar wieder im Entwurf für die neue Urkunde, nicht aber in der Urkunde selbst.[638] Als Verfasser des Textes gilt der eben in St. Gallen eingesetzte Abt Salomon III., dem es anscheinend gelang, den fraglichen Passus am Entwurfende in der tatsächlich ausgestellten Urkunde von 896 zu tilgen.

Ob Arnulf persönlich ein musischer Mensch war oder nicht, verrät keine Überlieferung. Das gleiche gilt für die Frage, ob er wie sein Großvater Ludwig der Deutsche die theodiske Literatur gefördert hat.[639] Aber er hat Künstler – im Unterschied zu seinen Vorgängern in Urkunden namentlich nachweisbar – mit Schenkungen bedacht. Der verheerende Brand Regensburgs im August 891 bot Gelegenheit zu einer intensiven Bautätigkeit,[640] und das Gebäude, das im August 896 zu Forchheim einstürzte und Arnulf fast erschlagen hätte,[641] wird nicht die einzige Pfalz oder der einzige Königshof gewesen sein, deren Holzkonstruktionen mit der Zeit morsch geworden waren.

---

636 GuR 338f. Last, Bewaffnung 468f. (Abbildung eines Kriegers, Klosterplan) sowie 470f. (Kosten für die einzelnen Teile einer Vollbewaffnung).
637 Siehe D LD 70; S. 99f., Ulm, 854 VII 22, und D Arn 146; S. 222f., Forchheim, 896 VII 9. D LD 90; S. 128–130, Frankfurt, 858 IV 12, fordert nur die Hälfte.
638 Vgl. Entwurf zu D Arn 103; S. 149–152, Ranshofen, 892 VII 2.
639 Vgl. Geuenich, Ludwig „der Deutsche" 313–329.
640 AF (Rasb.) a. 891; S. 119 (Regensburger Stadtbrand).
641 Hermann von Reichenau, Chronicon a. 896; S. 111.

IV. Der Adel. Eine Auswahl

1. Der weltliche Adel

Es ist keine Besonderheit der Ära Arnulfs, dass ein fränkischer Herrscher des späten 9. Jahrhunderts auf die Unterstützung und Zustimmung durch wichtige Adelsgruppen und deren jeweiligen weltlichen wie geistlichen Wortführer angewiesen war. Arnulf scheiterte zweimal, 880 und 882, der Nachfolger nach seinem Vater Karlmann zu werden, weil ihm die ausreichende Unterstützung des bayerischen Adels fehlte. Die zwischen 888 und 895 ungewöhnliche, ja einmalige Häufigkeit von Synoden und Reichstagen beweist, dass Arnulf als König mit den geistlichen wie weltlichen Eliten seines Reichs ständigen Kontakt zu pflegen hatte.[642] Eine andere Möglichkeit der Kooperation bot die Ausstellung der Königsurkunden. So werden in den Diplomen häufig die adeligen Personen genannt, aufgrund deren Intervention und Bitte die Herrscherurkunden für Dritte ausgestellt wurden. Sofern die Verwendung oder Nichtverwendung von Interventionsformel Auskunft über eine politische Mitwirkung der genannten Adeligen am vorliegenden Rechtsgeschäft gibt, zeigen sich regional aufschlussreiche Unterschiede. So fehlen, um ein Beispiel zu nennen, in allen für den donauländischen Abschnitt des Ostlandes ausgestellten Arnulf-Urkunden die Interventionsformeln. Auch die Verleihung der verwirkten wilhelminischen Güter an Kremsmünster, die auf Bitten des Abtes Snelpero und daher in dessen eigenem Interesse erfolgte, kann kaum als solche gelten. Da die Arnulf-Urkunden für den karantanischen Abschnitt sehr wohl Interventionen enthalten, dürfte deren Fehlen mit der Tatsache zusammen hängen, dass sich das donauländische Ostland mit den Grafschaften Arbos deckte. Daher musste der König das Rechtsgeschäft mit dem Markgrafen vor der Beurkundung aushandeln, wie dies in der Heimo-Privilegierung audrücklich vermerkt wurde. Auf diese Weise könnte Arbo die Nennung und Heranziehung möglicher Konkurrenten verhindert haben.[643]

Die großen Geschlechter der ostfränkischen Regna besaßen ihre ererbten regionalen Stützpunkte, die hauptsächlich aus Grafschaften sowie aus Bistümern und Abteien bestanden. Nur selten werden ihre Funktionsgebiete gentil bestimmt. Eine Ausnahme bildete die Fehde zwischen Egino und Poppo II., die als ein *civile bellum inter Saxonibus* (recte *Francis?*) *et Thuringis* galt.[644] Die Großen blieben aber nicht auf ihre Stützpunkte beschränkt. Vielmehr bildeten diese Angehörigen des „jüngeren fränkischen Fürstentums", *principes*,[645] eine mit

---

642 W. Hartmann, Kaiser Arnolf und die Kirche bes. 251 f.
643 Siehe die Zusammenstellung der entsprechenden Diplome in NÖUB 1, 28, 76, 89 und 91. Vgl. 1, 75 (Karl III.).
644 Siehe AF (Ratisb.) a. 882; S. 109.
645 Siehe Brunner, Fürstentitel 181–191, und Brunner, Gruppen 156–163.

weitverbreiteten Besitztümern ausgestattete Reichsaristokratie, wie sie Gerd Tellenbach beschrieben hat.[646] Diese Vielfalt räumlicher Interessen unterstützte Arnulfs Adelspolitik, indem der König aus dem in Grafschaften gelegenen Reichsgut Güter auch an andere Grafen und deren Vasallen als dem Inhaber der betreffenden Grafschaft und dessen Leute verlieh, und zwar unter Einschluss des gräflichen *ministerium*.[647] Die heute gebräuchlichen Geschlechternamen waren in den allerseltensten Fällen zeitnah oder gar zeitgenössisch,[648] sondern wurden von der modernen Wissenschaft geprägt, die die Adelsgruppen zumeist nach einem Spitzenahn benannte. Ausnahmen bildeten die Königsfamilien sowie einige langobardisch-bayerische Adelsverbände, die bereits im Frühmittelalter „einen Namen" hatten.[649]

Damit sein System funktionierte, musste Arnulf nicht bloß mit den Großen des Ostfrankenreichs einen tragbaren Interessensausgleich finden, sondern auch zwischen den einzelnen Adelsgruppen ein ausgewogenes Gleichgewicht herstellen, besonders wenn diese über die Position des *secundus a rege* um die Erringung fürstlichen Ranges stritten.[650] Besonders in Bayern kamen als weitere Spieler die mehr oder weniger abhängigen gentilen Fürsten slawischer Völker hinzu, allen voran der königgleiche Mährer Zwentibald I. (871–894), der je nach Vorteil mit oder gegen bayerische Adelige, mit oder gegen den König vorging.[651] Zu nennen ist auch Brazlavo von Siscia/Sisak, der jedoch stets treu zum jeweiligen fränkischen Herrscher stand.[652] Während die fränkischen, sächsischen und thüringischen Großen die Königserhebung Arnulfs 887 geschlossen oder wenigstens mehrheitlich förderten und der Mährerfürst Zwentibald I. offensichtlich entscheidende militärische Hilfe leistete, folgte ihnen nur ein Teil des bayerischen und alemannischen Adels.[653] Dass Arnulfs Rückhalt in Alemannien ursprünglich bescheiden und erst zu erringen war, ist verständlich, weil dieses Regnum das Erbe Karls III. des Dicken war und dieser *rex Alemanniae*, wie ihn Notker von St. Gallen nennt,[654] hauptsächlich den Alemannen „die Sorge um sein (vergrößertes) Reich anvertraut hatte".[655] Und in Bayern und seinem Ostland haben Arnulfs Vater Karlmann, aber auch er selbst, wie etwa im Falle des Grafen Erembert oder

---

646 Tellenbach, Königtum und Stämme 41 f. Vgl. Hechberger, Adel 69 f., und Brunner, Gruppen 8 mit Anm. 8.
647 Störmer, Adel 2, 413.
648 Die Nennung bei Hermann von Reichenau, Chronicon a. 906; S. 111; Adalbert sei *nobilis et bellicosus de Babenberg Francus*, dürfte eine der ältesten hochmittelalterlichen Geschlechtername gewesen sein und ist auch aus einem Ortsnamen und nicht nach dem Namen eines Spitzenahns gebildet.
649 GuR 287.
650 Zum Begriff *secundus a rege* siehe Brunner, Gruppen 27–35, vgl. die treffende Kapitelüberschrift " Die Formierung des Herzogtums (sc. Schwabens) im Ringen mit Königtum und Kirche (9./10. Jahrhundert)" in Zettler, Geschichte 73.
651 Siehe Anm. 65.
652 Siehe Anm. 142–144.
653 AF (Ratisb.) a. 887; S. 115.
654 Zettler, Geschichte 69 mit Anm. 39.
655 GuR 163 f. AF(Ratisb.) a. 887; S. 115.

während der Wilhelminer Fehde, Verletzungen verursacht, die, wenn überhaupt, lange nicht heilten. Außerdem dürften Entscheidungen, wie im Frühjahr 888 die Heirat mit der Fränkin Oda/Uota, andere Adelsgeschlechter besonders im ehemaligen Reich Ludwigs des Jüngeren enttäuscht haben.[656] Timothy Reuter bezweifelte Uotas Zugehörigkeit zu den fränkischen Konradinern. Trotz seiner beachtlichen Argumentation und obwohl bloß schwache Indizien dafür sprechen,[657] soll die Frage nach der Herkunft der Königin weiterhin offen bleiben. Jedenfalls war der König mit den fränkischen Konradinern wie den sächsischen Liudolfingern verschwägert.[658] Obwohl die mit Arnulf sogar blutsverwandten bayerischen Luitpoldinger und Sighartinger im ostfränkischen Reich an der Spitze standen, stellten die Nachkommen der nichtbayerischen Reichsaristokraten die ostfränkisch/deutschen Könige des 10. Jahrhunderts. Für Bayern reichte es, ein geschlossenes „teutonisches" Herzogtum zu werden,[659] das unter den bald deutschen Herzogtümern zwar den ersten Rang einnahm,[660] aber nur selten als Basis diente, um die Herrschaft im Deutschen Reich zu erringen. Und so ist es unter radikal anderen Bedingungen und Namen bis heute geblieben.

Die Spitzen der verschiedenen Adelsgruppen hatten ihrerseits auf ihre Gefolgsleute Rücksicht zu nehmen. Das erklärt unter anderem den fortwährenden Wandel der Loyalitäten, mit dem die königliche Politik rechnen musste. Unterstützung oder Ablehnung Arnulfs waren keine unveränderlichen politischen Positionen oder gar Merkmale einer Partei. „Jene soziale Schicht, die einmal als Opposition fassbar wird, macht das andere Mal die *amicitia regis* aus."[661] Diesem Wandel entsprach eine königliche Politik, die in mitunter sehr kurzen Abständen eine vollständige oder teilweise Rehabilitation auf totalen Ämterverlust und Güterkonfiskation folgen ließ. Nicht selten versuchte Arnulf, potenzielle Gegner durch Privilegien zu gewinnen, bevor es zum Bruch kam, wie dies etwa im Falle der Alemannen Graf Ulrich IV. und Abt Bernhard von St. Gallen sowie des mächtigen bayerischen Grafen Engildeo geschah.[662] Die Teilnahme am Spiel der Mächtigen war freilich nicht ungefährlich; es herrschten Totschlag und Blutrache. Das Ringen um den ersten Rang in einem Regnum konnte gleich einer antiken Tragödie oder als Vorlage für ein zweites Nibelungenlied enden. Ganze Familien wurden ausgelöscht, wie das Schicksal des im Heldenlied besungenen Untergangs der älteren Babenberger oder Popponen,[663] aber auch das der nichtbesungenen Wilhelminer lehrt. Lieder gab es dagegen auf deren und Ar-

---

656 Becher, Zwischen König und „Herzog" 105 f.
657 Becher, Zwischen König und „Herzog" 92 f. und 104 f. Reuter, Uota-Prozeß 257.
658 Siehe Anm. 579 und Becher, Zwischen König und „Herzog" 118 f. (Liudolfinger).
659 Zum „teutonischem" bayerischen Herzogtum siehe WS 389–391 und GS 260.
660 Siehe Lampert, Annales a. 1071; S. 119.
661 Siehe Brunner, Gruppen 194. Becher, Zwischen König und „Herzog" 120. Allgemein Deutinger, Königsherrschaft 53–108, 273–317.
662 DD Arn 24 f.; S. 35 f. und 36 f. (888) für Bernhard: vgl. D Arn 103; S. 152. D Arn 52; S. 74 f. (889) für Vasallen Engildeos. D Arn 81; S. 121 (890) für Ulrich und seine Frau.
663 Siehe Wenskus, Stammesadel 300, zu Ekkehard IV., Casus c. 11, S. 36, und Widukind, Res gestae I 22; S. 34, vgl. Liutprand, Antapodosis II 6; S. 41.

nulfs Gegenspieler Arbo, der im hohen Alter die hohe Jagd auf einen Wisent nicht überlebte.[664]

2. Bayern und das Bayerische Ostland

2.1. Die Ernste

Die Adelsgruppe der Ernste hatte bereits von Karl dem Großen eine bedeutende Stellung in Bayern und seinem Ostland erhalten.[665] Unter Ludwig dem Frommen wurde ein Ernst Graf im Nordgau und erlangte unter Ludwig dem Deutschen in Bayern den Rang „des ersten unter den Freunden des Königs".[666] Als sich ein Konflikt zwischen dem König und seinem ältesten Sohn Karlmann abzuzeichnen begann, unterstützte Ernst den seit 856 amtierenden Präfekten des Ostlandes und wurde spätestens vor Frühjahr 861 sein offizieller Schwiegervater. Ludwig der Deutsche reagierte rasch darauf, indem er ihn und dessen Anhang auf einem Regensburger Reichstag des Frühjahrs 861 stürzte.[667] Obwohl Ernst möglicherweise der Großvater Arnulfs von der Mutterseite her war, haben er, der schon 865 starb, und seine Gruppe für Arnulfs Werdegang keine wesentliche Rolle mehr gespielt. Auch sein Sohn Ernst, der 877 die oberpannonische Grafschaft um Steinamanger besaß, wird danach nicht mehr genannt. Er dürfte allerdings zu Karlmanns „Freunden" gezählt haben, dessen Schwager er vielleicht war, und im Gegensatz zu Arbo gestanden sein, obwohl oder gerade weil er dem Markgrafen vom König zugeordnet wurde.[668]

2.2. Die Wilhelminer

Im Jahre 870 schien Karlmann und seinen Grafen die vollständige Unterwerfung des Mährerreichs gelungen zu sein. Die Bayern des Ostlandes triumphierten; sogar der Schatz des Mährerfürsten Rastislav geriet in ihre Hände. Nun war es nur mehr eine Frage der Zeit, bis Mähren wie Karantanien eine weitere fränkisch-bayerische Grafschaft sein würde. An der Spitze der bayerischen Eroberer standen Wilhelm II. und Engilschalk I. Die beiden Brüder gelten als Söhne Wilhelms I. und dürften von Ludwig dem Deutschen, aber im Sinne Karlmanns als Grenzgrafen im Ostland eingesetzt worden sein. Möglicherweise war zumindest Wilhelm II. schon nach dem Tod seines Vaters auch Graf im Traungau geworden. Die Grundlage der wilhelminischen Macht hatte Wilhelm I. ge-

---

664 Ekkehard von Aura, Chronica a. 1104; S. 186: *quem (sc. Aerbonem) in venatu a visonta bestia confossum vulgares adhuc cantilenę resonant.*
665 Mitterauer, Markgrafen 132–137 (Stammbaum).
666 Conversio c. 12 (ed. Wolfram) 76 und 194 mit Anm. 13 und WS 328 mit Anm. 690 zu AF a. 849; S. 38 (Zitat).
667 Brunner, Fürstentitel 239 mit Anm. 37. Siehe auch Anm. 546.
668 Mitterauer, Markgrafen 164f. und 205f.

2. Bayern und das Bayerische Ostland 117

schaffen, der zwischen 827 und 853 als Graf im Traungau nachzuweisen ist, aber auch über Besitz nördlich der Donau und östlich der Enns bis zur Erlauf verfügte. Er war den Ostlandpräfekten Gerold II. (826–832) und Ratpot (833–854) zugeteilt und wurde in deren Auftrag für Abmachungen mit slawischen Großen eingesetzt.[669] Am Beginn von Wilhelms Mandat weihte der Salzburger Erzbischof Adalram (821–836) in Neutra/Nitra eine Kirche, die kaum für den noch heidnischen Fürsten Priwina, sondern eher für dessen bereits christlichen Angehörigen, seine Frau und ihren gemeinsamen Sohn Chozil, bestimmt war. Die Dame könnte eine Wilhelminerin gewesen sein, die Chozil, der in das Reichenauer Verbrüderungsbuch gemeinsam mit einem Wilhelm eingetragen wurde, *hereditas* im wilheminischen Traungau vererbte.[670]

Wilhelm II. und Engilschalk hielten zunächst nicht nur erfolgreich die 870 eroberten mährischen Burgen, sondern gingen auch gegen Zwentibald I. vor, gegen den Fürsten von Neutra und Vasallen ihres eigenen Herrn Karlmann. Sie nahmen ihn kurzerhand fest und schickten ihn Karlmann unter der Anschuldigung, der Mährerfürst habe „das Verbrechen der Treulosigkeit" begangen. In diesem Augenblick brach die Kommunikation zwischen dem Königssohn und seinen Grenzgrafen so völlig zusammen, dass Karlmann nicht recht wusste, was er mit dem Mährer, der sich glänzend rechtfertigte, anfangen solle. Durch königliche Geschenke geehrt und erfüllt von tiefem Hass auf die Wilhelminer, kehrte Zwentibald I. an der Spitze des „Heeres Karlmanns" nach Mähren zurück, scheinbar um gemeinsam mit den Wilhelminern jeglichen Widerstand zu brechen. Während die Bayern nichts ahnend ihr Lager errichteten, schlug Zwentibald überraschend zu und richtete unter ihnen ein Blutbad an, vor dem sich nur ganz wenige, obgleich verstümmelt retten konnten. Wilhelm II. und Engilschalk I. waren unter denen, die 871 nicht zurückkehrten. Als die Bayern Karlmanns im darauffolgenden Jahr 872 die schwere Scharte auszuwetzen suchten, erlitten sie abermals eine verheerende Niederlage. Sogar die Schiffe, mit denen sie die niederösterreichische Donau abwärts ins Mährerreich gefahren waren und die ihren Rückzug decken sollten, gingen verloren.[671]

In diesen Kämpfen der frühen 870er Jahre war fast die gesamte Führungsschicht des Bayerischen Ostlandes ausgelöscht worden, darunter viele Anhänger des sieglosen Ostlandpräfekten Karlmann. Daher konnte König Ludwig der Deutsche 871 bestimmen, wer die Donaufront künftig kommandieren solle, und seine Wahl fiel unter Missachtung der wilhelminischen Rechte auf Arbo. Am 20. Januar 882 starb Ludwig der Jüngere, und Karl III. der Dicke folgte ihm auch in Bayern nach. Da sahen die sechs Söhne Wilhelms II. und Engilschalks I. ihre Zeit für gekommen, vertrauten auf die Unterstützung wesentlicher Teile des bayerischen Adels und schlugen 882 los.[672] „Eins von beiden müsse geschehen; entweder wird Graf Arbo, falls er die Grafschaft ihrer Väter nicht aufgebe, oder

---

669 TF 548; 1, 469 f. (a. 827), und D LD 64; S. 169–171 (a. 853).
670 Conversio (ed. Wolfram) 185–187.
671 Nach GuR 255 f. und AF aa. 870 und 871; S. 70–76. Siehe auch MacLean, Kingship 137–139, sowie immer noch Mitterauer, Markgrafen 180 f.
672 AF (Ratisb.) a. 884; S. 111.

sie selbst werden von der Schärfe des Schwertes sterben." Letzteres geschah. Das Echo auf das tragische Ende der Wilhelminer muss schon sehr stark und allgemein gewesen sein, wenn man diesen Satz, der in einer nordischen Saga stehen könnte, in einem schlichten Regensburger Annalenwerk zum Jahre 884 findet.[673] Der Sturz der Wilhelminer war die Folge ihrer zu riskanten Politik, so dass die im Bayerischen Ostland zeitweise fast allmächtige Sippe zwischen den fränkischen Königen, den adeligen Konkurrenten und dem Mährerfürsten Zwentibald I. zerrieben wurde.

Arbo war nicht unvorbereitet gewesen, obwohl die Gegenseite zunächst schneller war. Aus seiner Grafschaft frühestens 882 vertrieben, wandte sich Arbo an Karl III., der die väterliche Politik fortsetzte und zu ihm stand. Formell vom König bestätigt und an der Donaugrenze wieder eingesetzt, erhielt Arbo von Zwentibald, der mit den Wilhelminern wegen der Schande seiner Verhaftung eine offene Rechnung zu begleichen hatte, die entscheidende militärische Unterstützung. Allerdings musste der Graf seinen Sohn Isanrih vergeiseln, um dem Mährerfürsten die entsprechende Sicherheit zu bieten und ihn für sich zu gewinnen. Werinhar, der mittlere der drei Söhne Engilschalks, und sein Vetter Graf Wezzilo waren die ersten Opfer. Beide gerieten nördlich der Donau in mährische Gefangenschaft, wurden auf grausame und schmachvolle Art verstümmelt und mehr tot als lebendig heimgeschickt. Darauf sandte Zwentibald, „Pfeilschützen," anscheinend bereits ungarischer Herkunft, über die Donau nach Süden, um die wilhelminischen Besitzungen zu verbrennen. Möglicherweise lassen sich diese aufgrund von aktuellen Ortsnamen lokalisieren. Grafenwörth an der Kampmündung, Herzogenburg und Wilhelmsburg an der Traisen sowie die Orte Enzersfeld bei Korneuburg, Maria Enzersdorf und Enzesfeld werden den Wilhelminern zugeschrieben. In der Retrospektive urkundlich bezeugt sind Mautern, Kamp und Perschling.[674] Zumindest Herzogenburg und Wilhelmsburg dürften tatsächlich wilhelminischer Herkunft sein. Herzogenburg wird bereits 1014 in einem Diplom Heinrichs II. (1002–1024) erwähnt,[675] kann sich demnach nicht von einem österreichischen Herzog herleiten. Außerdem ist die lateinische wie die volkssprachliche Verwendung des Herzogsbegriffs für die karolingischen Grenzgrafen bezeugt.[676] Jedenfalls lagen die wilhelminischen Besitzungen in Arbos Grafschaft, wo sich ihre Inhaber nach dem Scheitern ihrer Politik nicht mehr halten konnten. Die Wilhelminer gingen über die Raab in das pannonische Fürstentum Arnulfs und wurden dessen Vasallen. Darauf verlangte Zwentibald, Arnulf möge ihnen seinen Schutz entziehen und sich von ihnen trennen. Weil nichts davon geschah, griff Zwentibald an. Der Krieg, der Pannonien östlich der Raab verheerte, dauerte von 882 bis 885. Im Jahre 884 versuchten die Wilhelminer Megingoz und Papo, die älteren Söhne Wilhelms II. und Engilschalks, der mährischen Streitmacht Widerstand zu leisten, wurden aber in der Schlacht geschlagen und getötet. Im Herbst 884 trafen einander Kaiser Karl III. und

---

673 AF (Ratisb.) a. 884; S. 110 f.
674 D Arn 120; S. 175–177, Ranshofen, 893 X 22.
675 D H. II. 397; S. 398 f.
676 WS 91 Anm. 122.

Zwentibald I. am Westabfall des Wienerwaldes und schlossen an der Kleinen Tulln einen auffallend aufwendigen Friedensvertrag, der Arnulf mit keinem Wort erwähnte. Erst 885 gelang es ihm, mit Zwentibald Frieden zu schließen, doch bedurfte es dazu der Vermittlung bayerischer Großer.[677] Der Preis für die erfolgreiche Vermittlung dürfte das Ende von Arnulfs Unterstützung der Wilhelminer gewesen sein. Noch schienen sie aber nicht völlig zu den Verlierern zu zählen. Vom Oktober 889 bis gegen 892 wird der Wilhelminer Ruodpert als Grenzgraf wohl Karantaniens bezeugt.[678] Es war um die gleiche Zeit, dass sein Vetter Engilschalk II. das alte Verhältnis zu Arnulf wieder herzustellen suchte, wozu er sich aber einer höchst zweifelhaften Methode bediente. Er raubte die illegitime Tochter des Königs, die vielleicht Ellinrat hieß,[679] und ging mit ihr ins mährische Exil, das er erstaunlicher Weise überlebte, bis ihm Arnulf die Rückkehr gestattete. Der königliche Schwiegervater nahm ihn wieder in Gnaden auf und machte ihn zu einem „Markgrafen im Osten", *marchensis in oriente*, wahrscheinlich für das pannonische Fürstentum. Demnach hätte Arnulf bald nach seiner Königserhebung die beiden Vettern mit den zwei Großeinheiten seines ursprünglichen karantanisch-pannonischen Herrschaftsgebietes betraut.[680] Im Jahre 892 sah Engilschalk II. im Wiederausbruch der Kämpfe an der Donau die Gelegenheit, mit Arbo abzurechnen. Sein Vorgehen erregte aber die Ablehnung weiter Kreise, woraufhin der König seinen Schwiegersohn fallen ließ oder fallen lassen musste. Als Engilschalk II. nach Regensburg kam, wurde er von seinen Gegnern festgenommen und zur Blendung verurteilt, ohne dass Arnulf einschreiten konnte. Der Versuch des Engilschalk-Vetters Wilhelms III., mit Hilfe Zwentibalds das Blatt zu wenden, scheiterte völlig; Wilhelm wurde als Majestätsverbrecher verurteilt und geköpft, wobei man ihm zum Vorwurf machte, er habe mit den Mährern durch Gesandte verhandelt. Wenn aber Wilhelm zu den Mährern sandte, dann galt die Botschaft nicht bloß Zwentibald, sondern auch einem anderen „Hochverräter". Wilhelms letzter Bruder Ruodpert hatte das mährische Exil aufgesucht. Warum der Grenzgraf sein Mandatsgebiet verließ, wird nicht gesagt. Der Druck der antiwilhelminischen Adelsgruppen muss wohl zu stark geworden sein. Jedenfalls war der Wilhelminer Ruodpert dem Mährerfürsten 893 so wenig wert, dass er seiner alten Rache freien Lauf und den Flüchtling samt dessen Gefolge umbringen ließ.[681]

Nun wurde auch Arnulf aktiv und übertrug am 22. Oktober 893 die wegen Untreue eingezogenen Güter Wilhelms und Engilschalks in Mautern, am Kamp und in Perschling sowie an allen anderen Orten Bayerns und der *Sclavinia* an Abt Snelpero von Kremsmünster. Die Maßnahme betraf auch die Erben der beiden, in der Urkunde Brüder genannten Vettern, denen der König über den Tod hinaus

---

677 AF (Ratisb.) aa. 884 f.; S. 111–114.
678 DD Arn 63 und 109; S. 92–94 und 161 f. (Ruodpert und Engilschalk II. werden gemeinsam erwähnt).
679 Siehe Anm. 560–563.
680 Mitterauer, Markgrafen 181, sieht in der Einsetzung Engilschalks II. in der Grafschaft von Steinamanger eine Schwächung Arbos.
681 AF (Ratisb.) a. 893; S. 122.

bescheinigte, einst tüchtige Grenzgrafen gewesen zu sein, und das innerhalb Arbos mittlerem *comitatus*.[682] Der Nutznießer des Schlussakts der wilhelminischen Tragödie war aber nicht Arbo, sondern der Königsverwandte Luitpold, der 893 die erste Stufe seines unaufhaltsamen Aufstiegs erklomm.[683]

2.3. Markgraf Arbo (871 bis nach 909)

Im Jahre 871 hatte Zwentibald I. den bayerischen Heeren Karlmanns außerordentlich verlustreiche Niederlagen zugefügt. Unter den zahlreichen Opfern des bayerischen Adels befanden sich auch die Wilhelminer Engilschalk I. und Wilhelm II., die treue Gefolgsleute Karlmanns gewesen waren. Ludwig der Deutsche nützte die deutliche Schwächung seines unbotmäßigen Sohnes und setzte 871 den Grafen Arbo als Nachfolger der beiden Wilhelminer in deren drei Grafschaften im Ostland ein.[684] Diese bestanden aus dem Traungau, aus der Donaugrafschaft zwischen Enns und Raab mit den Vororten Mautern und Tulln und der oberpannonischen Grafschaft mit dem Vorort Savaria, dem heutigen Steinamanger/Szombathely, wenn es richtig ist, dass der hier kommandierende Comes Ernst dem Obergrafen Arbo zugeteilt war.[685] Als die übergangenen Wilhelminersöhne herangewachsen waren, suchten sie Arbo von ihrem Erbe zu verdrängen. Die daraus entstehenden Kämpfe führten zur Wilhelminer-Fehde von 882 bis 885. Auf Arbos Seite standen sowohl Kaiser Karl III. der Dicke wie der Mährerfürst Zwentibald I. Dagegen trat der Ostlandpräfekt Arnulf für die Sache seiner wilhelminischen *homines* ein. Arbo war einer der ersten, den ostfränkische Urkunden nach westlichem Vorbild als Markgrafen, *marchio*, bezeichneten.[686] Die Diplome Arnulfs nennen ihn und andere Obergrafen des nun geteilten Ostlandes jedoch meistens einen *comes terminalis*, einen Grenzgrafen.[687] Arbo überlebte trotz zweimaliger Amtsenthebung 881/82 und 898 alle Wirren der Zeit und war noch 909 der Graf im Traungau. Es fehlte nicht viel auf 40 Jahre, die er in Amt und Würden verbrachte.[688] Arbo gilt als Urvater der Aribonen und stammte aus einer fränkischen Adelsfamilie. Auch besaß er Verbindungen zur aleman-

---

682 D Arn 120; S. 175–177.
683 AF (Ratisb.) a. 893; S. 122 f. GuR 269 f.
684 Mitterauer, Markgrafen 256 s. v., GuR 268 f. und 270–272. Noch in der Raffelstettener Zollordnung. Capitularia n. 253; 2, 250 =NÖUB n. 13; 1, 151, heißt es von Arbos Mandatsgebiet *in his tribus comitatibus*.
685 WS 319 f. und GuR 432 Anm. 258 nach Mitterauer, Markgrafen 164 f.
686 Vgl. D Arn 83; S. 124 f. (891 V 12) *interveniente Poppone marchione nostro*.
Luitpold in D Arn 162; S. 245 f. (898 VIII 31) sowie DD LdK 27 und 42; S. 135–137, und 162 f. (903 IX 26 und 905 V 16). Arbo in der Raffelstettener Zollordnung. Capitularia n. 253; 2, 250 = NÖUB 13; 1, 151.
687 D Arn 32; S. 47 f. und D Arn 63; S. 93.
688 AF (Ratisb.) a. 884; S. 111, datiert die Wiedereinsetzung Arbos mit dem bayerischen Herrschaftsbeginn Karls III. AF (Ratisb.) a. 898; S. 132: kurzfristige Amtsenthebung durch Arnulf wegen Unterstützung der Gegenpartei im mährischen Nachfolgestreit. – WS 386 mit Anm. 287 zu D LdK. 67; S. 198 f., von 909 II 19: letzte datierte Nennung Arbos.

nischen Führungsschicht, die seit der Absetzung Tassilos III. 788 von den Karolingern zur Verwaltung Bayerns und seines Ostlandes herangezogen wurde.[689] Arbos Frau könnte die Schwester des Salzburger Erzbischofs Pilgrim (907–923), des unmittelbaren Nachfolgers Theotmars (873–907), gewesen sein.[690] Wie schwach die letzten Jahre von Arnulfs Königtum waren, zeigt sich auch daran, dass Arbos Sohn Isanrih im Raum von Mautern eine illegale Herrschaft errichten und diese trotz vorübergehender Gefangenschaft mit mährischer Hilfe behaupten konnte. Auch war es Isanrih, der seinen Vater dazu bewog, in den Wirren nach Zwentibalds I. Tod die mährische Gegenpartei zu unterstützen und 898 eine Fehde mit dem todkranken Arnulf und seinem *secundus* Luitpold zu riskieren. Schon vor der Schlacht bei Pressburg besaß Arbos dreifache Grafschaft nicht mehr das ursprüngliche Ausmaß. Nach der Schlacht im Juli 907, der Arbo wohlweislich fern geblieben war, bestand seine dreifache Grafschaft nur mehr aus dem altbayerischen Traungau. Als er, unbekannt wie bald nach dem Februar 909, auf der Jagd von einem Wisent durchbohrt wurde, sang das Volk Lieder auf ihn.[691]

2.4. Heimo und die Witigonen

Heimo besaß Erbbesitz am Wörthersee und gab nicht wenig davon als Mitgift seiner Schwester Tona/Tunza (Antonia), als sie den karantanischen Edlen Georgius heiratete.[692] Eine Eintragung in den Codex Foroiuliensis, die das gemeinsame Auftreten Witigowos, Heimos Vaters, mit seiner Familie bezeugt, enthält die Namen seines Schwiegersohnes Georgius und den seiner Tochter Tona.[693] Auch findet sich hier ein Witigowo zwischen einem Heimo und einem Hunfrid, gefolgt von einer Miltrud. Sie alle sind vergesellschaftet mit slawischen Fürsten und Großen, ja selbst mit denen der Bulgaren.[694] Heimo war Angehöriger einer Adelsfamilie, für die Michael Mitterauer burgundisch-romanische Herkunft erschloss und die in Bayern und seinem Ostland heimisch geworden war.[695] So standen er und seine namentlich bekannten Familienangehörigen, darunter seine Eltern Witigowo und Irnpurc, für vielfache bayerisch-slawisch-romanische Beziehungen, wie sie vor allem die Memorialüberlieferungen Friauls und Salzburgs bezeugen.[696] Heimo war wohl dem gotischen Sagenhelden Heime

---

689 GuR 294. Störmer, Adel 1, 248f.
690 Dazu und zum folgenden siehe WS 317–321 und GuR 256–256, bes. nach Mühlberger, Ostland 129f., Störmer, Adel 1, 227f., und Dopsch, Bayerischer Adel 125–151.
691 AF (Ratisb.) a. 898; S. 132, und a. 899; S. 133. GuR 432 Anm. 258–260. NÖUB 1, 154f.
692 TF 1036; 1, 780f. GuR 268. Conversio (ed. Wolfram) 283–285 und 341–344; vgl. 110 Anm. 8.
693 Ludwig, Beziehungen S. 256, fol. 5ᵛ.31, 1) *Georgius et* 2) *Tona*.
694 Ludwig, Beziehungen S. 256, fol. 5ᵛ.33, 1) *Heimo* 2) *Uuitagauuo*...4) *Mildrud*... – 38). Zur geschichtlichen Einordnung siehe GuR 268, WS 226 mit Anm.154 und 464 s. v. Witigowo.
695 Dazu und zum folgenden siehe Conversio (ed. Wolfram) 340–353, und Mitterauer, Markgrafen 144–153.
696 Siehe Conversio (ed. Wolfram) 283–286, bes. 284.

nach benannt,[697] und schon sein Vater Witigowo trug den Namen eines gotischen Helden.[698] Nicht weit von einer ihrer wichtigen, wenn nicht wichtigsten Besitzungen der Adelsgruppe lag der Platz, der 832 „seit alters Harlungenburg" hieß und 853 nochmals als Harlungenfeld erwähnt wird. Die beiden Ortsnamen in unmittelbarer Nähe von Pöchlarn-Bechelaren des Nibelungenliedes erinnern an die Harlungen, die dem gotisch-erulischen Sagenkreis um König Ermanarich angehören. Harlungenorte gibt es im gesamten deutschen Sprachraum; von der Erlaufmündung aber stammen die ältesten und überdies urkundlich bezeugten Erwähnungen.[699]

Heimos Vater Witigowo war ein Geschädigter der Politik Karlmanns. Er wird zwar 859 noch als Graf Ludwigs des Deutschen im heute steirischen Admonttal bezeugt. Aber bald darauf dürfte er zu den Grafen gezählt haben, die Karlmann, der älteste Sohn des Königs und Ostlandpräfekt, um und nach 860 samt dem karantanischen Obergrafen Pabo absetzte und vertrieb. Witigowo fand Hilfe bei Karlmanns Gegnern: König Karl III. der Dicke, der Markgraf Arbo gegen die mit Arnulf verbündeten Wilhelminer unterstützte, schenkte Witigowo ein umfangreiches Eigengut im Grunzwitigau und bestätigte 885/87 als Kaiser die Übertragung. Das Gut lag in Arbos Donaugrafschaft am Ostrand des Dunkelsteiner Waldes halbwegs zwischen den heutigen Städten St. Pölten und Krems. Ihr Besitzer kann kein Gegner Arbos oder Karls III. gewesen sein.[700]

Noch als Präfekt des Bayerischen Ostlandes muss es jedoch Arnulf gelungen sein, Witigowos Sohn Heimo und dessen Frau Miltrud für sich zu gewinnen. Beide unterstützten außerordentlich tatkräftig seinen Aufstieg zum Königtum. Nicht unmöglich, dass Heimo zu denjenigen bayerischen Großen zählte, die 885 die Aussöhnung zwischen Arnulf und Zwentibald vermittelten.[701] Dass Heimo als erster nach Arnulfs Herrschaftsbeginn zum engsten Kreis um den König zählte, beweist seine Bezeichnung als *ministerialis*, eine Stellung, die damals noch keine ständische Bedeutung hatte, wenn ihr auch im Hochmittelalter eine solche zugeschrieben wurde.[702] Zur Belohnung für ihren Einsatz wurden zuerst Heimo und danach Miltrud vom König reich beschenkt.[703] Für „häufige und hinge-

---

697 RGA Register 2 (Berlin 2008) 382. Vgl. Haubrichs, Baiern, Romanen und Andere 414.
698 GuR 503 s. v. Zu Iordanes, Getica 43; S. 65, und 178; S. 104, siehe RGA Register 2, 941 f. s. v. *Vidigoia* und 990 s. v. *Witiges*.
699 WS 53 f. und GuR 309 nach D LD 8; S. 9 f., und D LD 64; S. 87 f. Siehe nicht zuletzt Störmer, Adel 2, 496 f.
700 D LD 99; S. 143 f. (859 X 1), und D K. III. 113; S. 179 f., oder NÖUB n. 6a; 1, 75 f.
701 Siehe AF (Ratisb.) a. 885; S. 114 (letzte Eintragung zu a. 885).
702 D Arn 32; S. 47 f. Siehe Conversio (ed. Wolfram) 340–353 oder NÖUB n. 6b; 1, 76–78. Zum Begriff *ministerialis* siehe Conversio (ed. Wolfram) 345 f. und die hochmittelalterliche Fälschung D Arn 181; S. 276 (*poticularius*). WS 305 mit Anm. 590.
703 D Arn 32; S. 47 f. = NÖUB n. 6a; 1, 76–78 (80 f.: Kommentar und Literaturangaben). Zehetmayer, Studien bes. 45–48. WS bes. 319 f. und GuR 268–272 sowie Conversio (ed. Wolfram) 340–353. D Arn 42; S. 60 f. (888 XII 26): Schenkung an Miltrud.

bungsvoll geleistete Dienste"[704] erhielt Heimo für sein Grunzwitigauer Erbgut ganz besondere, ja für das Ostland einmalige Rechte. Arnulf übertrug ihm die erbetene erbliche Gerichtsbarkeit über alle seine Leute, Freie und Unfreie.[705] Dazu wurde die Zustimmung des zuständigen Grenzgrafen Arbo eingeholt.[706] Mit ihm musste sich Heimo wegen der Errichtung einer Burganlage verständigen, wohin sich seine Leute im Ernstfall mit Hab und Gut flüchten konnten. „In gewohnter Weise" sollten sie dort Wachdienste leisten, die Burg bemannen und instand halten. Auch hatten Heimo oder sein Stellvertreter, *vicarius*, das öffentliche Grafengericht aufzusuchen, um dort Recht zu geben und zu nehmen. Wenn eine Rechtssache aus dem Reich der Mährer von der Art zu verhandeln war,[707] die Heimo oder sein Vogt nicht schlichten konnten, hatte Graf Arbo die Vollmacht, sie *potenter* zu erledigen. Schließlich wurden Heimo alle rechtmäßigen Abgaben verliehen und dazu der dritte Teil der *civiles banni*, der (dem Grafen zustehenden) Bußgelder,[708] die sein „Volk", *gens, populus*, zu leisten hatte.[709]

Das dafür im Spätfrühling 888 in Frankfurt ausgestellte Diplom ist eine Notitia; sie beurkundet im Perfekt einen in der Vergangenheit mündlich vollzogenen Rechtsakt, der in diesem Fall vornehmlich, aber nicht bedingungslos Heimo begünstigte.[710] Arnulf und Arbo dürften sich auf diesen Kompromiss geeinigt haben, nachdem der König zu Frühlingsbeginn 888 in höchster Eile von Karantanien in den Traungau gekommen war. Hier könnte eine Art gegenseitiger Anerkennung stattgefunden haben. Arbo, der langzeitige Anhänger Karls III., huldigte Arnulf als König, und dieser bestätigte den Markgrafen als Inhaber der drei Grafschaften. Außerdem stimmte Arbo zu, dass der König seinen treuen Helfer Heimo in der Donaugrafschaft mit einem strategisch wichtigen Auftrag betraute.[711] Da er die Rechte des Markgrafen nicht schmälerte, hatte Arnulf einen alten Gegner gewonnen. Dies galt zumindest für die Zeit bis 891, das heißt, solange Zwentibald mit seinem Gevatter kooperativen Frieden hielt und bereit war, ihm mit seinem Gefolge „gleich Eigenleuten zu dienen". So versicherte es Arbo seinem König in einem Brief, der auf der Insel Reichenau als Original erhalten blieb.[712] In Arbos Traungauer Grafschaft wurde 902/03 die Raffelstettener Zollordnung verabschiedet, an der Heimo als *iudex* mitwirkte; nicht unmöglich, dass er diese Funktion schon 888 ausübte.[713]

---

704 Zur Übersetzung von *obsequium* als Dienst siehe etwa D Charles le Simple 13: ...*tale obsequium vel tale servitium*, oder Astronomus, Vita Hludowici imperatoris cc. 6 (Ende) und 7 (Anfang), wo *obseqium* und *servitium* einander gleichgesetzt werden.
705 D K. III. 113; S. 179 f., oder NÖUB n. 6a; 1, 75 f. (79 f.: Kommentar und Literaturangaben). GuR 350–356.
706 WS 95 f., 119 und 319 f., vgl. 448 s. v., und GuR 268–280.
707 Zu *Maravi* siehe Conversio c. 10 (ed. Wolfram) 72; vgl. Graus, Nationenbildung 157 f.
708 Conversio (ed. Wolfram) 344 f. und 347.
709 Conversio (ed. Wolfram) 346 mit Anm. 55.
710 D Arn 32; S. 47 f. = NÖUB n. 6b; 1, 76–79.
711 Siehe Schmid, Kaiser Arnolf 200 mit Anm. 61 f.
712 WS 95 mit Anm. 139 und GuR 269 mit Anm. 334 nach Schwarzmaier, Brief 56–63.
713 Zehetmayer, Studien 46 f., zu Capitularia n. 253; 2, 250, Z. 27, = NÖUB n. 13; 1, 151 und 156.

Von ihrem Beginn abgesehen, ist die Geschichte von Arbo und Heimo gut dokumentiert. Für den Anfang gibt es bloß Indizien, deren Interpretation auf die Möglichkeitsform angewiesen ist. Es fällt allerdings auf, dass Abt Snello/Snelpero von Kremsmünster innerhalb kürzester Zeit drei Königsurkunden empfing, und zwar in Regensburg am 7. und 8. Jänner sowie im heute oberösterreichischen St. Florian am 1. April 888. Warum Arnulf so dringend von der karantanischen Moosburg ins Traungauer St. Florian reisen musste,[714] ist nirgends ausdrücklich überliefert. Denkbar wäre, dass Witigowo gestorben war und Heimo um sein Erbe in Arbos Grafschaft fürchtete,[715] sollte nicht der König eingreifen. Die in St. Florian abermals vorgenommene Privilegierung des Abtes von Kremsmünster hätte ebenso gut wieder in Regensburg erfolgen können. Aber schon die in Regensburg ausgestellten Diplome machen einen feinen, aber wichtigen Unterschied, Die erste Urkunde lokalisiert die Schenkung im Traungau „in Teilen Bayerns", die zweite im Traungau in der Grafschaft Arbos.[716] Snelpero konnte daher mit einem Pergament schwarz auf beige heimreisen, aus dem hervorging, dass Arnulf bereit sei, Arbo als Grafen anzuerkennen. Anscheinend diente der Abt von Kremsmünster, das im Traungau lag, als erfolgreicher Vermittler, und Arnulf vermochte Heimo in derselben Grafschaft Arbos mit dessen Einverständnis zu installieren. Es könnte so gewesen sein.

2.5. Luitpold (vor 893–907) und Sigihart (vor 887–897)

Die moderne Geschichtswissenschaft bezeichnet Luitpold als Stammvater der bayerischen Luitpoldinger.[717] Er war nicht nur Arnulfs *nepos* oder *propinquus*, ein Verwandter, sondern sein *consanguineus*, sein Blutsverwandter.[718] Luitpolds Sohn, „aus dem Geschlecht von Kaisern und Königen hervorgegangen," hieß Arnulf und trug als erster hochmittelalterlicher Herzog der Bayern nicht von ungefähr den Namen des letzten Karolingerkaisers.[719] Dessen Mutter Liutswind und Luitpold stehen einander durch Namensvariation nahe, so dass angenommen wird, beide hätten derselben Familie angehört.[720] Die Zuordnung blieb nicht unwidersprochen; anstelle von Luitpold wurde Sigihart, der Stammvater der Sighardinger oder Ebersberger, ins Spiel gebracht.[721] Was die urkundlichen Erwähnungen der beiden Grafen betrifft, fallen deutliche Unterschiede auf. Graf Sigihart ist am Neujahrstag 888 der erste weltliche Empfänger eines Arnulf-

---

714 Siehe oben Anm. 168 f.
715 Conversio (ed. Wolfram) 285 und WS 95.
716 DD Arn 7 f.; S. 13–16, Regensburg, 888 I 7 und I 8, sowie D Arn 21; S. 31, St. Florian, 888 IV 1.
717 Unverändert grundlegend siehe Reindel, Arnulf 234–242, und Reindel, Die bayerischen Luitpoldinger. 893–989, sowie Mitterauer, Markgrafen 227–246.
718 DD Arn 138 und 162; S. 208 f. (895 IX 29), und S. 245 f. (898 VIII 31).
719 WS 386 mit Anm. 283 nach Reindel, Luitpoldinger n. 56; S. 112 (*Fragmentum de Arnulfo duce Bavvariae*).
720 Siehe oben Anm. 534.
721 Schmid, Kaiser Arnolf 202 mit Anm. 81.

Privegs und wird auch in den anderen, ihn betreffenden Urkunden von Arnulf reich beschenkt.[722] Dagegen wird Luitpold zum ersten Mal in einem Diplom erwähnt, das am 29. September 895 ausgestellt wurde. Diese Königsurkunde begünstigt Luitpold ebenso wenig unmittelbar wie alle späteren Diplome Arnulfs, die ihn erwähnen.[723] Er muss aber schon vorher überregionale Bedeutung besessen haben, als er um 887 Kunigunde, die Schwester der führenden alemannischen Grafen Erchanger und Berthold, heiratete.[724] Auch bedurfte Luitpold keiner königlichen Gunstbeweise und tritt verhältnismäßig spät als Intervenient und Herr für Beschenkte auf. Dafür wird er ab der ersten urkundlichen Nennung als „unser geliebter Graf" genannt und erhielt bald auch die im Ostreich noch seltene Titulatur eines Markgrafen.[725] Nicht viel anders stellen ihn die intentionalen Texte dar. Luitpold betritt die große politische Bühne als *famosissimus comes* und spielt sofort eine wichtige Rolle in einer heiklen diplomatischen Mission, deren zeitlichen Rahmen datierte Ereignisse festlegen: Der Bischof von Eichstätt hatte die Gebeine der heiligen Walpurgis ins fränkische Kloster Monheim überführen lassen, offensichtlich um dort ihre Verehrung gewinnbringend aufzuwerten. Dazu diente die Auflistung der zahlreichen Wunder, die der Heiligen zugeschrieben und vom Eichstätter Priester Wolfhard um 895 festgehalten wurde.[726] Als Zeugen zitierte der Autor auch Hildegard, die Tochter Ludwigs des Jüngeren, und den „überaus berühmten Grafen" Luitpold. Die Königstochter kam zum Gebet und mit einem von Geburt an Taubstummen, der Graf mit einem Gelähmten, der ebenfalls seit der Geburt behindert war. Beide Bresthaften wurden geheilt, aber die heilige Geschichte hatte sicher einen, von Wolfhard nicht erwähnten politischen Hintergrund. Da die Translation der Gebeine der Heiligen am 1. Mai 893 geschah und Hildegard vor dem 5. Mai 895 in Ungnade fiel, muss die Wallfahrt ins fränkische Monheim dazwischen erfolgt sein.[727] Hildegard dürfte jedoch versucht haben, eigenständige Politik zu machen, wofür auch spricht, dass sie im Nordgau gemeinsam mit ihrem Vertrauten, dem dort zuständigen Grafen und Arnulfs altem Gegenspieler Engildeo, umfangreiche, vom König später als unrechtmäßig angesehene Enteignungen vorgenommen hatte. Anscheinend wollten die beiden im nördlichen Markengebiet eine solide Machtbasis aufbauen oder verstärken. Und Luitpold begleitete die Königstochter auf eine Pilgerfahrt sicherlich nicht allein mit einem Gelähmten, sondern mit einem entsprechenden Gefolge, um den Aufpasser spielen zu können. Rasch stellte sich das Ergebnis der Mission ein. Wahrscheinlich ver-

---

722 Schenkungen an Sigihart: DD Arn 5, 144 und 159; S. 11 f., S. 219 f. und S. 241 sowie eine verlorene Donation im Chiemgau bezeugt durch D O. I. 81; S. 157 f.
723 Siehe die bei Reindel, Luitpoldinger zwischen nn. 3–17; S. 3–22, genannten Diplome.
724 Reindel, Arnulf 235 mit Anm. 103, nach Annales Alamannici a. 913; S. 56.
725 DD Arn 138 und 162; S. 208 f. und S. 245 f. (895 IX 29 und 898 VIII 31). Siehe die Aufstellung bei Brunner, Fürstentitel 241 f. mit Anm. 52 f., worin auch die Nennungen in den DD LdK. aufgelistet sind. Zu ergänzen ist Luitpolds *marchio*-Nennung in der Raffelstettener Zollordnung von 903/06: Capitularia 2, n. 253; S. 250. Vgl. WS 188–191.
726 Wattenbach/Levison/Löwe, Deutschlands Geschichtsquellen 6, 235 f.
727 Reindel, Arnulf 236 mit Anm. 107. Mitterauer, Markgrafen 236. Dagegen datiert Becher, Zwischen König und „Herzog" 115 f., die Wallfahrt erst nach Hildegards Rehabilitation.

gingen bloß einige Monate, wenn nicht nur Wochen nach dem Besuch in Monheim, dass Hildegard und Engildeo gestürzt wurden. Der von ihnen Geschädigte erhielt seine Güter zurück,[728] und Luitpold übernahm 895 vom abgesetzten *marchensis Baoariorum* Engildeo mit den Grafschaften im Nordgau, in der Westermannmark und im Donaugau um Regensburg gleichsam die Statthalterschaft in Bayern und wurde in diesem Regnum zum unangefochtenen Zweiten nach dem König.[729] Damit hatte Luitpolds Laufbahn als „ramasseur des comtés" zwar ihren Höhepunkt, aber nicht ihr Ende erreicht. Bereits 893 dürfte er den Wilhelminer Ruodpert in Karantanien abgelöst haben. Im Jahre 896 wurden ihm der Sighardinger/Ebersberger Ratold wahrscheinlich mit seiner Grafschaft an der oberen Save und Fürst Brazlavo von Siscia für das Moosburger Fürstentum zugeteilt. Im Jahre 895 hatten sich „alle" böhmischen Fürsten von den sie bedrückenden Mährern losgesagt, waren nach Regensburg gekommen und hatten sich wieder den Bayern unterstellt. Zwei Jahre später kamen wieder böhmische Fürsten nach Regensburg und baten um Hilfe gegen die Mährer.[730] Deren Unterstützung lag in Luitpolds Kompetenz. In einer Königsurkunde Ludwigs des Kindes von Jahresbeginn 903 wird der Markgraf *dux Boemanorum* genannt und erhält so eine Titulatur, die die Engildeos aufwertet, sie ist als Genetivus obiectivus mit „(bayerischer) Fürst (verantwortlich) für die Böhmen" und nicht „Fürst der Böhmen" zu übersetzen.[731]

Mächtiger noch als zu Arnulfs Zeiten war Luitpold als *secundus* seines königlichen Blutsverwandten Ludwigs des Kindes.[732] Zu seinen Aufgaben zählte die Abwehr der Ungarn, die er mit allen Mitteln so erfolgreich betrieb, dass er glaubte, „die Awaren, die jetzt Ungarn heißen," mit einem Schlag vernichten zu können. Zu Sommerbeginn 907 führte Luitpold den bayerischen Heerbann gegen die Ungarn und verlor bei Pressburg Schlacht und Leben, doch nicht so viel an Reputation, dass ihm nicht sein Sohn Arnulf in seinem *ducatus* anstandslos nachfolgen konnte. Allerdings deuteten schon die Zeitgenossen Luitpolds Feldzug als Provokation der „Hunnen," mit deren Besetzung Pannoniens man sich offenkundig abgefunden hatte. Nun kann aber der bayerische Aufmarsch bis Pressburg, selbst wenn die Schlacht am rechten, pannonischen Donauufer stattfand, keine Offensive gewesen sein, sondern diente der Verteidigung der March-Leitha-Linie und nicht der Wiedergewinnung der Raab-Grenze oder gar des karolingischen Unterpannoniens. Die Katastrophe verhinderte jedoch selbst die Erreichung des eingeschränkten strategischen Ziels. Markgraf Luitpold, Erzbischof Theotmar von Salzburg, die Bischöfe Udo von Freising und Zacharias von Säben sowie zahlreiche Grafen fielen in der Schlacht. Ganz Oberpannonien bis zur Enns und den Fischbacher Alpen ging an die Ungarn verloren; der Fluss, vor dessen Überschreitung König Ludwig das Kind noch

---

728 Wolfhardus Haserensis, Miracula s. Walburgis IV 6: S. 553. D Arn 132; S. 197–199 (895 V 5).
729 Reindel, Luitpoldinger n.2: S. 2–4. Mitterauer, Markgrafen 236f. Schmid, Kaiser Arnolf 204. AF (Ratisb.) a. 895; S. 125.
730 GuR 320f. AF (Ratisb.) a. 895; S. 126, und a. 897; S. 131.
731 Siehe Brunner, Fürstentitel 242 mit Anm. 56, zu D LdK 20; S. 125–127.
732 Brunner, Fürstentitel 241f. mit Anm. 52f.

rechtzeitig umgekehrt war, wurde wieder die teilweise befestigte Ostgrenze Bayerns.[733]

2.6. Engildeo

Engildeo war unter Karl III. dem Dicken einer der mächtigsten bayerischen Grafen geworden; er kommandierte die gesamte Front gegenüber Böhmen und war der Herr Regensburgs.[734] In Forchheim intervenierte er 889 für einen seiner Vasallen, damit dieser in seiner Grafschaft im Nordgau von König Arnulf Eigentum erhalte. Noch am 21. März 890 führte Engildeo eine Reihe von sieben bayerischen Grafen an, die die Grenzen eines von Arnulf an St. Emmeram geschenkten Gutes abschritten.[735] Gleichzeitig war er mit der Königstochter Hildegard so sehr verbunden, dass mitunter sogar angenommen wird, er sei mit ihr verheiratet gewesen. Wie dem auch sei, die beiden haben jedenfalls nach Arnulfs Königserhebung gemeinsame Politik gemacht und wurden zunächst vom neuen König vorsichtig akzeptiert. Allerdings musste sich Engildeo schon bald nach 887 aus Regensburg zurückziehen.[736] Dann gingen Königstochter und Graf zu aktiver Opposition über, gründeten neue Stützpunkte und bauten alte aus, kurzum wurden in Bayern zu mächtig. Im Jahre 895 wurden beide gestürzt und durch Repräsentanten aller ostfränkischen Völker verurteilt. Während Hildegard ihre Klosterhaft im Chiemseer Frauenwörth bald wieder verließ und ihre Besitzungen zum größten Teil zurück bekam, schweigen die Texte über Engildeos weiteres Schicksal.[737]

2.7. Er(e)mbert (879 und 898)

Im Jahre 879 belagerte Erembert, der Graf im Isengau, mit seinen Leuten den schwerkranken König Karlmann im Königshof Ergolding.[738] Von hier vertrieb ihn Arnulf und zwang ihn zur Flucht zu Ludwig den Jüngeren. Dieser führte Erembert und dessen Leute zurück, noch bevor er 880 König auch von Bayern geworden war.[739] Daran lässt sich erkennen, wie stark Ludwigs Stellung in Bayern bereits vor dem Ableben Karlmanns war, so dass Arnulf zu diesem

---

733 GuR 272 f. Reindel, Luitpoldinger n. 45; S. 62–70.
734 Sehr anschaulich ist die von Störmer, Adel 2, 404, gebotene Karte der Grafschaften Engildeos. Mitterauer, Markgrafen 169–175.
735 D Arn 75; S. 112 f.
736 P. Schmid, Kaiser Arnolf 208 mit Anm. 113.
737 Mitterauer. Markgrafen 169–175. D Arn 132; S. 197–199, 895 V 5: Engildeo und Hildegard haben im Nordgau widerrechtlich enteignet.
738 Zu Annales ex annalibus Iuvavensibus antiquis excerpti a. 878 (recte a. 879); S. 742 mit Anm. 2, siehe Reuter, Uota-Prozeß 263 mit Anm. 31, und Brunner, Gruppen 150 f., sowie GuR 164. Dass Erembert bereits unter Ludwig dem Deutschen Graf im Isengau war und dem König nahe stand, dürften TF n. 892 und besonders n. 915; 1, 699 und 1, 712, belegen.
739 AF a. 879; S. 93.

Zeitpunkt keine Aussicht auf die Nachfolge nach seinem Vater hatte. Erembert wird zu den Adeligen gezählt haben, die Ludwig dem Jüngeren „gehört hatten," und nach dessen Tod 882 zu Karl dem Dicken „kamen".[740] Jedoch fehlt von Erembert nach 879 jegliche Nachricht, bis er im Jahre 898 plötzlich wieder in Erscheinung tritt. Er sei einst ein *princeps* unter den bayerischen Adeligen gewesen, heißt es. Dann sei er als Rebell gegen den Kaiser und sein Gefolge aufgetreten. Nun wurde er in Mähren von einem Fürsten Priznolaw (Brazlavo ?) festgenommen und von diesem in Ketten gefesselt Luitpold übergeben. Dieser brachte den Gefangenen zu Arnulf in die Pfalz Ranshofen.[741] Was mit Erembert weiter geschah, wird nicht berichtet. Demnach gab es in Bayern Adelige, die Arnulf bis zuletzt feindlich gesinnt blieben.

3. Alemannien und drei wichtige Adelsgruppen

Die alemannische Adelslandschaft war auch zu Arnulfs Zeiten vornehmlich geprägt durch die Bertholde, die Grafen zwischen Schwarzwald und Schwäbischer Alb, die Hunfridinger und die Welfen, die alle auf bedeutende Mandatsträger Karls des Großen, ja auf Verschwägerte und Verwandte mit dem Kaiserhaus zurückgehen.[742] Wenn Kurt Reindels Berechnung des Hochzeitstermins das Richtige trifft, dürfte der bayerische Graf Luitpold die Schwester der alemannischen Grafen Erchanger und Berthold um 887 geheiratet haben.[743] So erfolgte die Verbindung mit Kunigunde in zeitlicher Nähe zur Königserhebung seines Blutsverwandten Arnulf und bedeutete sowohl die Vertiefung der Beziehungen Luitpolds zur alemannischen Elite[744] wie seine Anerkennung durch die beiden, bereits unter Karl III. dem Dicken mächtigen Brüder. Auch dürfte Luitpold dadurch versucht haben, sie für Arnulf zu gewinnen. Beide alemannischen Grafen werden wahrscheinlich unter denjenigen *primores Alamannorum* gewesen sein, die Arnulf zum Königtum verhalfen, und sicher unter denjenigen, die mit ihm in Regensburg Weihnachten 887 feierten.[745] Wahrscheinlich geschah es schon unter Arnulf, dass Erchanger und Berthold mit Salomon III. Bischof von Konstanz in Konflikt gerieten, der schließlich 917 zu ihrem blutigen Ende durch das Schwert führte.[746]

Im alemannischen Stammland Karls III. war auch nach des Kaisers Tod nicht aller Widerstand gegen Arnulf erloschen. Im Jahre 891 verzog sich ein gegen die Normannen aufgebotenes Alemannenheer, schützte Krankheit vor und ging

---

740 AF a. 882; S. 98.
741 AF (Ratisb.) a. 898; S. 132.
742 Zettler, Geschichte 75 f. Brunner, Fürstentitel 315–317.
743 Reindl, Herzog Arnolf 235, und Reindel, Luitpoldinger n. 46; S. 74.
744 Mitterauer, Markgrafen 243.
745 AF (Ratisb.) a. 887; S. 115, und a. 888; S. 116.
746 Zettler, Geschichte 78 und 90. Dümmler, Geschichte 3, 609–611. Ekkehard IV., Casus sancti Galli c. 11; S. 36, und c. 20: S. 52. D Ko. I. 11; S. 12 (Erchanger interveniert als Pfalzgraf).

heim. Man hoffte anscheinend immer noch auf Bernhard, dem sein Vater Karl III. zwar 885 nicht die Nachfolge, doch offenkundig das alemannische Fiskalgut sichern konnte. Im Juni 890 probte der uneheliche Sohn des verstorbenen Kaisers den Aufstand; ihn unterstützten der gleichnamige Abt Bernhard von St. Gallen und der Graf Ulrich IV. vom Linz- und Argengau, ein Verwandter der Karolinger, Getreuer Karls des Dicken, Repräsentant der Udalrichinger und besitzmächtig im Bodenseegebiet.[747] Diesem hatte König Arnulf knapp vor dem Aufstand den Hof Lustenau geschenkt. Das Unternehmen scheiterte; Bernhard fand im Winter 891 auf 892 den Tod, da auch der Welfe König Rudolf I. von Burgund ihn nicht mehr unterstützte.[748] Udalrich und seine Frau erlangten schon vor Weihnachten 890 wieder die königliche Huld und bekamen Lustenau zurück.[749]

4. Franken, Sachsen, Thüringen: Ehemaliges Reich Ludwigs des Jüngeren

Arnulf hatte im ehemaligen Reich Ludwigs des Jüngeren, sehr vereinfachend gesagt,[750] mit drei umfangreichen Adelsgruppen zu rechnen, die, von regionalen Stützpunkten ausgehend, weit verstreute überregionale Interessen und Ansprüche vertraten. Es waren dies ausgehend von Franken die Konradiner, von Sachsen die Liudolfinger und vom östlichen Franken und Thüringen die Popponen, die auch als Ekbertiner oder ältere Babenberger bezeichnet werden.[751] Außerdem waren die Popponen mit den Liudolfingern verbündet, während sich die Konradiner der Unterstützung des Königs sicher waren.[752] Unter Ludwig dem Kind eskalierten 906 die Gegensätze und bewirkten den Untergang der Söhne Heinrichs, des Bruders Poppo II., mit deren parteiischer Erzählung Re-

---

747 Zettler, Geschichte 76. Siehe im besonderen Goetz, Typus 133–173, sowie die von Borgolte glänzend erarbeitete Prosopographie, Die Grafen Alemanniens bes. 248–266.
748 D Arn 117; S. 172 f., von 893 VI 23. Fleckenstein, Hofkapelle 1, 198 f. Anm. 48. Reindel, Herzog Arnulf 233 f. AF (Ratisb.) a. 888; S. 115 f. BM² 1799 a, 1800 a, 1802 a, 1804 a, b, 1806 a-1809, 1847 a (Aufstandsversuch; genaue Chronologie). Dümmler, Geschichte 3, 341–344, bes. nach D Arn 81; S. 121 f. (Vorbemerkung hat 891 für Lustenauer Placitum) und DD LdK. 20; S. 125–127, und 34. UB St. Gallen n. 680; 2, 281 ff. Helbok, Regesten nn. 99 f. und 102; S. 52 ff.: am 30. August 890 ist Ulrich noch im Besitz von Lustenau, während Abt Bernhard, der UB St. Gallen n. 677; 2, 279, von 890 V 14, zum letzten Mal bezeugt wird, vor einem Samstag im August 890 bereits von Salomo abgelöst war: siehe UB St. Gallen n. 679; 2, 280 f., sowie D Arn 103: S. 149–152.
749 D Arn 81; S. 121 f., Regensburg 890.
750 Wenskus, Stammesadel, behandelt eine Vielfalt von sächsischen Familien. Auch Becher, Zwischen König und „Herzog" 108 und 110, erwähnt weitere mächtige Familien in Sachsen, wie die Vorgänger der Billunger. Zu Ekbert, dem Stammvater der Ekbertiner, siehe Wenskus, Stammesadel 248–300, und Brunner, Fürstentitel 302.
751 Wenskus, Stammesadel 251: „Ekbertiner und Popponen (sind) praktisch die gleiche Sippe." Becher, Zwischen König und „Herzog" 106–113. Brunner, Fürstentitel 300–311.
752 Reuter, Uota-Prozeß 257.

ginos von Prüm Chronik eher abbricht als schließt.⁷⁵³ Damit war das Ringen um den ersten fürstlichen Rang auf zwei Adelsgruppen beschränkt, auf die Konradiner und Liudolfinger, deren Nachkommen im 10. Jahrhundert die Könige des ostfränkischen Reichs stellen sollten.

4.1. Poppo II., dux Thuringorum, Markgraf der Sorbischen Mark (880–892)

Der blutige Vernichtungskrieg, der als Babenberger-Fehde verharmlosend selbst in Hand-und Schulbüchern vorkommt,⁷⁵⁴ hatte schon ein weit zurückliegendes Vorspiel, das hauptsächlich Poppo II. bestritt. Dieser hatte die Stellung eines *comes et dux Sorabici limitis* geerbt. Das heißt, er war der Markgraf der unter Karl dem Großen eingerichteten, wahrscheinlich missatischen Sorbischen Mark, die Thüringen im Osten vorgelagert war.⁷⁵⁵ Poppo gelang 880 die erfolgreiche Abwehr einer slawischen Koalition. Sein Bruder Heinrich war längere Zeit Ludwigs des Jüngeren *princeps militiae*, oberster Heerführer, und fiel 886 gegen die Normannen vor Paris.⁷⁵⁶ Ludwig der Jüngere war offenkundig imstande, blutige Adelsfehden, die zu regelrechten Kriegen auszuarten drohten, zu unterbinden. Dagegen geschah es kurz nach des Königs Ableben, dass 882 und 883 unter Karl III. dem Dicken eine schwere Auseinandersetzung zwischen dem Grafen Egino und Poppo II. ausbrach, in der letzterer unter großen Verlusten unterlag, aber am Leben blieb. Beide Kontrahenten gelten dem Mainzer Autor als *comites et duces Thuringorum*.⁷⁵⁷ Demnach könnte Egino auch Teilhaber an der Sorbischen Mark gewesen sein. Aber der Regensburger Annalist scheint Egino den Sachsen zugezählt zu haben, wenn er die Auseinandersetzung als Bürgerkrieg zwischen den Sachsen und den Thüringern mit Poppo an der Spitze beschreibt.⁷⁵⁸ Wenn hier nicht ein Fehler des Schreibers vorliegt und die Sachsen durch Franken zu ersetzen wären, ist guter Rat teuer. Mit Sachsen wären eher die „in Sachsen eingewurzelten Ekbertiner," die Popponen unter einem anderen Namen, zu verstehen.⁷⁵⁹ Unter Arnulf herrschte jedenfalls Ruhe, ja Poppo II. und sein Clan hatten zunächst nichts von ihrer Bedeutung verloren. Die Söhne seines Bruders Heinrich waren noch 888 im Besitz der Grafschaft im Volksfeldgau, die jedoch Arnulf spätestens 891 dem Konradiner Eberhard übertrug.⁷⁶⁰ Aber Poppo konnte

---

753 Regino, Chronica a. 906; S. 151f.
754 Wie Schulze, Merowinger und Karolinger 357, mit Recht bemerkt. Siehe auch Wenskus, Stammesadel 300.
755 Conversio (ed. Wolfram) 266f.
756 AF a. 866; S. 65, erstmals als solcher genannt, und AF a. 886; S. 114: Ausführlicher, aber zum falschen Datum siehe Regino, Chronica a. 887; S. 126.
757 AF (Mogunt.) a. 883; S. 100. AF (Ratisb.) a. 882; S. 109, und a. 883; S. 110.
758 Siehe AF (Ratisb.) a. 882; S. 109, und a. 883; S. 110.
759 AF (Ratisb.) a. 882; S. 109. Zum Zitat siehe Wenskus, Stammesadel 295. Ebendort 250 verweist der Autor auf die sächsischen Positionen Poppos II.
760 Zu DD Arn 19; S. 30, und 83; S. 124, siehe Becher, Zwischen König und „Herzog" 113 mit Anm. 82f.

noch 889 das Mainzer Erzbistum mit einem Kandidaten seiner Wahl besetzen, wozu er als erster, der König aber bloß als zweiter „nicken" durfte.[761] Im selben Jahr intervenierte Poppo gemeinsam mit einem Grafen Thiotbald für Fulda.[762] Das Paar fungierte 891 als Königsboten bei der Resignation des Fuldaer Abtes Sigehart und der Wahl des Probstes Huoggi zu dessen Nachfolger.[763] Als Arnulfs *marchio noster* intervenierte Poppo am 12. Mai 891 für eine Dame namens Friedrun.[764] Aber im selben Jahr 891 sorgten die Normannen für eine freie Stelle in Mainz. Poppos Protegé kam im Kampf mit ihnen ums Leben, und Arnulf konnte die wichtigste und bei weitem größte Metropole Germaniens mit dem Alemannen Hatto, dem Abt der Reichenau, besetzen.[765] Der Druck der Konradiner auf Poppo nahm deutlich zu, so dass Arnulf handeln musste. Den Anlass bot ein folgenschwerer Fehler des Markgrafen. In dieser Eigenschaft „ermahnte und riet" er dem ihm nahe stehenden Bischof Arn von Würzburg zu einem Feldzug gegen die Slawen, leistete ihm aber so wenig Hilfe, dass dieser dabei scheiterte und ums Leben kam. Offenkundig für die Niederlage verantwortlich gemacht, verlor Poppo 892 seinen Besitz samt den öffentlichen Mandaten und Würden, *honores*, an Konrad den Älteren, der sich aber auch nicht selbst als Markgraf halten konnte.[766] Es fügte sich gut in Arnulfs Adelspolitik seiner letzten Jahre, dass Poppo als „sein Getreuer und unermüdlicher Diener" am 11. März 899 die königliche Bestätigung erhielt, ihm seien die zu Unrecht entzogenen Güter zurück gegeben worden.[767] Von einer neuerlichen Beauftragung mit der Sorbischen Mark verlautet jedoch nichts. Das Bistum Würzburg ging an den Konradiner Rudolf.[768]

4.2. Egino I. und II.

Die Grafen Egino, Vater und Sohn, können als gute Beispiele für eine individuelle Adelspolitik mit ständig wechselnden Bindungen, Aufsagen und Absagen genannt werden. Die blutigen Auseinandersetzungen zwischen Poppo II. und dem fränkischen Grafen Egino I. zwischen 882 und 883 waren kaum ein halbes Jahr vergangen,[769] da weist eines der ersten Diplome Arnulfs die Söhne Heinrichs, des Bruders Poppos II., und die Eginos I. als Verbündete aus.[770] Und den Untergang des letzten Babenbergers Adalbert beschleunigte der Abfall Eginos II., der 906 in

---

761 Regino, Chronica a. 889; S. 134.
762 D Arn 58; S. 82–85 (889 VII 21).
763 Zu Annalista Saxo a. 891; S. 114, siehe Becher, Zwischen König und „Herzog" 112 mit Anm. 77.
764 D Arn 83; S. 124f. (891 I 12). Siehe Anm. 612.
765 Becher, Zwischen König und „Herzog" 112f. mit Anm. 79f. (mit reichen Literaturangaben).
766 Regino, Chronica a. 892; S. 140. AF (Ratisb.) a. 892; S. 122. Brunner, Fürstentitel 306. Becher, Zwischen König und „Herzog" 114 mit Anm. 85f. Dümmler, Geschichte 3, 356f.
767 D Arn 174; S. 263f. (899 III 31). Becher, Zwischen König und „Herzog" 116f.
768 Regino, Chronica a. 892; S. 140.
769 Siehe oben Anm. 766.
770 D Arn 19; S. 29f. (888 III 13). Dümmler, Geschichte 3, 522f.

einer sehr kritischen Situation die Seiten wechselte und zu den Königlichen überging.[771]

4.3. Die Konradiner: Konrad der Ältere und seine drei Brüder

Ob mit den Konradinern verschwägert oder nicht,[772] auf welche Weise auch immer verwandt,[773] Arnulf und dieses mächtige, „in der Lahngegend verwurzelte Geschlecht" hatten weitgehend dieselben Interessen.[774] Konrad der Ältere und seine drei Brüder wollten in Franken und darüber hinaus in Lothringen die erste Geige spielen.[775] Arnulf, der sich als Nachfolger von Frankenkönigen wusste,[776] benötigte aus theoretisch-politischen wie praktisch-ökonomischen Gründen eine sichere fränkische Basis, von wo aus auch Lothringen zu halten war.[777] Bezeichnender Weise ignorierte der Regensburger Annalist den Namen Konrads des Älteren, und auch Regino von Prüm erwähnt ihn erst, als jener die Sorbische Mark nach der Absetzung Poppos II. 892 vorüber gehend inne hatte. Konrad sollte die liudolfingisch-babenbergische Achse stören, musste aber das Mandat unter liudolfingischem Druck an einen Kompromisskandidaten, den Grafen Burchard, weitergeben.[778] Aber 897 wird Konrad der Ältere auch als Graf des sächsischen Engern und des ebenfalls sächsischen Hessengaus bezeugt.[779] Der nächste Bruder Gebhard besaß die Grafschaften im Rheingau und in der Wetterau.[780] Dem dritten Bruder Eberhard verbrieft ein Arnolf-Diplom vom 12. Jänner 891 die Verleihung der Grafschaft im Volksfeldgau, die bisher Babenbergern gehörte.[781] Der letzte der vier Brüder namens Rudolf war bescheideneren Geistes; es reichte aber für das Bistum Würzburg, das er 892 in der Nachfolge eines Popponen bekam.[782] Kräftige Hilfe erhielten die Konradiner seit 889 von Erzbischof Hatto von Mainz.[783] Und auch Erzbischof Hermann I. (890–924) von Köln war den Konradinern nicht fremd, war er doch vor seiner geistlichen

---

771 Regino, Chronica a. 906; S. 152.
772 Siehe oben Anm. 579 und Anm. 666–668.
773 D Arn 89, S. 131 f. BM² 1860, Regensburg, 891 V 19: Es intervenierte *Chonradus comes, nepos Arnolfi regis*.
774 R. Schieffer, Karolinger 189.
775 Brunner, Gruppen 163.
776 D Arn 117; S. 172, Regensburg 893 VI 23.
777 Intitulatio II. 105 und 110f. : Ludwig der Deutsche urkundete zwischen 830 und 833 als König der Bayern und datiert seine Diplome ab Oktober 833 als König des *regnum in orientali Francia*. Siehe auch Conversio (ed. Wolfram) 166 mit Anm. 3.
778 Regino, Chronica a. 892; S. 140. AF (Ratisb.) a. 892; S. 122. Brunner, Fürstentitel 306. Becher, Zwischen König und „Herzog" 114. Dümmler, Geschichte 3, 356f.
779 D Arn 149; S. 226–228, Regensburg, 897 I 28.
780 Regino, Chronica a. 906; S. 151: Gebhard erwartet den babenbergischen Feind in der Wetterau, Konrad in Hessen.
781 Vgl. D Arn 19; S. 30, 888 III 13, mit D Arn 83; S. 124. Siehe Becher, Zwischen König und „Herzog" 113 mit Anm. 82f.
782 Becher, Zwischen König und „Herzog" 113 mit Anm. 84. Siehe oben Anm. 767.
783 Siehe Becher, Zwischen König und „Herzog" 112f.

Laufbahn mit einer Konradinerin verheiratet gewesen.[784] Welche bedeutende Rolle Hatto und den Konradinern zukam, beweist ihr gemeinsames Auftreten 899 in St. Goar. König Zwentibold hielt hier mit den Großen Karls des Einfältigen und Arnulfs „sogenannte Friedensverhandlungen" ab. Für den ostfränkischen König nahmen daran namentlich genannt Erzbischof Hatto und die konradinischen Brüder Konrad und Gebhard teil. Das Triumvirat nützte das Treffen, um geheim die Absetzung Zwentibolds zugunsten des legitimen Karolingers Ludwig des Kindes zu beraten. Der baldige Tod des lothringischen Königs enthob die Verschwörer der Verwirklichung des Planes, doch änderte das nichts daran, dass Gebhard bis zu seinem Tod 910 der Gewinner der weiteren Entwicklung in Lothringen wurde.[785]

5. Sachsen: Otto der Erlauchte und die Liudolfinger

„Sein (Ottos des Erlauchten) Verhältnis zu Arnolf war einem ständigen Wechsel von Distanz und Nähe unterworfen. Er kann daher auch in dieser Beziehung als typischer Vertreter der Reichsaristokratie am Ende des 9. Jahrhunderts gelten." Mit diesen Worten beendet Matthias Becher seine beispielhafte Untersuchung der Beziehungen König Arnulfs zum sächsischen Norden und zu Otto dem Erlauchten, dem Oberhaupt der Liudolfinger, im besonderen.[786] Das im Südosten Sachsens und Norden Thüringens besitzmächtige Geschlecht wird nach dem bedeutenden Grafen Liudolf benannt, der 865 starb. Ihm folgten seine Söhne nach, Bruno, der 880 gegen die Normannen fiel, und Otto der Erlauchte. Ihre Schwester Liutgard wurde die Königin Ludwigs des Jüngeren und Mutter Hildegards, die Arnulfs Erhebung zum König wahrscheinlich mit Hilfe ihres Mutterbruders Otto entscheidend unterstützte.[787] Im Gegenzug „konnten sowohl die Liudolfinger als auch die eng mit ihnen verbündeten Babenberger ihre bedeutende Stellung im östlichen Franken und in Sachsen behaupten".[788] Gleichzeitig bescherte die Königsnähe den Konradinern die Möglichkeit, ihre Machtpositionen auszuweiten. Dagegen trübte die konradinische Verbindung das Verhältnis zwischen Arnulf und Otto dem Erlauchten.[789] Des Königs Abodritenfeldzug von 889 wurde ein Misserfolg. Entweder war das aufgebotene Heer zu groß und zu schwerfällig, wie dies noch Heinrich II. und Konrad II. bei ihren Slawenkriegen erkennen mussten.[790] Oder die Liudolfinger blieben mit

---

784 Brunner, Gruppen 159f. mit Anm. 83.
785 Siehe M. Hartmann, Lotharingien 136f., Becher, Zwischen König und „Herzog" 118f. zu Regino, Chronica a. 899; S. 146f., Brühl, Deutschland – Frankreich 392f.
786 Becher, Zwischen König und „Herzog" 120.
787 Becher, Zwischen König und „Herzog" 97–106.
788 Becher, Zwischen König und „Herzog" 112.
789 Dazu und zum folgenden siehe Becher, Zwischen König und „Herzog" 107–118.
790 Vgl. Wolfram, Konrad II. 237 mit Anm. 53f., mit AF (Ratisb.) a. 889; S. 118, wo ein *maximus exercitus* Arnulfs erwähnt wird.

ihren Sachsen verärgert daheim, was sie nicht taten, als es 891 gegen die Normannen ging. Der Kampf gegen ihre ebenso aggressiven wie ständigen Feinde versprach nämlich ein großer, Beute bringender Erfolg zu werden. Wenn der König Unterstützung erfuhr, privilegierte er auch andere sächsische Adelsgeschlechter in auffallender Weise. So dem Grafen Ekbert geschehen, einem Vorfahren der Billunger, der sich anscheinend 892 tatkräftig an einem Feldzug gegen die Sorben beteiligt hatte.[791]

Am ersten Italienzug Arnulfs 894 nahm der sächsische Markgraf Otto der Erlauchte teil und sicherte dem König Mailand. Aber bereits im Jahr darauf 895 wurde Ottos Nichte Hildegard gestürzt, was die Beziehung zwischen König und Markgraf neuerlich belastete. In Arnulfs Spätzeit hatten der König und Otto gemeinsame Interessen in Lothringen. Zwentibold, hier seit 895 König, bat 897 den Vater, ihm eine Braut zu besorgen, und Arnulf arrangierte die Heirat zwischen ihm und Oda, der Tochter Ottos des Erlauchten. Damit hatte der Sachse wieder Königsnähe erlangt und suchte seinen Schwiegersohn, wenn auch am Ende ohne Erfolg, zu unterstützen.[792]

6. Lothringen: adelige Konkurrenz und ein schwacher König

Bereits am 23. Jänner 888 intervenierte der mächtige Graf Megingaud vom lothringischen Mayenfeldgau in Regensburg für das Trierer Kloster Maximin,[793] und Arnulf dürfte ihn zum Laienabt der begünstigten Kirche bestellt haben.[794] Wie Megingaud des neuen Königs Anhänger der ersten Stunde war, so machte Arnulf klar, dass er wie sein Großvater Ludwig der Deutsche die unmittelbare Herrschaft über Lothringen beanspruchte. Megingaud wurde 892 von einem Alberich, der zum Kreis um Hugo, dem Sohn Lothars II. und der Waldrada, gehörte, aus einem nicht genau bestimmbaren Grund erschlagen. Arnulf sammelte die *honores* des Toten ein und stärkte damit zum größten Teil die ökonomische Basis seines Sohnes Zwentibold. Im Jahre 895 war dessen Krönung als König von Lothringen gelungen, in dem fränkischsten aller fränkischen Regna, das dennoch den Frankennamen verloren hatte. Im selben Jahr 895 kam Reginar, ein Enkel Lothars I., nach Lothringen zurück und wurde zunächst vom neuen König gefördert, um sich der allmächtigen Matfridinger zu erwehren. Da vollzog der Matfridinger Stephan Ende 896 die Blutrache an Alberich. Zwentibold ging darauf gegen die Matfridinger so ungeschickt vor, dass er eine schwere Krise auslöste, die Arnulf nur mit Mühe besänftigen konnte. Jetzt wurde Reginar dem lothringischen König zu mächtig, der nicht wie sein Vater als Oberherr und

---

791 Becher, Zwischen König und „Herzog" 108 und 110. Wenskus, Stammesadel 246 f.: Der von Arnulf begünstigte Graf Ekbert ist nicht den Ekbertinern zuzurechnen.
792 Becher, Zwischen König und „Herzog" 118 f.
793 D Arn 10; S. 18 f.
794 Dazu und zum folgenden Abschnitt siehe M. Hartmann, Lotharingien 130–138, und Hlawitschka, Lotharingien 110–113.

Schiedsrichter, sondern wie das Haupt eines, allerdings nicht vorhandenen Adelsclans agierte. Steht die Ausschaltung Reginars und anderer Großer hinter Reginos Klage, in Zwentibolds Umgebung hätten die „Unvornehmen" die „Ehrenhaften", den hohen Adel, verdrängt?[795] Dazu kamen die Ambitionen der mainfränkischen Verwandten. „In Lothringen war von Seiten der Konradiner den Matfridingern ein ähnliches Schicksal zugedacht wie den Babenbergern (in Franken und Thüringen)."[796] Allerdings trug diese Politik ihre Früchte erst nach Arnulfs Tod und der Ermordung Zwentibolds. Mit diesem seinem ältesten Sohn hatte der König versucht, Lothringen dem westfränkischen Einflussbereich zu entziehen und mit dem ostfränkischen Reich auf Dauer zu vereinigen. Gegen Ende der 890er Jahre wurde Zwentibolds Lage jedoch immer prekärer, sein Handeln immer unköniglicher, die Konkurrenz des „echten" Karolingers Ludwig des Kindes immer deutlicher, so dass Zwentibolds Absetzung von höchsten Ratgebern Arnulfs im Geheimen beraten wurde. Die Pläne wurden im August 900 gegenstandslos, da Zwentibold in einem Gefecht gegen die Matfridinger Gerhard und Matfrid fiel. Des lothringischen Königs Tod wirkt wie der Zwischenfall in einer Adelsfehde, an deren Ende die Witwe Zwentibolds „den Sieger, Grafen Gerhard, heiraten musste".[797]

7. Zwei nobilitierte und personalisierte Amtsträger Arnulfs

Von der engeren Umgebung Arnulfs sind selten mehr als die Namen bekannt. Ein Pfalzgraf Berthold wird in einer alemannischen Urkunde erwähnt. Ein Kämmerer Dietrich interveniert in einem angeblichen Diplom, das Miltrud als Empfängerin behauptet. Die Fälschung stammt aus dem 12. Jahrhundert und teilt Miltruds Ehemann Heimo das Hofamt des Mundschenks zu.[798] Zum Hofstaat zählte auch ein oberster, namentlich genannter Jäger.[799] Wesentlich deutlicher sind dagegen zwei Amtsträger zu erkennen, deren Existenz auf eine Entscheidung Arnulfs zurückgeht. Räumlich verschieden und auch um eine Generation zeitversetzt hatten *marchio* und *ministerialis* die gleiche Vorgeschichte. Beide tauchen ab etwa 800 in den karolingischen Rechtsquellen zumeist als anonymes Kollektivum auf, die *marchiones* als Grenzheer und die *ministeriales* als letzte in der Reihe von königlich/kaiserlichen Beauftragten.[800]

Im Westfrankenreich der Mitte des 9. Jahrhunderts wird die Einzahl *marchio* die illustre Bezeichnung für einen namentlich genannten, hochadeligen Groß-

---

795 Regino, Chronica a. 900; S. 148.
796 Brunner, Gruppen 168. Diesenberger, Poltik der Bedrohung 137–149.
797 Siehe M. Hartmann, Lotharingien 130–138, und Hlawitschka, Lotharingien 110–113.
798 Dümmler, Geschichte 3, 486f. D Arn 181; S. 275f. Siehe auch die Vorbemerkung zur Fälschung.
799 Siehe oben Anm. 631.
800 Capitulare de disciplina c. 8; S. 298: *agentes vel ministeriales*. Zur möglichen Bezeichnung des Grenzheeres als *marchiones* siehe Anm. 802.

grafen.[801] Dieser amtierte zwar nicht bloß an den Grenzen; dennoch dürfte die Ableitung der Funktion von *marca* am wahrscheinlichsten sein,[802] so dass Markgraf zu übersetzen wäre. Allerdings gibt es im Ostfrankenreich trotz seiner vielen Grenzen vor König Arnulf keinen *marchio*, obwohl man es mitunter schon mit *marchensis* versuchte. Erst unter Arnulf werden nach westlichem Vorbild als *marchio* tituliert Poppo II. von Thüringen 891, der Sachse Otto der Erlauchte 897, dann 898 der Inhaber der drei ostländischen Donaugrafschaften Arbo sowie der Blutsverwandte Arnulfs und *secundus a rege* Luitpold in derselben Urkunde.[803] Die Diplome Arnulfs nennen Arbo und andere Obergrafen des geteilten Ostlandes jedoch meistens einen *comes terminalis*, einen Grenzgrafen.[804] Diese traditionelle Titulatur entspricht dem *comes confinii* der 870 entstandenen Conversio Bagoariorum et Carantanorum wie dem im Brief Theotmars von 900 verwendeten Begriff.[805]

In den Urkunden und Kapitularien der Karolinger diesseits wie jenseits des Rheins bilden die Ministerialen vor 888 eine anonyme Gruppe. Es gibt zwei Ausnahmen. So wird der Ministeriale Wito, der „Oberforstmeister" Ludwigs des Deutschen, als Einzelperson mit Namen genannt.[806] Wito war wohl kein Adeliger, während ein Berengar als Ministeriale Karls des Kahlen anscheinend adeliger Herkunft war.[807] Für gewöhnlich dürften aber die vorarnulfinischen Ministerialen Vertraute des Herrschers sowie von dessen Frau und Söhnen (Kindern) gewesen sein.[808] Einmal werden sie im Plural als *missi* erwähnt, während der einzige bekannte Königsbote Hiltipold, der Arnulf bei einem Prozeß vertrat, kein Ministeriale war.[809] Mit Arnulfs Herrschaftsantritt änderte sich schlagartig die Bedeutung der Ministerialen. Nun wird die vereinzelte Nennung unter Karl dem Kahlen allgemein, werden namentlich genannte Hochadelige weltlichen wie geistlichen Standes Ministeriale des Königs genannt. Anonyme Ministerialen im Plural kommen in einem Diplom Arnulfs nur deshalb vor, weil wortwörtlich eine Urkunde Ludwigs des Deutschen als Vorurkunde verwendet wurde.[810] Die adeligen Ministerialen Arnulfs leisteten dem König besondere, aber ehrenhafte Dienste, die ihren Status nicht minderten.[811]

---

801 Brunner, Fürstentitel 207–211. WS 189–191.
802 Siehe WS 189 mit Anm. 509 zu Capitularia n. 132 praef. sowie c. 1 und c. 6; 1, 261 f., wo *marchiones* das Grenzheer bedeutet.
803 Vgl. D Arn 83; S. 124 f. (891 V 12) *interveniente Poppone marchione nostro*. D Arn 149; S. 226–228, Regensburg 897 I 28; Otto. Luitpold in D Arn 162; S. 245 f., 898 VIII 31, sowie DD LdK 27 und 42; S. 135–137, und 162 f. (903 IX 26 und 905 V 16). Arbo in der Raffelstettener Zollordnung: Capitularia n. 253; 2, 250 =NÖUB 13; 1, 151.
804 D Arn 32; S. 47 f. und D Arn 63; S. 93.
805 Conversio c. 10 (ed. Wolfram) 343. Theotmar von Salzburg, Epistula (ed. Lošek) 140.
806 D LD 152; S. 214 f.
807 D Charles II no.87, S. 238. Die zweite anonyme Nennung erfolgt auf no. 202, S. 516.
808 Capitulare de disciplina c. 1; S. 298.
809 Capitulare de disciplina c. 72; S. 657.
810 D Arn 47; S. 66.
811 Der Vergleich von TM 20; S. 119 f. (Störmer, Adel 160) mit TM 80/2; S. 184 f., und TP 46; S. 40 f., zeigt, daß es rangmindernde und ehrenhafte Zinse und Dienste gab.

7. Zwei nobilitierte und personalisierte Amtsträger Arnulfs 137

Von ihnen werden klar unterschieden der freie Diener, *servitor*,[812] und der Unfreie, *servus*.[813] Die Ministerialen werden nur in Königsurkunden erwähnt; ihre Nennung war offenkundig „situativ" und galt bloß für zeitlich und örtlich bestimmte Aufgaben, wie etwa den Grenzschutz. Großgrafen, *marchiones*, wie Luitpold und Arbo, Ottto der Erlauchte und Poppo II. werden niemals Ministerialen genannt. Das Gleiche gilt für die Oberhirten Hatto von Mainz und Salomon III. von Konstanz sowie für die Fürsten der abhängigen Völker.

Die Reihe der adeligen Ministerialen Arnulfs beginnt 888 mit einem sonst nicht bekannten Epo,[814] doch folgt darauf der wichtige Grenzschützer Heimo mit der zweiten und dritten Nennung.[815] Für den Bischof von Speyer intervenierte ein Graf und Ministeriale Konrad; ob er nun das Haupt der Konradiner war oder nicht, beide wirkten im fränkischen Westen von Arnulfs Reich.[816] Im Osten bildeten die Herrschaften der Ministerialen und Grafen Iring[817] und Isangrim,[818] die Inhaber der Grafschaften im Salzburggau und im Mattiggau mit seinen königlichen Pfalzen, sowie die Passauer Diözese der Bischöfe Wiching und Engilmar eine zusammen hängende Linie, die von der Donau den Flüssen Inn und Salzach aufwärts bis in die Alpen reichte und der die Burg samt mährischen Verpflichtungen Heimos vorgelagert war. Der Zusammenhang könnte freilich nur zufällig sein, zumal nicht alle diesbezüglichen Ministerialennennungen zeitlich gemeinsam auftreten.

Für gewöhnlich wird ein Großer nur einmal Ministeriale genannt. Eine Ausnahme bildet der Grafensohn und Grenzschützer Heimo, der auch als Mann der privilegierten Miltrud ein Ministeriale ist.[819] Aber in echten Arnulf-Urkunden kommen der Graf im Salzburggau Iring sieben Mal und sein Nachbar im Mattiggau Graf Isangrim vier Mal vor; sie werden jedoch jeweils nur in einem einzigen Diplom auch *ministerialis noster* genannt,[820] während ihre Erwähnung als *comites* nach ihrer Ernennung niemals unterbleibt. Isangrim wird auch einmal als Inhaber eines Hofamtes erwähnt, und zwar übte er das Amt des Truchseß, *dapifer*, aus.[821] Eine Verallgemeinerung der Verbindung von Hofamt und arnulfinischer Ministerialität scheint daher nicht möglich, obwohl sie in hochmittelalterlichen Fälschungen vorgenommen wurde. Aber zu diesen Zeiten war das Wort bereits die Bezeichnung eines Standes, der Anspruch auf die Hofämter hatte, und nicht mehr ein bloßes Vertrauensverhältnis zwischen einem König

---

812 D Arn 174; S. 263 f., Regensburg, 899 III 11.
813 DD Arn Register S. 363 s. v.
814 D Arn 19; S. 29 f., Moosburg, 888 III 13.
815 D Arn 32; S. 47 f., Frankfurt, 888 Ende Mai oder Anfang Juni, und D Arn 42; S. 60 f., Karnburg, 888 XII 26.
816 D Arn 84; S. 125. Siehe auch D Arn 73; S. 109 f., Regensburg, 890 I 10, betrifft ein alemannisches Rechtsgeschäft.
817 D Arn 79; S. 118 f., Ulm, 890 VI 26.
818 D Arn 172; S. 261 f., Regensburg, 899 II 5; vgl. D Arn 164; S. 250 f., Mattighofen, 898 IX 11 (*dapifer* ohne *ministerialis*).
819 D Arn 76; S. 114 f., Regensburg, 890 IV 14. Siehe auch D LD 152; S. 214 f.
820 D Arn 79; S. 118 f., Ulm, 890 VI 26: Iring. D Arn 172: S. 261 f., Regensburg, 899 II 5: Isangrim.
821 D Arn 164; S. 250 f.: *dapifer*.

und bestimmten Personen seiner adeligen Umgebung.[822] Darum dürfte es sich bei Arnulf und seinen Ministerialen gehandelt haben, wofür auch die auffallende Häufung ihrer Nennungen in den letzten beiden Lebensjahren des Kaisers sprechen würde.

8. Arnulf, die Kirche und der geistliche Adel

Ordinante sancta et individua trinitate Arnolfus rex ecclesiae catholicae filius et defensor. „Auf Anordnung der heiligen und unteilbaren Dreifaltigkeit Arnulf, König, der katholischen Kirche Sohn und Verteidiger."[823] So lautet der Sondertitel Arnulfs in einem am 2. Juli 892 für St. Gallen ausgestellten Diplom. Ungewöhnlich ist, dass davon im Kloster sowohl der Empfängerentwurf wie das Original erhalten geblieben sind.[824] Der Wortlaut der Intitulatio stammte sehr wahrscheinlich von Salomon III., der Arnulf die Abtei von St. Gallen und das Bistum von Konstanz verdankte. Salomon erhielt dasjenige Bistum, das in seiner Familie gleichsam als Erbstück von Generation zu Generation weiter gereicht wurde.[825] In St. Gallen folgte Salomon auf den von Arnulf abgesetzten Abt Bernhard. Der königliche Sondertitel verkörperte die traditionelle Kirchenpolitik, die die hohe fränkische Geistlichkeit von einem Karolinger erwartete, wofür etwa auch der *Poeta Saxo* Zeugnis ablegt.[826] Bereits auf der Forchheimer Synode von 890 war der König in kaiserlicher Weise als *pius ecclesiarum defensor* aufgetreten, so dass man in St. Gallen mit dem ungewöhnlichen Titel wahrscheinlich auf Arnulfs ererbten Anspruch auf das Kaisertum angespielt hatte.[827] Jedenfalls ist anzunehmen, dass die kanzleiferne Intitulatio nicht ohne die Zustimmung Arnulfs formuliert wurde. Ebenfalls aus St. Gallen ist nämlich überliefert, wie genau Ludwig der Deutsche, Arnulfs großes Vorbild, die Entstehung einer Urkunde vom Entwurf bis zum fertigen Diplom überwachte.[828]

Eine Besonderheit der Kirchenpolitik Arnulfs bildet die ostfränkische Synodaltätigkeit zwischen 887 und 895. In diesen acht Jahren fanden nachweisbar nicht weniger als sechs allgemeine Synoden statt, deren Reihe anfangs Juni 888 in Mainz begann und 895 in Tribur triumphal endete. Der Regensburger Annalist übergeht das Mainzer Konzil, obwohl die dort gefassten Beschlüsse, die

---

822 Conversio (ed. Wolfram) 345.
823 Dieses Kapitel folgt mit Dank dem ausgezeichneten, die Quellen beherrschenden und die Literatur kritisch vermittelnden Beitrag von W. Hartmann, Arnolf und die Kirche 221–252.
824 D Arn 103; S. 149–152: Salomon III. wurde der Nachfolger des von Arnulf abgesetzten Abtes Bernhard in St. Gallen. Zum Titel siehe Wolfram, Intitulatio II. 75f. mit Anm. 84 und 150f. mit Anm. 41; vgl. 97 mit Anm. 5–8, sowie Tellenbach, Zur Geschichte 148f., und Wolfram, Intitulatio I. 237f.
825 W. Hartmann, Arnolf und die Kirche 231.
826 Siehe Becher, Zwischen König und „Herzog" 106 mit Anm. 56, zu Poeta Saxo, Annales V v. 139; S. 58; *cui (ecclesiae) modo iustificus rex est, defensor et unus*.
827 Wolfram, Intitulatio II. 150.
828 Ratpert, Casus sancti Galli c. 25: S. 200. Vgl. Wolfram, Intitulatio II. 110.

auch geltendes Kirchenrecht erneut promulgierten, von größter Bedeutung für Arnulfs Beziehung zur Kirche waren. Die Mainzer Versammlung von 888 trat auf Befehl Arnulfs zusammen, Tribur 895 fand sogar unter seinem Vorsitz statt. Sein Eintreten für die Rechte des Klerus führte dazu, dass er im besonderen 895 zu Tribur „geradezu als Herrscher von Gottes Gnaden gefeiert wurde".[829] Allerdings wurde hier der lang andauernde Rechtsstreit zwischen dem Kölner Erzbischof und dem Erzbischof von Hamburg-Bremen eher pragmatisch als nach den Grundsätzen der Gerechtigkeit entschieden. Hamburg war durch die Normannen zerstört worden, und Bremen wurde wieder ein Kölner Suffragan. Diese Entscheidung dürfte die Unterstützung Arnulfs deswegen gefunden haben, weil er den Kölner für seinen Plan benötigte, seinen Sohn Zwentibold zum lothringischen König zu machen. Arnulf brauchte eben den hohen Klerus und dieser brauchte ihn.[830]

Die Synode von Mainz 888 eröffneten die Väter mit einem allgemeinen Gebet für den König und seine Gemahlin Uota, die in Kanon 1 zum ersten Mal in einem nichturkundlichen Text, wenn auch ohne Namensnennung erwähnt wird. Die Canones 2 und 3 zitieren aus dem Fürstenspiegel des Jonas von Orléans von 829 und ermahnen Arnulf sowohl ein gerechter wie ein selbstbeherrschter Herrscher zu sein. Nicht wenige Canones betreffen das Verhältnis der Laien zum Klerus. Dabei geht es auch um tagespolitische Fragen, um Zehent und Zehentverweigerung, um Schwierigkeiten mit Prekarie-Verträgen (c. 20), aber auch um tätliche Angriffe auf Kleriker bis hinauf zu den Bischöfen. Behandelt wurden selbstverständlich die bis heute klerikalen Dauerbrenner, Schutz der legitimen Ehe und das Verhältnis der Geistlichen zu den Frauen.[831]

Die Synoden, die Arnulf in so einmalig großer Zahl abhalten ließ, spiegeln die Erwartungen wider, die der König und der Episkopat des gesamten ostfränkischen Reiches voneinander hatten.[832] Die königliche Kirchenpolitik bestand vor allem aus einer Personalpolitik. Arnulf „beschränkte sich nicht darauf, Mitglieder seiner Hofkapelle in größerer Zahl auf Bischofssitze zu bringen". Vielmehr versuchte der König, überall im Reich kirchliche Würdenträger seines Vertrauens als Bischöfe einzusetzen. Als Zeichen der Dankbarkeit für die Hilfe, die ihm bei der Erringung der Herrschaft geleistet wurde, war der neue König verpflichtet, nicht zuletzt die Zahl der privilegierten Kleriker und deren Institutionen zu Beginn seines Königtums stark zu erhöhen, so dass auch die Zahl der ausgestellten Diplome sprunghaft anstieg.[833] Allerdings verfügte Arnulf als Herr des Ostlandes über kein genügend schriftkundiges Personal,[834] um als König eine kontinuierliche, der Rechtssicherheit dienenden Urkundentätigkeit zu gewährleisten. Außer Salomon III. wurden daher auch andere ehemalige alemannische

---

829 Nach W. Hartmann, Arnolf und die Kirche 252. Zitate unter Anführungszeichen. Vgl. Patzold, Episcopus 281–283, 438–440.
830 W. Hartmann, Arnolf und die Kirche 236.
831 W. Hartmann, Arnolf und die Kirche 237–241. Konzil von Mainz 888; S. 253–263 (Akten).
832 W. Hartmann, Arnolf und die Kirche 252.
833 W. Hartmann, Arnolf und die Kirche 224.
834 W. Hartmann, Arnolf und die Kirche 236 f.

Hofgeistliche Karls III. von Arnulf übernommen und gefördert.[835] So bekam Salomons Bruder Waldo, seit 884 Bischof von Freising, 889 die Abtei Kempten. Den alemannischen Adeligen Hatto hatte Arnulf schon in seiner ersten bekannten Urkunde gemeinsam mit Erzbischof Liutbert von Mainz privilegiert, mit demselben geistlichen Würdenträger, den er als Erzkanzler soeben durch den Salzburger Erzbischof Theotmar ersetzt hatte.[836] Im Jahre 888 wurde Hatto Abt von der Reichenau und bald darauf auch von Ellwangen, sodann aber vom König höchstpersönlich 891 zum Erzbischof von Mainz, der ranghöchsten Metropolitankirche Germaniens, erhoben. Hatto resignierte seine Abtwürde in St. Gallen, wurde aber vom Konvent wieder zu seinem Oberhaupt gewählt, weil er so tüchtig und dem König genehm sei. Er soll das „Herz des Königs" genannt worden sein.[837] Gemeinsam mit dem Augsburger Bischof Adalbero hob Hatto 893 Arnulfs legitimen Sohn Ludwig aus der Taufe, und beide „gaben ihm den Namen seines Großvaters".[838] Hatto und Adalbero nahmen 895/96 an Arnulfs Romzug teil und waren Zeugen von dessen Kaiserkrönung.[839] Arnulfs wichtigster Kanzler Aspert, der die meisten seiner Urkunden verfasste, erhielt 891 das Bistum Regensburg, starb jedoch schon 894. Sein Nachfolger als Kanzler wurde der 892 oder 893 aus Neutra/Nitra geflohene oder vertriebene Alemanne Wiching, der dort seit 880 Bischof war.[840] Wie sein Vorgänger diente er nominell unter dem Erzkaplan und Erzkanzler, dem Salzburger Erzbischof Theotmar (873–907).

Der bayerische Metropolit war schon Erzkanzler unter König Karlmann gewesen, trat aber in der Reichspolitik wenig in Erscheinung. Dabei blieb es auch mit Arnulfs Herrschaftsantritt, so dass Theotmar als schattenhafter Inhaber des Amtes bezeichnet wurde.[841] Ein derartiges Urteil mag vom Standpunkt des Diplomatikers sicher Gültigkeit haben, historisch gesehen, hat Arnulf den Salzburger Erzbischof und seine Kirche jedoch so reichlich gefördert, dass Theotmars Amtsführung als Beispiel hoffernes Wirken ausführlicher dargestellt werden soll. Selbstverständlich war dem König nicht bewusst, wie zukunftsträchtig sich manche seiner Schenkungen entwickeln würden.[842] Zu den ersten Salzburger Privilegierten zählte ein Kleriker Theotmars.[843] Ein anderer seiner Kleriker namens Pilgrim erhielt Besitz im Zillertal, woraus eine bis heute gültige atypische Westgrenze der Erzdiözese Salzburg entstand.[844] Ein erzbischöflicher und zu-

---

835 Fleckenstein, Hofkapelle 1, 198–207.
836 D Arn 1; S. 1 f.
837 W. Hartmann, Arnolf und die Kirche 231 mit Anm. 36 f. D Arn 96; S. 140–142, 892 I 21. Zu *cor regis* siehe Ekkehard, Casus sancti Galli c. 11; S. 36.
838 AF (Ratisb.) a. 893; S. 122.
839 W. Hartmann, Arnolf und die Kirche 235. Fleckenstein, Hofkapelle 1, 202–204.
840 Siehe auch Conversio (ed. Wolfram) 293 f.
841 Fleckenstein, Hofkappelle 1, 198 f. Anm. 48. Siehe auch W. Hartmann, Arnolf und die Kirche 231–235.
842 Dopsch, Geschichte Salzburgs 1, 1, 193, der auch diejenigen Schenkungen erwähnt, die ursprünglich nicht für das Erzstift bestimmt waren, aber später in dessen Besitz übergingen.
843 D Arn 20; S. 30 f., Moosburg, 888 III 19.
844 D Arn 61; S. 88 f., Wölfis, 889 X 3.

sätzlich ein vermutlich erzbischöflicher Vasall erhielten 892 Dominikalgut in Melk.[845] Des weiteren bekam Salzburg im März 891 aus dem Erbe von Arnulfs Mutter Liutswind den Hof Erding an der Sempt.[846] Am 28. Juni 891 schenkte König Arnulf dem Salzburger Erzbischof „die Abtei, die Au oder Chiemsee genannt wird", und ließ darüber ein Diplom ausstellen, das als Original erhalten blieb.[847] Kein Wunder, dass man die „magna charta des Salzburger Kirchenstaates" (Paul Fridolin Kehr) mit des Königs Namen verband. Das große Arnulfinum ist eine formale Fälschung der zweiten Hälfte des 10. Jahrhunderts und diente gleichsam als ein von den hochmittelalterlichen Herrschern vielfach bestätigtes Gesamtverzeichnis auch derjenigen Güter, die die Salzburger Kirche vor dem Ungarnsturm in Pannonien besaß.[848] Darin fehlten aber nicht bloß die Nennung des Hofes Erding an der Sempt und eines anderen Salzburger Stützpunkts im Westen Bayerns, sondern auch die einiger Besitzungen im Ostland. Dies holte eine weitere Fälschung auf Arnulfs Namen nach.[849] Aber allein die tatsächlichen Schenkungen sprechen dagegen, dass Arnulf die Kirche von Salzburg vernachlässigt hätte. Vielmehr setzte er die Politik seiner Vorgänger gegenüber Salzburg fort. Die Reichsgewalt überließ die Mission und Integration des Südosten des Reiches dem Salzburger Erzbischof und dem bayerischen Episkopat. Damit verbunden war die Entscheidung, nach dem Tode Erzbischofs Arn 821 auf deren intensive Mitwirkung an der Reichspolitik zu verzichten.[850] Das Verhältnis Regensburg zu Salzburg gleicht ein wenig dem zwischen Paris und Reims oder London und Cambridge. So bezeugt dies die berühmte *Conversio Bagoariorum et Carantanorum* schon für die Zeit vor Theotmar, der aber nach seiner Einsetzung 873 nahtlos an die Politik seiner Vorgänger anschloss. Bereits 874 weihte er eine Kirche des Grafen und Fürsten Chozil in Pettau. Dieser Rechtsakt war nur möglich geworden, weil Methods Wirken im pannonischen Dreieck trotz päpstlicher Unterstützung, aber dank Salzburgs Widerstand bloß eine Episode geblieben ist, so dass auch Arnulf als Herr des Ostlandes seit 876 nichts mehr mit dem Griechen zu tun hatte.[851] Theotmar trat fast ausschließlich für die Salzburger Interessen und die seines Metropolitanverbandes ein. Die hohe interregnale Politik überließ er anderen; ihm ging es um die Stärkung seiner Provinz. Es gab allerdings Ausnahmen, und zwar dann, wenn es um Fragen der Slawenpolitik im allgemeinen ging. Am 15. Oktober 889 intervenierten in Frankfurt Erzbischof Theotmar und der karantanische Grenzgraf Ruodpert (887–893) für eine Schenkung an den hier Erzkanzler genannten Aspert.[852] Arnulf war einige Tage zuvor in die Pfalz am Main von dem wenig erfolgreichen

---

845 D Arn 98; S. 143 f., Salzburg, 892 IV 3, und NÖUB 1, 91–96. Siehe auch D Arn 109; S. 161 f., a. 892 zugeordnet.
846 D Arn 87; S. 128–130 (Erding).
847 D Arn 90, S. 132 f.
848 D Arn 184 sp.; S. 281–286. NÖUB 1, 89–96, bes. 94 f.
849 D Arn 185 sp., S. 286–288.
850 GuR 182–184. Dopsch, Geschichte Salzburgs 1, 1, 193 f.
851 Siehe Conversio (ed. Wolfram) 195 und 239 zu Annales Iuvavenses maximi a. 874; S. 742.
852 D Arn 63; S. 92–94. Zu Ruodpert siehe WS 321 mit Anm. 666.

Abodritenfeldzug zurückgekehrt,[853] und es ist nicht anzunehmen, dass die beiden „Ostland-Experten" sich dem König erst in Frankfurt angeschlossen hätten. Vielmehr werden Theotmar und Ruodpert den gesamten Heereszug mitgemacht haben. Dafür spricht auch, dass der hohe bayerische Kleriker Pilgrim, möglicher Schwager des Markgrafen Arbo und Nachfolger Theotmars 907, von Arnulf noch in Thüringen auf dem Weg nach Frankfurt privilegiert wurde und somit wahrscheinlich ebenfalls am Abodritenfeldzug teilgenommen hatte.[854]

Als in Mainz eine allgemeine Kirchenversammlung zusammentrat, um im Sommer 888 den neuen König zu begrüßen und auf die Besserung der kirchlichen Zustände festzulegen, war Theotmar als geistliches Oberhaupt der siegreichen Bayern noch anwesend. In Tribur 895 wie auf dem darauf folgenden Romzug fehlte er, und knapp vor Arnulfs Tod berief er eine bayerische Landessynode ein, um eine Personalentscheidung seines Königs zu durchkreuzen. Theotmar und der bayerische Episkopat verhinderten, dass Arnulfs Kanzler und für Neutra geweihter Bischof Wiching die Passauer Sedes behielt. Gegen den Wunsch des Königs wurde er abgesetzt und auf kanonisch korrekte Weise ein neuer Bischof bestellt. Ein Ereignis, das den Wandel nicht besser veranschaulichen könnte. Die persönliche Schwäche der kranken Könige der karolingischen Spätzeit übertrug sich auf die Bedeutung des Reichs für die regionale Entwicklung. Der großflächige Einsatz lohnte sich kaum; ein Großer wie der Salzburger Erzbischof richtete sich im „Kleinen Raum" ein und versuchte, diesen zu ordnen, zu gestalten und zu verteidigen, auch wenn es nicht bloß gegen die Ungarn, sondern auch gegen König und Papst gehen sollte. Für letzteres steht der Brief, den Theotmar und der bayerische Episkopat im Jahre 900 an Johann IX. sandten, um die päpstliche Mährenpolitik als falsch und ungesetzlich anzuprangern. Das Schreiben lässt das hohe Niveau der Salzburger Kanonistik erkennen, so dass nicht bloß die karolingischen Sammlungen geschickt zitiert werden. Wahrscheinlich wurde das Dokument auf der Synode abgefasst, die im Juli 900 als *conventus et colloquium principum* im herkömmlichen Tagungsort Reisbach stattfand. Am Raffelstettener Zollweistum von 903/06 wirkte Theotmar als Königsbote mit. Er fand den Tod, als er sich für den Schutz des bereits verkleinerten Bayerischen Ostlandes einsetzte. Am 4. Juli 907 fiel er in der Ungarn-Schlacht bei Pressburg, wo der bayerische Heerbann samt seiner Führung zugrunde ging.[855]

Arnulfs Kirchenpolitik bestand in dem erfolgreichen Versuch, den hohen Klerus, Bischöfe und Äbte, im gesamten ostfränkischen Reich samt Lothringen und Sachsen zu gewinnen. Dazu dienten eine ungewöhnlich zahlreiche Ausstellung von Privilegien sowie eine ungewöhnlich häufige Einberufung von Reichssynoden, die auch von lothringischen und sächsischen Bischöfen und Äbten besucht wurden. Arnulfs Personalpolitik erfasste sein gesamtes Reich rechts und links des Rheins.[856] Wichtige Kirchen erhielten reiche Schenkungen und Rechte. Bayerische Empfänger nahmen den ersten Platz ein, doch wurden

---

853 D Arn 62; S. 90–92, Frankfurt, 889 Oktober 13.
854 D Arn 61; S. 88 f., Wölfis, 889 X 5. Mitterauer, Markgrafen 166 f.
855 GuR 185–187.
856 W. Hartmann, Arnolf und die Kirche 251 f.

sie nicht in dem Maße bevorzugt, wie man sie als Angehörige von Arnulfs Ursprungsland vielleicht vermuten würde. Auffällt die Bevorzugung der Klöster, deren Rechte der König bestätigte und deren Besitz, aber nicht deren Zahl er vermehrte.[857]

---

857 W. Hartmann, Arnolf und die Kirche 223–227.

V. Das verschwundene karolingische Lehnswesen?

In der frühen Karolingerzeit, etwa um die Mitte des 8. Jahrhunderts, sei es zur ursächlichen Verbindung zweier, wenn man will, dreier merowingischer Einrichtungen gekommen. Vasallität und Kommendation mit Leistung des Treueids einerseits und das herkömmliche Benefizialwesen unter Einschluss von Prekarie/ Prästarie andrerseits seien zusammengewachsen, nicht ohne jedoch dabei entscheidende Veränderungen ihres bisherigen Inhalts erfahren zu haben".[858] So sei das karolingische Lehnswesen entstanden, das alle Bereiche des öffentlichen Lebens erfasste, selbst Bischöfe, Äbte und Grafen zu Lehensleute, Vasallen, machte und die Schaffung eines Heeres schwerbewaffneter Reiterkrieger erlaubte. An dieser herkömmlichen Lehre von einem voll ausgebildeten karolingischen Lehnswesen übten nicht zuletzt Susan Reynolds, Brigitte Kasten und Steffen Patzold grundsätzliche Kritik.[859] Allerdings waren die glorreichen Drei nicht die einzigen, die kein karolingischen Lehnswesen entdeckten, sobald sie die Texte genauer lasen. Im Gespräch hat Karl Brunner, als er in den frühen 1970er Jahren an seiner Adelsforschung arbeitete,[860] den Titel von François Louis Ganshofs berühmten Buch von 1944 „Qu'est-ce que la féodalité?" zu „Où est-ce que la féodalité?" abgewandelt. Im selben Jahr 1994, da Susan Reynolds ihre bahnbrechende Studie „Fiefs and Vassals" herausbrachte, erschien des Autors wesentlich kürzere Arbeit über Karl Martell und das fränkische Lehnswesen mit dem Untertitel „Aufnahme eines Nichtbestandes".[861]

Erweitert man diese Aufnahme in Stichproben um die Zeit Arnulfs, lässt sich folgendes beobachten: Zwölf seiner Diplome begünstigen *vassi/vasalli*, darunter solche von ihm selbst, von der Königstochter Hildegard sowie von Bischöfen und Grafen.[862] Der Herr und die Herrin eines Vasallen ist sein oder seine *senior*.[863] Aber weder Hildegard noch einer der Herren ist selbst Vasall des Königs gewesen, auch wenn er oder sie Königsgut besaßen oder zur Leihe hatten. Keiner der Vasallen wird wegen militärischer Verdienste belohnt. Die Königsurkunden verbriefen den Begünstigten vollständiges und zeitlich unbefristetes Eigentum, das zum Teil aus Benefizien umgewandelt wurde. Benefizien besaßen bisher der Empfänger oder auch eine dritte Rechtsperson, ein anderer *beneficiatus* oder ein

---

858 WS 123f.
859 Kasten. Das Lehnswesen. Steffen Patzold, Das Lehnswesen, ist vor allem auch als lesbare Gegenüberstellung der „klassischen Sicht" (14–25) und „der jüngeren Kritik" (25–38) besonders wertvoll. Susan Reynolds, Fiefs and Vassals. Vgl. dazu Becher *subiectio principum* 164f.
860 Brunner, Gruppen, und ders. Fürstentitel.
861 Die Arbeit Wolfram, Karl Martell und das fränkische Lehnswesen, wurde etwa zur Kenntnis genommen von Patzold, Lehnswesen 25, und Becher *subiectio principum* 164.
862 DD Arn 14; S. 22f. 51; S. 73f. 52; S. 74f. 73; S. 110. 86; S. 127f. 95; S. 139. 98; S. 143f. = NÖUB n. 7d; 1, 91–96. 118; S. 173f. 132; S. 198. 162; S. 246. 168; S. 257. 173; S. 262f.
863 D Arn 52; S. 74f.

anderer Graf, aus dessen *ministerium* die Schenkung genommen wurde. Die dritten Rechtspersonen gaben dazu ihre Zustimmung.[864] Mit der Beschenkung des Vasallen wird sein Herr oder seine Herrin durch den König geehrt. Dazu eine weitere Beobachtung:

Nur zwei von zwölf Königsurkunden Arnulfs erwähnen auch die Standesqualität, und zwar den Adel des begünstigten Vasallen. In beiden Fällen wird Besitz in der bayerisch-slawischen Kontaktzone des Ostlandes geschenkt, wo es offenkundig darauf ankam, Bayern und Slawen zu zeigen, wer man ist. Die Plätze befinden sich vornehmlich in Karantanien und im heute niederösterreichischen Donauraum, an einem Ort, der nach dem slawisch benannten Fluss Melk heißt und an der Westgrenze einer besonders hydrographisch belegten Sclavinia liegt.[865] Der in Melk begünstigte Empfänger ist Vasall des Salzburger Erzbischofs. Er habe freie Verfügungsgewalt über das in der Grafschaft Arbos geschenkte Gut, wie es Recht und Gesetz (der Bayern) einem *nobilis vir* für seinen Erbbesitz zugestehen.[866] Der andere Fall ist noch eindeutiger und betrifft einen Zwentibold. Dieser ist Vasall des Markgrafen Luitpold und erhält mehrere Schenkungen, davon eine in dessen Grafschaft Karantanien, *Charentarîche*. Zwentibold ist bester adeliger Herkunft, *progenie bonae nobilitatis exortus*, und steht einer Familie nahe, in der auch der mährische Fürstenname Moimir gebräuchlich ist.[867] Es ist anzunehmen, dass die Namensgebung slawische Verbindungen verrät und die Beobachtung bestätigt, dass sowohl die bayerischen wie die fränkisch-langobardischen Eliten die slawische Oberschicht als Ihresgleichen anerkannten, sobald sie Christen geworden waren und die Anerkennung auch verlangen konnten.[868]

Die Vieldeutigkeit der Wörter, die man bisher von *beneficium* bis *honores* als Lehen übersetzt hat, ist bestens bekannt und ausgiebig diskutiert. Selbst Arnulfs eigene Mutter besaß ein *beneficium* aus Königsgut,[869] wofür nach Brigitte Kasten wohl prekarische Leihe passen würde. Im Jahre 894 wurde die Königstochter Hildegard des Treubruchs angeklagt und verlor nach dem Regensburger Annalisten ihre *publici honores*. Diese sind offenkundig nicht als königliche Lehen zu übersetzen, da Regino dasselbe Ereignis als Verlust ihrer königlichen Güter, *regiae possessiones*, darstellt.[870] Daher dürften auch Hildegards Vertrauter Engildeo 894 und der Thüringer Poppo im Jahre 892 ihre *honores* nicht als Lehen im traditionellen Sinn, sondern als vom König verliehene Güter und Würden besessen und verloren haben.[871]

---

864 D Arn 95; S. 139, und D Arn 173; S. 262 f.
865 D Arn 98; S. 143 f. = NÖUB 7d; 1, 91–96. Zum Namen Melk siehe Schuster, Etymologie M 163; 2, 549 f., und WS 55.
866 Siehe die Spitzeneintragung in Lex Baiwariorum I 1; S. 268.
867 Brunner, Gruppen 177.
868 Conversio (ed. Wolfram) 288.
869 Siehe oben Anm. 158.
870 Vgl. AF (Ratisb.) a. 895 (recte 894); S. 125 f., mit Regino, Chronica a. 894; S. 142.
871 AF (Ratisb.) a. 892; S. 122, und a. 895 (recte 894); S. 125 f.

V. Das verschwundene karolingische Lehnswesen? 147

Urkundlich nicht verbrieft wurden die Verträge, in denen die Könige des Schicksalsjahrs 888 die Oberhoheit Arnulfs mit einem Treueid[872] anerkannten und dafür in ihrem Königtum bestätigt wurden. Dass sie Vasallen des ostfränkischen Herrschers geworden wären, ist durch keine Quellenstelle belegt. Am ehesten wäre diese Form der Abhängigkeit für theoretisch reichsangehörige Slawenfürsten möglich gewesen. Im Jahre 870 übergab Zwentibald I. sich und sein Reich dem Ostlandpräfekten Karlmann und wurde 884 mit Handgang der Mann des Kaisers Karl III. Gleichzeitig und ebendort wurde Brazlavo von Siscia als *sui miliciae subditus* vom selben Karl III. angenommen. Übrigens die einzige Stelle, die eine mögliche Vasallität mit einem militärischen Begriff verbindet.[873]

Soviel der unmaßgeblichen Beobachtungen zum Thema. Die Masse der Beobachtungen ist freilich noch anzustellen, *vivant sequaces*. Der Autor hofft auf ein *sapienti sat*.

---

[872] AF (Ratisb.) a. 896; S. 127: Als Arnulf 896 auf Rom marschierte, brach Berengar diese Treue.
[873] AF a. 870; S. 70, und AF (Ratisb.) a. 884; S. 113.

VI. Schlusswort

Arnulf war bloß ein Dutzend Jahre ostfränkischer König, davon die letzte Zeit gesundheitlich stark eingeschränkt. Trotzdem hat das Thema „Kaiser Arnolf und die deutsche Geschichte" bis vor geraumer Zeit namhafte deutsche Mediävisten zu heftigen Diskussionen angeregt. Rudolf Schieffer hat darüber einen souveränen Beitrag verfasst und damit wohl die Debatte beendet.[874] Im Grunde könnte man ebenso über Kaiser Arnulf und die italienische, österreichische, ungarische, tschechische, slowakische, ja selbst französische und Schweizer sowie noch eine Reihe anderer Geschichten diskutieren und zum selben Ergebnis kommen. Arnulf nahm sich seinen Großvater Ludwig den Deutschen zum Vorbild für sein ostfränkisches Reich. Als Kaiser war es kein Geringerer als sein Ururgroßvater Karl der Große, der ihm als Vorbild diente. In Rom wurde Arnulf vom Papst und von den Römern wie einst Karl der Große empfangen und saß nach der traditionellen Krönung über Majetätsverbrecher zu Gericht. Wie Karl der Große 802 als Kaiser eine neuerliche Leistung des Eides von 789 vorschrieb, verlangte auch Kaiser Arnulf eine allgemeine Eidesleistung. Ebenso verfügte Arnulf wie Karl als Kaiser in der Heimat über erweiterte Rechtsmittel. Er ging gegen Usurpatoren von Reichsgebiet und gegen Giftmischer vor, die sein Leben bedrohten. In einem österreichischen Schulbuch der 1970er Jahre war zu lesen, dass unter ihm nach Karls III. Tod das Karolingerreich „nicht zum Vorteil der davon betroffenen Nationen zerfiel". Tatsächlich leitete die Transformation des Reiches den Entstehungsbeginn eben dieser europäischen Völker erst ein. Arnulf war ein Herrscher des Übergangs, der Umgestaltung, ja der aus der Vergangenheit motivierten Neuerungen innerhalb der karolingischen Welt. Er zählte zur Gruppe der konservativen Reformer, denen noch am ehesten nachhaltiger Fortschritt gelingt. So war Arnulf ein spätkarolingischer Herrscher, der den traditionellen Anspruch seiner Familie auf die Herrschaft über Europa mit der Transformation und Anpassung dieses Anspruchs an die Möglichkeiten seiner Zeit gestaltete.[875] Dass diese zunächst erfolgreiche Politik Stückwerk blieb, ist auch dem Ausbruch der schweren Krankheit in seinen letzten Lebensjahren ab 896 geschuldet. Trotzdem sind manche Entscheidungen, die er selber traf oder die unter seiner Herrschaft getroffen wurden, bis heute wirksam geblieben. Ohne wahrlich behaupten zu wollen, dass seine Politik zielsicher auf die Zukunft ausgerichtet war, trug sein Handeln etwa zum Werden eines vorwiegend bayerisch-slawisch-ungarischen Ostmitteleuropas bei. Ähnliches gilt für die Zugehörigkeit Lothringens zum Ostreich, obwohl hier nach Arnulfs Tod Rückschläge auftraten, die erst die Ottonen überwanden. So hat die sächsische Dynastie die fränkische Politik des Bayern Arnulf fortgesetzt und das Reich vornehmlich östlich des Rheins als einen Teil des allgemeinen Frankenreichs beherrscht, als einen Teil, der mehr und mehr

---

874 R. Schieffer, Kaiser Arnolf 1–16.
875 AF (Ratisb.) a. 888; S. 116: *in Europa vel regno Karoli* (III.).

zu einem *regnum Teutonicorum* mutierte, ohne seine fränkische Identität aufzugeben.[876]

---

876 Brühl, Deutschland–Frankreich 118 f., nach Otto von Freising, Chronica VI 17; S. 277.

VII. Quellen- und Literaturverzeichnis

Quellenverzeichnis

Die Quellenstellen werden nur dann auch nach Seiten zitiert, wenn dies dem Benützer hilft. Dies gilt insbesondere für die MGH-Editionen, da dMGH die Seitenangabe verlangt, aber auch für die Traditionen Freising.

Annales Alamannici (ed. Georg Heinrich Pertz, MGH SS 1, Hannover 1826, Nachdruck 1976) 22–60, oder (ed. Walter Lendi, Untersuchungen zur frühalemannischen Annalistik. Scrinium Friburgense 1, Freiburg 1971) 146–192.

AB =Annales Bertiniani (ed. Georg Waitz, MGH SS rerum Germanicarum, Hannover 1883), und The Annals of St-Bertin: ninth century history, by Janet L. Nelson, Manchester Medieval Sources, series 2 (Manchester 1991).

AF = Annales Fuldenses sive Annales regni Francorum orientalis (edd. Friedrich Kurze/ Hans F. Haefele, Monumenta Germaniae Historica, SS rerum Germanicarum, Hannover ²1891, Nachdruck 1993), und Annals (Reuter) = The Annals of Fulda, translated and annotated by Timothy Reuter, Manchester Medieval Sources, series 2 (Manchester 1992).

AF (Mogunt.) = Annales Fuldenses, Continuatio Moguntina

AF (Ratisb.) = Annales Fuldenses, Continuatio Ratisbonensis

Anglo Saxon Chronicles siehe Two of the Saxon Chronicles Parallel

Annales Iuvavenses maximi und Continuationes (ed. Harry Bresslau, MGH SS 30, 2, Leipzig 1934, Nachdruck 1976) 727–744.

Annales ex annalibus Iuvavensibus antiquis excerpti siehe Annales Iuvavenses maximi.

Annales ecclesiae Sabionensis nunc Brixiensis (ed. Joseph Resch 2, Augsburg 1767) 427–446.

Annales Xantenses et Vedastini (ed. Bernhard von Simson, MGH SS rerum Germanicarum, Hannover/Leipzig 1909, Nachdruck) 40–82.

Arbeo von Freising, Vita Haimhrammi episcopi (ed. Bruno Krusch, MGH SS rerum Germanicarum, Hannover 1920, 1–99) oder (ed. und übersetzt Bernhard Bischoff, Arbeo: Vita et passio sancti Haimhrammi martyris. Leben und Leiden des hl. Emmeram, München 1953).

Arbo an König Arnulf. Epistolae Variorum. MGH Epistolae Karolini aevi VII (ed. Isolde Schröder, Wiesbaden 2022) n. 84; S. 196–198.

ArF = Annales regni Francorum (ed. Friedrich Kurze, MGH SS rerum Germanicarum, Hannover 1895, Nachdruck 1950).

Arnold von St. Emmeram, Ex Arnoldi libris de S. Emmerammi (ed. Georg Waitz, MGH SS 4, 1841, Nachdruck) 543–574.

Astronomus, Vita Hludowici imperatoris (ed. Ernst Tremp, MGH SS rerum Germanicarum 64, München 1995).

Auctarium Garstense (ed. Wilhelm Wattenbach, MGH SS 9, Hannover 1851, Nachdruck 1983) 561–569.

BM² = Johann Friedrich Böhmer, Regesta Imperii 1 (751–918). (neubearb. von Engelbert Mühlbacher, vollendet von Johann Lechner, Innsbruck ²1908. Mit Vorwort, Konkordanztabellen und Ergänzungen von Carlrichard Brühl und Hans H. Kaminsky, Hildesheim 1966).

Breves Notitiae (ed. Fritz Lošek, Quellen zur Salzburger Frühgeschichte) 9–178, oder (ed. Fritz Lošek, Notitia Arnonis und Breves Notitiae. Mitteilungen der Gesellschaft für Salzburger Landeskunde 130, Salzburg 1990) 5–192, oder (edd. Willibald Hauthaler/Franz Martin, Salzburger Urkundenbuch 2, Salzburg 1916, Anhang 1–23).

Canon Hludovici regis (ed. Wilfried Hartmann, MGH Concilia 3, Hannover 1984) n. 26; S. 235–252.

Capitulare missorum generale von 802 siehe Capitularia regum Francorum n. 33; S. 1, 92–99,

Capitularia regum Francorum (ed. Alfred Boretius/Victor Krause, MGH Capitularia regum Francorum 1 und 2, Hannover 1883/1897, Nachdruck Stuttgart 1984).

CF = Codex Forioiulensis siehe Ludwig, Beziehungen (Literaturverzeichnis).

Chronicon Ebersbergense (ed. Wilhem Arndt, MGH SS 20, Hannover 1868, Nachdruck) 9–16.

Chronicon Salisburgense a primo anno aerae Christianae ad 1398 (ed. Hieronymus Pez, Scriptores rerum Austriacarum veteres et genuini etc. 1, Leipzig 1721) 314–433.

Concilia aevi Karolini V = Die Konzilien der Karolingischen Teilreiche. 875–911(edd. Wilfried Hartmann/Isolde Schröder/Gerhard Schmitz, MGH Concilia 5, Hannover 2012).

Constantinus et Methodius Thessalonicenses. Fontes (rezensuerunt et illustraverunt Franciscus Grivec et Franciscus Tomšič, Zagreb 1960).

Constantinus Porphyrogenitus, De administrando imperio (ed., übersetzt und kommentiert Gyula Moravcsik/R. J. H. Jenkins, Corpus fontium historiae Byzantinae 1, Budapest 1949, Dumbarton Oaks ²1967, und 2, University of London 1962).

Conversio (ed. Lošek) = Conversio Bagoariorum et Carantanorum und der Brief des Erzbischofs Theotmar von Salzburg (ed. und übersetzt Fritz Lošek, MGH Studien und Texte 15, Hannover 1997).

Conversio (ed. Wolfram) = Conversio Bagoariorum et Carantanorum. Das Weißbuch der Salzburger Kirche über die erfolgreiche Mission in Karantanien und Pannonien. Herausgegeben, übersetzt, kommentiert und um die Epistola Theotmari wie um Gesammelte Schriften zum Thema ergänzt. Zweite, gründlich überarbeitete Auflage von Herwig Wolfram (Ljubljana/Laibach 2012). Dritte, gründlich überarbeitete Auflage von Herwig Wolfram (Ljubljana/Laibach 2013).

Cosmas von Prag, Chronica Boemorum (ed. Berthold Bretholz, MGH SS rerum Germanicarum, NS 2, Berlin 1923, Nachdruck 1995).

DD. Arnolf = MGH Diplomata regum Germaniae ex stirpe Karolinorum 3. Die Urkunden Arnolfs (ed. Paul Kehr, Berlin 1940, Nachdruck München 1988).

DD. Charles II. = Recueil des actes de Charles II le Chauve, Roi de France 1 (840–860) (ed. Arthur Giry/Georges Tessier, Paris 1943)

DD. Charles III. = Recueil des actes de Charles III le Simple, roi de France (893–923) (ed. Philippe Lauer, Paris 1949).

DD. H. III. = MGH Diplomata regum et imperatorum Germaniae 5.

Die Urkunden Heinrichs III. (edd. Harry Bresslau/Paul Kehr, Berlin 1926/31, Nachdruck München 1983).
DD. K. III. = MGH Diplomata regum Germaniae ex stirpe Karolinorum 2. Die Urkunden Karls III. (ed. Paul Kehr, Berlin 1936/37, Nachdruck München 1984).
DD. Ko. I. siehe DD. O. I.
DD. LD = MGH Diplomata regum Germaniae ex stirpe Karolinorum 1. Die Urkunden Ludwigs des Deutschen, Karlmanns und Ludwigs des Jüngeren (ed. Paul Kehr, Berlin 1932/34, Nachdruck München 1980).
DD. LdK = MGH Diplomata regum Germaniae ex stirpe Karolinorum 4. Die Urkunden Zwentibolds und Ludwigs des Kindes (ed. Theodor Schieffer, Berlin 1960).
DD. O. I. = Die Urkunden Konrads I., Heinrichs I. und Ottos I. (ed. Theodor Sickel, MGH Diplomata regum et imperatorum Germaniae 1, Hannover 1879/84, Nachdruck München 1997).
Divisio regnorum a. 806. Capitularia n. 45; 1, 126–130.
Ekkehard IV., Casus sancti Galli (ed. und übersetzt Hans F. Haefele, Ausgewählte Quellen zur deutschen Geschichte des Mittelalters 10, Darmstadt ^{4}2002).
Ekkehard, Chronica (ed. Georg Waitz, MGH SS 6, Hannover 1844, Nachdruck Stuttgart 1980) 33–267, oder (ed. und übers. von Franz Josef Schmale/Irene Schmale-Ott, Ausgewählte Quellen zur deutschen Geschichte des Mittelalters 15, Darmstadt 1972) 124–209 und 268–377.
Ennodius, Panegyricus dictus Theoderico regi (ed. Christian Rohr, Der Theoderich-Panegyricus des Ennodius. MGH Studien und Texte 12, Hannover 1995).
Flodard von Reims, Historia Remensis ecclesiae (ed. Martina Stratmann, MGH SS rerum Germanicarum 36, Hannover 1998).
Folcuin, Gesta abbatum Lobiensium (ed. Georg Heinrich Pertz, MGH SS 4, Hannover 1841, Nachdruck) 52–74.
Hermann von Reichenau, Chronicon (ed. Georg Heinrich Pertz, MGH SS 5, Hannover 1844, Nachdruck) 67–133.
Konzil von Mainz 888 = Concilia aevi Karolini 5.
LL = Leges
Lex Baiwariorum (ed. Ernst von Schwind, MHG LL nationum Germanicarum 5, 1, Hannover 1926).
Liudprand von Cremona, Antapodosis (ed. Joseph Becker, MGH SS rerum Germanicarum, Hannover/Leipzig ^{3}1915, Nachdruck).
MIÖG = Mitteilungen des Instituts für Österreichische Geschichtsforschung
MGH = Monumenta Germaniae Historica.
MMFH = Magnae Moraviae fontes historici 1–5 (Prag/Brünn 1966–1977).
NÖUB = Niederösterreichisches Urkundenbuch 1, 777–1076 (edd. Maximilian Weltin/Roman Zehetmayer, Publikationen des Instituts für Österreichische Geschichtsforschung 8, 1, St. Pölten 2008).
Notitia Arnonis (ed. Fritz Lošek, Quellen zur Salzburger Frühgeschichte) 9–178, oder (ed. Fritz Lošek, Notitia Arnonis und Breves Notitiae. MGSL 130, Salzburg 1990) 5–192.
Notker Balbulus, Gesta Caroli Magni imperatoris (ed. Hans F. Haefele, MGH SS rerum Germanicarum NS 12, Berlin 1959).
Notker, Continuatio breviarii Erchanberti (ed. Georg Heinrich Pertz, MGH SS 2, Hannover 1829, Nachdruck) 327–330.

ND = Nachdruck
NF = Neue Folge
NS = Nova Series
Otto von Freising, Chronica sive Historia de duabus civitatibus (ed. Adolf Hofmeister, MGH SS rerum Germanicarum, Hannover/Leipzig 1912, Nachdruck 1984).
Otto von Freising, Gesta Friderici I. imperatoris (ed. Georg Waitz/Bernhard von Simson, MGH SS rerum Germanicarum, Hannover 1912, Nachdruck Hannover 1997).
Poeta Saxo, Annales de gestis Caroli magni imperatoris (ed. Paul von Winterfeld, MGH Poetae latini aevi Karolini 4, 1, Berlin 1899) 1–71.
Ratpert, St. Galler Klostergeschichten (Casus sancti Galli) (ed. und übersetzt Hannes Steiner, SS rerum Germanicarum 75, Hannover 2002).
Regino von Prüm, Chronica (ed. Friedrich Kurze, MGH SS rerum Germanicarum, Hannover 1890, Nachdruck 1989), und History and Politics in late Carolingian and Ottonian Europe. The Chronicle of Regino of Prüm and Adalbert of Magdeburg, translated by Simon MacLean, Manchester Medieval Sources, series 2 (Manchester 2009).
Two of the Saxon Chronicles Parallel (eds. Charles Plummer and John Earle, Oxford 1892) vol. I
SS = Scriptores
Stephan V., Epistolae (ed. Gerhard Laehr, MGH Epistolae 7, Berlin 1912/1928, Nachdruck) 354–365.
Stephan V., Fragmena registri (ed. Erich Caspar, MGH Epistolae 7, Berlin 1912/1928, Nachdruck) 334–353.
TF = Die Traditionen des Hochstiftes Freising 1 und 2 (ed. Theodor Bitterauf, Quellen und Erörterungen zur bayerischen Geschichte NF 4 und 5, München 1905/1909, Nachdruck Aalen 1967).
TM = Traditionen Mondsee. Das älteste Traditionsbuch des Klosters Mondsee (edd. Gebhard Rath/Erich Reiter, Forschungen zur Geschichte Oberösterreichs 16, Linz 1989).
TP = Die Traditionen des Hochstiftes Passau (ed. Max Heuwieser, Quellen und Erörterungen zur bayerischen Geschichte NF 6, München 1930).
TR = Die Traditionen des Hochstifts Regensburg und des Klosters S. Emmeram (ed. Josef Widemann, Quellen und Erörterungen zur bayerischen Geschichte NF 8, München 1943).
Vita Clementis (ed. MMFH 2, Brno 1967) 200–234.
Vita Constantini = Zitije Konstantina (ed. Radoslav Vercerka, MMFH 2, Brno 1967) 57–115.
Brevis vita ss. Constantini et Methodii=Proložnoje žitje Konstantina i Mefodija (ed. MMFH 2. Brno 1967) 164–166.
Vita Methodii= Zitije Mefodija (ed. MMFH 2, Brno 1967) 134–163.
Widukind, Res gestae Saxonicae (ed. Paul Hirsch, MGH SS rerum Germanicarum, Hannover 51935), oder (ed. und übers. von Albert Bauer/Reinhold Rau, Ausgewählte Quellen zur deutschen Geschichte des Mittelalters 8, Darmstadt 41992) 1–183.
Wolfhardus Haserensis, Ex miraculis s. Waldburgis Monheimensis (ed. Oswald Holder-Egger, MGH SS 15, 1, Berlin 1887) 535–555.

Literaturverzeichnis

Stuart Airlie, Sad stories of the deaths of kings: narrative patterns and structures of authority in Regino of Prüm's Chronicle. Narrative and History in the Early Medieval West (Hgg. E.M. Tyler/Ross Balzaretti, Turnhout 2006) 105–131.

Gerd Althoff, Zur Bedeutung der Bündnisse Svatopluks von Mähren mit Franken. Symposium Methodianum. Beiträge der Internationalen Tagung in Regensburg (17. – 24. April 1985) zum Gedenken an den 1100. Todestag des hl. Method (hg. Klaus Trost, Selecta Slavica 13, 1988) 13–21.

Arnold Angenendt, Kaiserherrschaft und Königstaufe (Arbeiten zur Frühmittelalterforschung 15, Berlin etc. 1984).

Bernard Bachrach, Early Carolingian Warfare. Prelude to Empire (PennUPress 2011).

Matthias Becher, Arnulf von Kärnten – Name und Abstammung eines (illegitimen?) Karolingers. Nomen et Fraternitas. Fs. Dieter Geuenich (Hgg. Uwe Ludwig/Thomas Schilp, Reallexikon der Germanischen Altertumskunde, Erg. Bd. 62, Berlin etc. 2008) 665–682.

Matthias Becher, Die *subiectio principum*. Zum Charakter der Huldigung im Franken- und Ostfrankenreich bis zum Beginn des 11. Jahrhunderts. Staat im Frühen Mittelalter (hgg. Stuart Airlie/Walter Pohl/Helmut Reimitz. Forschungen zur Geschichte des Mittelalters 11, Wien 2004) 163–178.

Matthias Becher, Zwischen König und „Herzog". Sachsen unter Kaiser Arnolf. Kaiser Arnolf 89–121.

Matthias Becher, Eid und Herrschaft. Untersuchungen zum Herrscherethos Karls des Großen (Sigmaringen 1993).

Heiko Behrmann, Instrument des Vertrauens in einer unvollkommenen Gesellschaft. Der Eid im politischen Handeln, religiösen Denken und geschichtlichen Selbstverständnis der späten Karolingerzeit. Relectio 4 (Ostfildern 2022).

Klaus Bertels, Carantania. Carinthia I 177 (Klagenfurt 1987) 87–196.

Michael Borgolte, Die Grafen Alemanniens in merowingischer und karolingischer Zeit. Archäologie und Geschichte Propylaeum 2 (Heidelberg 2018).

Michael Borgolte, Freiburger Forschungen zum ersten Jahrtausend in Südwestdeutschland 2 (Sigmaringen 1986).

Charles R. Bowlus, Imre Boba's Reconstruction of Moravia's Early History and Arnulf of Carinthia's *Ostpolitik*. Speculum 62 (1987) 552–574.

Carlrichard Brühl, Deutschland – Frankreich. Die Geburt zweier Völker (Köln 1990).

Karl Brunner, Herzogtümer und Marken. Vom Ungarnsturm bis ins 12. Jahrhundert. Österreichische Geschichte 907–1156 (hg. Herwig Wolfram, Wien 1994, ²2003).

Karl Brunner, Die fränkischen Fürstentitel im neunten und zehnten Jahrhundert. Intitulatio II. Lateinische Herrscher- und Fürstentitel im neunten und zehnten Jahrhundert (hg. Herwig Wolfram, MIÖG Erg. Bd. 24, Wien 1973) 179–340.

Karl Brunner, Oppositionelle Gruppen im Karolingerreich (VIÖG 25, Wien 1979).

Fritz Curschmann, Die Hungersnöte im Mittelalter (Leipziger Studien aus dem Gebiet der Geschichte 6, 1, Leipzig 1900).

Florin Curta, Southeastern Europe in the Middle Ages, 500–1250 (Cambridge UPress 2006).
Florin Curta, The Making of the Slavs. History and Archaeology of the Lower Danube Region, c. 500–700. Cambridge Studies in Medieval Life and Thought. Fourth Series 52 (Cambridge 2003, reprint 2005).
Roman Deutinger, Königsherrschaft im ostfränkischen Reich. Eine pragmatische Verfassungsgeschichte der späten Karolingerzeit. Beiträge zur Geschichte und Quellenkunde des Mittelalters 20 (Ostfildern 2006).
Maximilian Diesenberger, Hungarians Origins and Carolingian Politics in Regino of Prüm's *Chronicle*. Historiography and Identity 5: The Emergence of New Peoples and Polities, 1000–1300 (hgg. Walter Pohl/Veronika Wieser/Francesco Borri, Cultural Encounters in Late Antiquity and the Middle Ages 31, Turnhout 2022) 273–282.
Maximilian Diesenberger, Politik der Bedrohung. Die Ungarn und die Desintegration des Frankenreiches um 900 (Relectio 6, Ostfildern 2023).
Fridolin Dörrer, Der Wandel der Diözesaneinteilung Tirols und Vorarlbergs. Tiroler Heimat 17 (Innsbruck 1953) 41–74.
Heinz Dopsch, Vom Mönchskloster zum Kollegiatsstift. Die frühe Geschichte nach dem Befund der Schriftquellen, 7.–9. Jahrhundert. Herrenchiemsee 51–72.
Heinz Dopsch, Der Weg zum Augustiner–Chorherrenstift (891–1216). Herrenchiemsee 73–102.
Heinz Dopsch, Arnolf und der Südosten – Karantanien, Mähren, Ungarn. Kaiser Arnolf 143–186.
Heinz Dopsch, Die Länder und das Reich. Der Ostalpenraum im Hochmittelalter. Österreichische Geschichte 1122–1278 (hg. Herwig Wolfram, Wien 1994, ²2003).
Heinz Dopsch, Salzburg im Hochmittelalter. Geschichte Salzburgs 1, 1 (hg. Heinz Dopsch, Salzburg ²1983) 229–418.
Heinz Dopsch, Der bayerische Adel und die Besetzung des Erzbistums Salzburg im zehnten und elften Jahrhundert. MGSL 110/111 (Salzburg 1970/71) 125–151.
Ernst Dümmler, Geschichte des ostfränkischen Reichs, 3 Bde (Jahrbücher des Deutschen Reiches 7, 1–3, Leipzig ²1887/88).
Wolfgang Eggert, Arnolf in der bayerischen Fortsetzung der „Ostfränkischen Reichsannalen." Kaiser Arnolf 53–67
Erg. Bd. = Ergänzungsband.
Franz-Reiner Erkens, Die Fälschungen Pilgrims von Passau. Historisch-kritische Untersuchungen und Edition nach dem Codex Gottwicensis 53a (rot), 56 (schwarz) (Quellen und Erörterungen zur bayerischen Geschichte NF 46, München 2011).
Heinrich Fichtenau, "Politische" Datierungen des frühen Mittelalters. Ders., Beiträge zur Mediävistik 3 (Stuttgart 1986) 186–285.
Josef Fleckenstein, Die Hofkapelle der deutschen Könige 1 und 2 (Schriften der MGH 16, 1 und 2, Stuttgart 1959).
FMSt = Frühmittelalterliche Studien
Johannes Fried, Karl der Große: Gewalt und Glaube (München 2013).
Johannes Fried, Der Weg in die Geschichte. Die Ursprünge Deutschlands bis 1024. Propyläengeschichte Deutschlands 1 (Berlin 1994).
Anatole Frolow, La Relique de la Vraie Croix. Recherches sur le développement d'un culte. Archives de l'Orient chrétien 7 (Paris 1961) nn. 107 und 122.

Anatole Frolow, Les reliquiaires de la Vraie Croix, Archives de l'Orient chrétien 8 (Paris) 1965).
Fs. = Festschrift
Franz Fuchs, Arnolfs Tod, Begräbnis und Memoria. Kaiser Arnolf 416–434.
Patrick J. Geary, Oathtaking and Conflict Management in the Ninth Century. Rechtsverständnis und Konfliktbewältigung (hg. Stefan Esders u. a, Köln 2007) 237–254.
Dieter Geuenich, Ludwig „der Deutsche" und die Entstehung des ostfränkischen Reiches. Theotisce 313–329.
Hansgerd Göckenjan, Hilfsvölker und Grenzwächter im mittelalterlichen Ungarn (Quellen und Studien zur Geschichte des östlichen Europa 5, Wiesbaden 1982).
Hans-Werner Goetz, Die Chronik Reginos von Prüm. Geschichtsschreibung, Geschichtsbild, und Umgang mit Zeit und Vergangenheit im frühen Mittelalter (Libelli Rhenani 82, Köln 2022).
Hans-Werner Goetz, Typus einer Adelsherrschaft im späteren 9. Jahrhundert. Der Linzgaugraf Udalrich. St. Galler Kultur und Geschichte 11 (St. Gallen 1981) 133–173.
Eric J. Goldberg, In the Manner of the Franks. Hunting, Kingship and Muscularity in Early Medieval Europe (PennUPress 2020).
Eric J. Goldberg, More devoted to the Equipment of Battle than the Splendor of Banquets. Frontier Kingship, Martial Ritual, and Early Knighthood at the Court of Louis the German. Viator 30 (1999) 41–78.
Eric J. Goldberg, Struggle for Empire: Kingship and Conflict under Louis the German 817–876 (Ithaca/NY 2006).
Eric J. Goldberg and Simon MacLean, Royal marriage, Frankish history and dynastic crisis in Regino of Prüm's Chronicle. Medieval Worlds. Comparative and Interdisciplinary Studies 10 (Wien 2019) 107–129.
GuR = Wolfram, Grenzen und Räume.
Roman Hankeln, *Fidelis Caesar.* Arnolfs Memoria in der Reimhistoria für den hl. Dionysius von St. Emmeram (12. bis 13. Jahrhundert). Kaiser Arnolf 375–388.
Christian Hannick, Die byzantinischen Missionen. Die Kirche des frühen Mittelalters (hg. Knut Schäferdiek, Kirchengeschichte als Missionsgeschichte 2, 1, München 1978) 279–359.
Valerie Hansen, Das Jahr 1000. Als die Globalisierung begann (München 2020).
Martina Hartmann, Lotharingien in Arnolfs Reich. Das Königtum Zwentibolds. Kaiser Arnolf 122–142.
Wilfried Hartmann, Kaiser Arnolf und die Kirche. Kaiser Arnolf 221–252.
Wilfried Hartmann, Herrscher der Karolingerzeit (hg. Karl Rudolf Schnith, Mittelalterliche Herrscher in Lebensbildern. Von den Karolingern zu den Staufern, Graz etc. 1990) 11–97.
Werner Hechberger, Adel, Ministerialität und Rittertum im Mittelalter (München 2004).
Herrenchiemsee, Kloster–Chorherrenstift–Königsschloss (hgg. Walter Brugger/Heinz Dopsch/Joachim Wild. Vereinigung der Freunde von Herrenchiemsee, Regensburg 2011).
Eduard Hlawitschka, Franken, Alemannen, Bayern und Burgunder in Oberitalien (Forschungen zur Oberrheinischen Landesgeschichte 8, Freiburg/Br. 1960).
Eduard Hlawitschka, Lotharingien und das Reich an der Schwelle der deutschen Geschichte (Schriften der MGH 21, Stuttgart 1968).

Eduard Hlawitschka, Die Verbreitung des Namens Zwentibold in frühdeutscher Zeit. Festschrift Herbert Kolb (Frankfurt 1989) 264–292.
Herbert Hunger, Die hochsprachliche profane Literatur der Byzantiner Handbuch der Altertumswissenschaft 12, 5, 1 (München 1978).
Kaiser Arnolf, Das ostfränkische Reich am Ende des 9. Jahrhunderts (hgg. Franz Fuchs/Peter Schmid, Zeitschrift für Bayerische Landesgeschichte, Beiheft 19, München 2002).
Kurt Karpf siehe Therese Meyer
Brigitte Kasten, Das Lehnswesen – Fakt oder Fiktion? Der frühmittelalterliche Staat – europäische Perspektiven (hgg. Walter Pohl/Veronika Wieser, Forschungen zur Geschichte des Mittelalters 16, Wien 2009) 331–356,
Brigitte Kasten, Chancen und Schicksale „unehelicher" Karolinger im 9. Jahrhundert. Kaiser Arnolf 17–52.
Brigitte Kasten, Königssöhne und Königsherrschaft. Untersuchungen zur Teilhabe am Reich in der Merowinger- und Karolingerzeit (MGH Schriften 44, Hannover 1997).
Paul Kehr, Die Kanzlei Arnolfs. Abhandlungen der Preußischen Akademie der Wissenschaften, ph (Berlin 1939) 4. Abh.
Hagen Keller, Zum Sturz Karls III. Über die Rolle Liutwards von Vercelli und Liutberts von Mainz, Arnulfs von Kärnten und der ostfränkischen Großen bei der Absetzung des Kaisers. Deutsches Archiv für die Erforschung des Mittelalters 34 (Köln 1966) 333–384.
Heinrich Koller, König Arnolfs großes Privileg für Salzburg. MGSL 109 (Salzburg 1969) 65–75.
Silvia Konecny, Die Frauen des karolingischen Königshauses. Die politische Bedeutung der Ehe und die Stellung der Frau in der fränkischen Herrscherfamilie vom 7. bis zum 10. Jahrhundert (Diss. Wien 1976).
Hans-Henning Kortüm, *Multi reguli in Europa...excrevere*. Das ostfränkische Reich und seine Nachbarn. Kaiser Arnolf 68–88.
Adelheid Krah, Bayern und das Reich in der Zeit Arnolfs von Kärnten. Fs. für Sten Gagnér (1996) 1–31.
Harald Krahwinkler, Friaul im Frühmittelalter. Geschichte einer Region vom Ende des 5. bis zum Ende des 10. Jahrhunderts. VIÖG 30 (Wien 1992).
Martin Last, Bewaffnung. Reallexikon der Germanischen Altertumskunde 2 (Berlin ²1976) 466–473.
Alphons Lhotsky, Quellenkunde zur mittelalterlichen Geschichte Österreichs. (MIÖG Erg. Bd. 18, Wien 1963).
Löwe, Deutschlands Geschichtsquellen, siehe Wattenbach.
Uwe Ludwig, Transalpine Beziehungen der Karolingerzeit im Spiegel der Memorialüberlieferung (MGH Studien und Texte 25, Hannover 1999).
Christian Lübke, Fremde im östlichen Europa. Von Gesellschaften ohne Staat zu verstaatlichten Gesellschaften (9.–11. Jahrhundert) (Ostmitteleuropa in Vergangenheit und Gegenwart 23, Köln 2001).
Simon MacLean, Kingship and Politics in the Late Ninth Century. Charles the Fat and the End of the Carolingian Empire (Cambridge Studies in Medieval Life and Thought. Fourth Series 57, Cambridge 2003, reprint 2005).
Simon MacLean, Royal Marriages siehe Eric J. Goldberg.
Gottfried Mayr, Die frühen Wilhelminer in Bayern. ZBLG 73 (München 2010) 1–45.

Rosamond McKitterick, Karl der Grosse (Darmstadt 2008).
Mark Mersiowsky, Carta edita, causa finita? Zur Diplomatik Kaiser Arnolfs. Kaiser Arnolf 271–374.
Brigitte Merta, Laien als Empfänger von Königsurkunden des frühen Mittelalters. Aspekte und Überlegungen. MIÖG 117 (Wien 2009) 244–271.
Brigitte Merta, König, Herzog und Urkunden im spätkarolingisch-ottonischen Bayern. Die Interventio als Spiegel der Machtverhältnisse. MIÖG 112 (Wien 2004) 92–118.
Ernst E. Metzner, Ludwigslied. RGA 19 (Berlin etc. [2]2001) 12–17.
Therese Meyer und Kurt Karpf, Herrschaftsaufbau im Südostalpenraum am Beispiel einer bayerischen Adelsgruppe. ZBLG 63 (München 2000) 491–539.
MGSL = Mitteilungen der Gesellschaft für Salzburger Landeskunde.
MIÖG = Mitteilungen des Instituts für Österreichische Geschichtsforschung.
Michael Mitterauer, Karolingische Markgrafen im Südosten. Fränkische Reichsaristokratie und bayerischer Stammesadel im österreichischen Raum (Archiv für österreichische Geschichte 123, Wien 1963).
Michael Mitterauer, Slawischer und bayerischer Adel am Ausgang der Karolingerzeit. Carinthia I 150 (Klagenfurt 1960) 693–726.
Kurt Mühlberger, Das fränkisch-bayerische Ostland im neunten Jahrhundert (Masch. Diss. Wien 1980).
Janet L. Nelson, King and Emperor. A new life of Charlemagne (London 2019).
Janet L. Nelson, Charles the Bald (London1992).
Thilo Offergeld, Reges pueri. Das Königtum Minderjähriger im frühen Mittelalter. MGH Schriften 50 (Hannover 2001).
Werner Ohnsorge, Drei Deperdita der byzantinischen Kaiserkanzlei und die Frankenadressen im Zeremonienbuch des Konstantinos Porphyrogennetos. Abendland und Byzanz (Darmstadt 1958) 227–254.
Georg Ostrogorsky, Geschichte des byzantinischen Staates (Byzantinisches Handbuch 1, 2, München [3]1963).
Steffen Patzold, Episcopus. Wissen über Bischöfe im Frankenreich des späten 8. bis frühen 10. Jahrhunderts (Mittelalter-Forschungen 25, Ostfildern 2008).
Steffen Patzold, Das Lehnswesen (München 2012).
Hans Pirchegger, Karantanien und Unterpannonien zur Karolingerzeit. MIÖG 33 (Wien 1912) 272–319.
ph = philosophisch-historisch(e Klasse)
Walter Pohl, The Avars. A Steppe Empire in Central Europe. 567–822 (Cornell University 2018).
Walter Pohl, Die Awaren. Ein Steppenvolk in Mitteleuropa. 567–822 (München 1988, [3]2015).
RGA = Reallexikon der Germanischen Altertumskunde,
RGA Register 2 (Berlin 2008).
Kurt Reindel, Die bayerischen Luitpoldinger. 893–989 (Quellen und Erörterungen zur Bayerischen Geschichte NF 11, München 1953).
Kurt Reindel, Herzog Arnulf und das Regnum Bavariae. Die Entstehung des Deutschen Reiches um 900. Wege der Forschung 1 (Darmstadt 1956) 213–288.
Timothy Reuter, Der Uota-Prozeß. Kaiser Arnolf 253–270.
RuG = Herwig Wolfram, Das Römerreich und seine Germanen.

Susan Reynolds, Fiefs and Vassals. The Medieval Evidence Reinterpreted (Oxford 1994).
Anton Scharer, Herrschaft und Repräsentation. Studien zur Hofkultur Alfreds des Großen (MIÖG Erg. Bd. 36, Wien 2000).
Rudolf Schieffer, Kaiser Arnolf und die deutsche Geschichte. Kaiser Arnolf 1–16.
Rudolf Schieffer, Die Karolinger (Urban-Taschenbücher 411, Stuttgart etc. 1992, ⁴2006).
Rudolf Schieffer, Karl III. und Arnolf (hgg. Karl Rudolf Schnith und Roland Pauler, Fs. Eduard Hlawitschka, Münchener Historische Studien, Abteilung Mittelalterliche Geschichte 5, Larsleben/Kallmünz/Opf. 1993) 133–149.
Karl Schmid, Persönliche Züge in den Zeugnissen des Abtbischofs Salomon? (890–920) (FMSt 26, Berlin) 230–238.
Peter Schmid, Kaiser Arnolf, Bayern und Regensburg. Kaiser Arnolf 187–220.
Gerhard Schneider, Erzbischof Fulco von Reims (883–900) und das Frankenreich (München 1973).
Mechthilde Schulze-Dörrlamm, „Heilige Nägel und Heilige Lanzen." Byzanz – das Römerreich im Mittelalter Teil 1: Welt der Ideen, Welt der Dinge (hgg. Falko Daim und Jörg Drauschke, Mainz 2010) 9–171.
Hansmartin Schwarzmaier, Ein Brief des Markgrafen Aribo an König Arnulf über die Verhältnisse in Mähren. FMSt 6 (Berlin 1972) 55–66.
Jonas Sellin, Unrests Welt: Weltverständnis und Ordnungsentwürfe in den Chroniken des Jakob Unrest (Archiv für vaterländische Geschichte und Topographie 108, Klagenfurt 2017).
Josef Semmler, Francia Saxoniaque oder Die ostfränkische Reichsteilung von 865/876 und ihre Folgen. Deutsches Archiv zur Erforschung des Mittelalters 46 (Köln 1990) 337–374.
Heidrun Stein-Kecks, *Totus palatii ornatus*. Das Ziborium aus dem Schatz Arnolfs von Kärnten. Kaiser Arnolf 389–415.
Ivo Štefan/Jan Hasil, Praha-Vinoř: proměny centrálního místa v zázemí středověké Prahy. (Předběžná zpráva). (hgg. Jan Klápště/Tomas Klír/Ivo Štefan, Praha 2023) 270–314.
Wilhelm Störmer, Früher Adel. Studien zur politischen Führungsschicht im fränkisch-deutschen Reich vom 8. bis 11. Jahrhundert (Monographien zur Geschichte des Mittelalters 6, 1 und 2, Stuttgart 1973).
Robert Svetina, Zur Bedeutung Karantaniens für die Politik der ostfränkischen Karolinger Arnulf „von Kärnten" und Karlmann. Carinthia I 188 (Klagenfurt 1998) 15–183.
Béla Miklós Szöke, Die Karolingerzeit in Pannonien (Monographien des Römisch-Germanischen Zentralmuseums 145, Mainz 2021).
Gerd Tellenbach, Zur Geschichte Kaiser Arnulfs. Die Entstehung der Deutschen Reiches um 900. Wege der Forschung 1 (Darmstadt 1956) 135–152.
Gerd Tellenbach, Königtum und Stämme in der Werdezeit des Deutschen Reiches. Quellen und Studien zur Verfassungsgeschichte des Deutschen Reiches in Mittelalter und Neuzeit 7, 4 (Weimar 1939).
Theodisce. Beiträge zur althochdeutschen und altniederländischen Sprache und Literatur in der Kultur des frühen Mittelalters (hgg. Wolfgang Haubrichs u. a., RGA Erg. Bd. 22, Berlin 2000).
Otto Treitinger, Die oströmische Kaiser- und Reichsidee nach ihrer Gestaltung im höfischen Zeremoniell (Darmstadt ²1956).
VIÖG = Veröffentlichungen des Instituts für Österreichische Geschichtsforschung

Wilhelm Wattenbach/Wilhelm Levison/ Heinz Löwe, Deutschlands Geschichtsquellen im Mittelalter. Vorzeit und Karolinger 1–6 (Weimar 1952–1990).

Stefan Weinfurter, Heinrich II. (1002–1024). Herrscher am Ende der Zeiten (Regensburg 1999, mehrere Auflagen).

Stefan Weinfurter, Karl der Große, der heilige Barbar (München 2013).

Karl Ferdinand Werner, Die Nachkommen Karls des Großen bis zum Jahr 1000 (Karl der Große, Lebenswerk und Nachleben 4, Düsseldorf 1967).

Katharina Winckler, Die Alpen im Frühmittelalter. Die Geschichte eines Raumes in den Jahren 500 bis 800 (Wien 2012).

Herwig Wolfram, Das Römerreich und seine Germanen. Eine Erzählung von Herkunft und Ankunft (Köln 2018).

Herwig Wolfram, Die Umgestaltung der karolingischen Welt. Neue Wege der Frühmittelalterforschung. Bilanz und Perspektiven (hgg. Walter Pohl/Maximilian Diesenberger/Bernhard Zeller, Forschungen zur Geschichte des Mittelalters 22 = Dph 507, Wien 2018) 357–372.

Herwig Wolfram, Konrad II. Kaiser dreier Reiche. 990–1039 (München 2000, ²2016).

Herwig Wolfram, Grenzen und Räume. Geschichte Österreichs vor seiner Entstehung, 378–907 (Wien 1995, ²2003).

Herwig Wolfram, Die Libri vitae von Salzburg und Cividale und das Bayerische Ostland (799–907), siehe Quellenverzeichnis Conversio (ed. Wolfram) 274–301.

WS = Herwig Wolfram, Salzburg, Bayern, Österreich. Die Conversio Bagoariorum et Carantanorum und die Quellen ihrer Zeit (MIÖG Erg. Bd. 31, Wien 1995).

Herwig Wolfram, Karl Martell und das fränkische Lehenswesen. Aufnahme eines Nichtbestandes. Karl Martell in seiner Zeit (hgg. Jörg Jarnut/Ulrich Nonn/Michael Richter, Beihefte der Francia 37, Sigmaringen 1994) 61–78. Verbesserte Überarbeitung in: WS 123–141.

ZBLG = Zeitschrift für bayerische Landesgeschichte.

Roman Zehetmayer, Studien zum Adel im spätkarolingischen Niederösterreich. Mitteilungen aus dem Niederösterreichischen Landesarchiv 13 (St. Pölten 2008) 34–57.

Bernhard Zeller, Lokale Eliten im thurgauischen Umfeld des Klosters St. Gallen (8.–11. Jahrhundert): 'Ekkeharte' und 'Notkere'. Lingua Historica Germanica 8 (Berlin 2015) 231–243.

Alfons Zettler, Geschichte des Herzogtums Schwaben (Stuttgart 2003).

Daniel Ziemann, Vom Wandervolk zur Großmacht. Die Entstehung Bulgariens im frühen Mittelalter (7.–9. Jh.) (Kölner historische Abhandlungen 43, 2007).

Namens- und Ortsregister

Adalbero, Bf. von Augsburg 14, 65, 140
Adalram, Erzbf. von Salzburg 117
Adalwin, Erzbf. von Salzburg 81,
Adda 70
Ageltrude, Witwe von Wido von Spoleto 69, 93–95, 104, 108,
Alberich, Verbündeter von Hugo, dem Sohn Lothars II. 134
Alemannen 18, 26, 49, 50, 52 f., 56, 62, 64, 66, 67, 69, 91–93, 114 f., 128, 131,
Alemannien 53, 55, 59 f., 91, 106, 114, 128,
Amandus, Priester und kgl. Leibarzt 86, 105, 110
Ambrosius, ital. Gf. 92
Angilberga, Mutter Irmgards 107,
Ansger, ital. Gf. 93
Aosta 93
Arbeo, Bf. von Freising 66, 111
Arbo, bayer. Markgf. 22–24, 47, 64, 73, 96, 111, 113, 116, 118–124, 136, 142
Arn, Erzbf. von Salzburg 141
Arn, Bf. von Würzburg 63, 131
Arnold, Mönch und Propst von St. Emmeram 14, 15, 110
Arnulf, bayer. Herzog 34, 35
Arnulf von Kärnten 10–15, 18–24, 26 f., 35–43, 46–143, 145–147, 149
Arnulf, Bf. von Metz 13, 77
Arnulf von Regensburg 42, 86
Árpád, Fürst der Ungarn 36, 37, 38
Aspert, Kanzler 103, 140 f.
Asselt 35, 47, 53, 89
Awaren 10, 17, 19, 27, 29 f., 35, 37 f., 43, 67, 126

Babenberger 108, 115, 129–133, 135
Baden 21,
Balderich, Markgf. von Friaul 28 f.
Balduin, Gf. in Flandern 55
Basileios I., byz. Ks. 19, 27

Bayern 10, 12, 18, 22, 26–29, 31–35, 27, 29, 45 f., 48–50, 52, 54 f., 59, 62–64, 66–71, 73, 81, 85 f., 89, 91, 94, 99, 101 f., 106, 111, 114–117, 119, 121, 124, 126–128, 141 f., 146, 149
Belgrad 17, 31, 34
Benedicta, Tochter (?) Kg. Zwentibolds 107
Berengar, frk. Gf. 136
Berengar von Friaul, Markgf., Kg. 41, 54, 56 f., 70, 90, 92 f.
Bergamo 66, 85, 87 f., 92
Bernhard, Abt von St. Gallen 55, 115, 129, 138
Bernhard, unehelicher Sohn Karls III. 51, 61, 79, 84, 106, 129
Berthold, Gf. in Alemannien 125, 128
Berthold, Pfalzgf. in Alemannien 135
Böhmen 21, 23 f., 26, 51, 60, 72, 126, 127
Bologna 69
Boris I. Michael, Khan der Bulgaren 19, 22, 27, 30, 31, 33 f.
Boso, Gf. von der Provence 48, 54, 60, 67, 107,
Brazlavo/Priznolaw von Siscia, slawon. Fürst 37 f., 43, 64, 70, 73, 89, 91, 114, 126, 128, 147
Bruno, Sohn des sächs. Gf.en Liudolf 133
Bulgaren 18–20, 22, 27–31, 33–37, 64, 68, 70, 88, 92, 121
Byzanz 18 f., 25, 27, 33 f.

Caecilia, Tochter Kg. Zwentibolds 107
Castulus, Hl. 39
Chasaren/Khazaren 36
Cheitmar, slaw. Fürst 29
Chozil, Sohn Priwinas 23, 29, 31, 42, 79, 117, 141
Chur 54
Como 70, 95

Constantius, Anführer des röm. Senats 94

Dänen 59, 90
Dietrich, Kämmerer 135
Dovina/Puella 20
Drau 17f., 29, 37f., 49, 51

Eberhard, Bruder Konrads des Älteren 54, 130, 132
Egino I., frk. Gf. 113, 130f.
Egino II., frl. Gf. 131
Ekbert, Gf., Vorfahre der Billunger Ekbertinger 134
Ekkehard IV. von St. Gallen 14, 105
Ellinrat die Ältere, Konkubine Arnulfs 100f.
Ellinrat die Jüngere, illeg. Tochter Arnulfs ? 100f., 119
Embricho, Bf. von Regensburg 61
Emmeram, Hl. 85
Engildeo, bayer. Gf. 52, 55, 59, 67f., 106, 115, 125–127, 146
Engilmar, Bf. von Passau 74, 137
Engilschalk I., bayer. Gf. 101, 117–120
Engilschalk II., bayer. Gf. 100, 119
Enns 11, 17, 22, 40, 47, 117, 120, 126
Eoprecht, bayer. *artifex* u. *operarius* 110
Epo, Ministerialer 137
Er(e)mbert, Gf. im Isengau 46, 52, 73, 114, 127f.
Erchanbert 13
Erchanger, Gf. in Alemannien 125, 128
Erlauf 37, 117, 122
Ermanarich, got. Kg. 122
Ermenrich, Bf. vpn Passau 31
Ernst, bayer. Gf. 78, 97–99, 116, 120
Ernustus, Notar 51

Farabert, Abt von Prüm 63
Ferdinand I., Kg. 80
Fischbacher Alpen 126
Florenz 69
Forchheim 22, 50f., 58–60, 70, 84, 95, 101, 103, 107, 112, 127, 138
Formosus, Papst 66, 69f., 108

Frankfurt 19, 50f., 55, 59, 64, 72, 105, 123, 141f.
Frauenwörth am Chiemsse 127
Friedrun, bayer. Adelige 108, 131
Fulco, Erzbf. von Reims 55f., 63, 65, 68, 105

Gebhard, Gf., Bruder Konrads des Älteren 132f.
Georgius, karant. Adeliger 121
Gerhard, Matfridinger, lothr. Gf. 71, 135
Gerold II. Präfekt des bayer. Ostlands 28f., 117
Geul/Göhl 61, 85, 90
Graman, Attentäter 104
Griechen 70, 94, 141
Gundakar, Gf. in Karantanien 78, 85
Gundobad, Diakon 42, 79
Gundbrecht, bayer. Jäger 111

Hadrian II., Papst 19
Hatto, Abt von der Reichenau, Erzbf von Mainz 14, 61, 63, 65, 68, 131–133, 137, 140
Heimo, Ministeriale u. Mundschenk 57, 83f., 108, 113, 121–124, 135, 137
Heinrich (Bruder von Poppo II.) 129–131
Heinrich, *princeps militiae* 87
Heinrich II., Ks. 11, 118, 133
Heinrich III., Ks. 40
Hermann I., Erzbf. von Köln 68, 132
Hermann von Reichenau 14, 72, 95
Hildegard, Tochter Kg. Ludwigs des Jüngeren 52, 67f., 86, 103, 106, 125–127, 133f., 145f.
Hiltipold, Königsbote 136
Hinkmar, Erzbf. von Reims 36, 98f.
Hugo, Vetter Arnulfs von Kärnten 78
Hugo, Sohn Lothars II. und der Waldrada 134
Hunfrid, Adeliger 121
Hunfridinger 128
Huoggi, Probst in Fulda 131

Ingelberga, Gemahlin von Ludwig II. 57
Ingelheim 72
Iring, Gf. im Salzburggau 111, 137
Irmgard, Tochter Ks. Ludwigs II., Gemahlin Bosos 48, 60, 67, 107
Ivrea 93
Irnpurc, Gemahlin Witigowos 121
Isangrim, Gf. im Mattiggau 137
Isanrih, Sohn des Gf.en Arbo 20, 52, 64, 73 f., 96, 118, 121

Jakob, Apostel Jakob 85
Jakob Unrest 80 f.
Johann IX., Papst 142
Jonas von Orléans 139

Karantanien 17, 23, 29, 39–41, 43, 45 f., 51, 57 f., 78–81, 86, 100, 116, 119, 123, 126, 146
Karentanus, Zeuge einer Schenkung 79
Karl der Einfältige, westfrk. Kg. 66–68, 105, 109, 133
Karl der Große, frk. Kg. u. Ks. 12 f., 17, 19, 27 f., 57, 66, 72, 94 f., 116, 128, 130, 149
Karl der Kahle, frk. Kg. u. Ks. 46, 49, 97, 109
Karl III. der Dicke, frk. Kg. u. Ks. 10, 13–15, 23, 25, 27, 32, 34 f., 38, 46–54, 61, 79, 82, 84–86, 89, 100, 103 f., 106, 114, 117–120, 122 f., 127–130, 140, 147, 149
Karlmann, ostfrk. Kg. 20–22, 27, 34, 42, 45–47, 49 f., 58, 77–79, 81, 84, 86, 97–100, 103, 113 f., 116 f., 120, 122, 127, 140, 147
Kende, ungar. Sakralfürst 36
Kirchen am Oberrhein 66, 93
Konrad der Ältere, Gf. im Lahngau 131 f., 137
Konrad I., Kg. 100, 110
Konrad II., Ks. 9, 11, 90, 133
Konstantinopel 25, 27 f., 34, 35, 37
Konstantinos Porphyrogennetos, byz. Ks. 12, 19, 22, 25, 32, 34, 36

Kremsmünster 54 f., 58, 102, 113, 119, 124
Kunigunde, Schwester der Gf.en Erchanger u. Berthold 125, 128

Lambert von Spoleto, Kg. von Italien, Ks. 54, 70, 93, 108
Langobarden 38, 89
Lebedia 36
Leo VI., byz. Ks. 27
Liudewit von Siscia/Sisak, slaw. Fürst 28 f.
Liudolf, Gf., Namensgeber der Liudolfinger 133
Liudprand von Cremona 82
Liupram, Erzbf. von Salzburg 86
Liutbert, Erzbf. von Mainz 13, 51–53, 60, 84, 140
Liutgard, Schwester von Liudolf, Königin Ludwigs des Jüngeren, Mutter von Hildegard 133
Liutpirg, bayer. Hz.in 22
Liutswind, Mutter Arnulfs 40, 77, 96–99, 124, 141
Liutward, Bf. von Vercelli 48, 53
Lothar II., lothr. Kg. 97, 134
Lothringen 14, 18, 56, 61, 63–65, 81, 85, 91, 97, 105, 110, 132–135, 142, 149
Löwen/Leuven 18, 61 f., 85, 90, 91
Ludwig der Deutsche, ostfrk. Kg. 11, 17 f., 20–22, 27, 29, 30 f., 34, 39, 46 f., 52, 56, 65, 77–81, 84–86, 97, 99 f., 102 f., 111 f., 116–120, 122 f., 127–130, 140, 147, 149
Ludwig der Fromme, Ks. 19, 28, 30, 116
Ludwig II., Kg. von Italien, Ks. 48, 57, 60, 107
Ludwig III. der Blinde, Kg. v. Niederburgund, Ks. 48, 54, 67, 107, 111
Ludwig III. der Jüngere, ostfrk. Kg. 27, 34 f., 40, 45 f., 49, 52, 73, 78 f., 86 f., 90, 97, 100, 103, 106, 111, 115, 117, 125, 127 f., 129 f., 133
Ludwig IV. das Kind, ostfrk. Kg. 14, 21, 65, 72, 75, 79, 95, 98, 104, 126, 140

Luitpold, bayer. Markgf. 43, 68, 73, 98, 100, 111, 121, 124–126, 128, 136, 137
Luitpoldinger 77, 97, 98, 115, 124
Luni 69
Lustenau 129,
Lyon 68

Maas 62, 67, 90
Mähren 18–22, 24–26, 32, 34, 47, 50, 64 f., 73 f., 82, 91 f., 100, 116 f., 128, 142
Maginfrid, Gf. in Mailand 70
Mailand 70, 92, 95, 101, 134,
Mainz 13 f., 48.53, 55, 60 f., 63, 65, 68, 84, 130–132, 137–140, 142
Manasse, Gf. von Dijon 105
March 18–20, 25, 126
Matfrid, frk. Gf 71, 135
Matfridinger 134 f.
Mattighofen 73, 111
Megingaud, loth. Gf. 55, 63, 134
Megingoz, Gf. im Wormsgau 118
Methodios, Erzbf. 12, 19, 22, 25, 27, 34
Michael III., byz. Ks. 22, 27, 34
Miltrud, Ehefrau von Heimo 41, 57, 83, 108, 121 f., 135, 137
Moimir I., Fürst der Mährer 20, 29
Moimir II., Fürst der Mährer 26, 96
Moosburg an der Isar 40, 78, 100
Moosburg in Karantanien 40 f., 48, 55, 58, 78 f., 124
Moosburg in Pannonien 17, 37–39, 41–43, 46, 48, 70, 79 f.
Morava 25

Nemítzioi 31–35
Neutra/Nitra 21, 24 f., 29, 33, 74, 117, 140, 142
Nikephoros I., byz. Ks. 27
Noricum 35, 49
Normannen 14, 18, 35, 47, 53–55, 61–63, 78, 83, 85, 88–91, 111, 128, 130, 131, 133 f., 139
Notker Balbulus, Mönch in St. Gallen 13, 77, 79, 84, 105, 114

Oda, Gemahlin von Zwentibold, Tochter von Otto dem Erlauchten 71, 134
Oda/Uota, Gemahlin Arnulfs 57, 69, 74, 86, 93, 96, 101–104, 106, 109, 115, 139
Odacar. lothr. Gf. 71
Odo von Paris, westfrk. Kg. 54–56, 63, 65, 67 f., 82, 88
Ötting 21, 63, 65, 69, 71, 74, 86, 104, 111
Omurtag, Khan der Bulgaren 28
Otto der Erlauchte, Gf. in Sachsen, Mutterbruder von Hildegard 52, 71, 86, 103, 105, 110, 133 f., 136
Otto, Bf. von Freising 38

Pabo/Papo, karant. Gf. 118, 122
Pannonien 17, 19, 23, 26 f., 29–31, 34, 38–40, 42 f., 47, 55, 64, 67, 77, 79 f., 118, 126, 141
Pankratius, Hl. 86
Pavia 92
Petschenegen 36
Piacenza 93, 95
Pilgrim, Erzbf. von Salzburg 121
Pilgrim, bayer. Kleriker 140, 142
Plattensee 10, 30, 39
Po 69
Pöchlarn 23, 36, 122
Poppo II., *dux Thuringorum*, Markgf. der Sorbischen Mark 63 f., 108, 113, 129–132, 136 f., 146
Popponen 115, 129 f., 132
Pressburg 37, 43, 121, 126, 142
Priwina, slaw. Fürst von Neutra/Nitra 17, 23, 29–31, 41, 79, 117

Raab 17, 22 f., 47, 118, 120, 126
Ramnolf II., Hz. von Aquitanien 54
Ranshofen 65, 73, 86, 111, 128
Rastislav, Fürst der Mährer 20, 21, 25, 116
Ratbod, Erzbf. von Trier 68
Ratbod, Präfekt in Bayern 29 f., 78
Ratimar von Siscia/Sisak, Slawenfürst 29

Ratold, Sohn Arnulfs 59, 70, 95, 101, 103, 126
Ratpot, bayer. Ostlandpräfekt 117
Regensburg 11, 13, 14, 19–21, 24, 26f., 29, 33–37, 41–43, 46–48, 50f., 53–67, 69–74, 78f., 81, 85–87, 91f., 94, 96, 99f., 102–104, 109–112, 116, 118f., 124, 126–128, 130, 132, 134, 138, 140, 141, 146
Reginar, Enkel Lothars I. 134f.
Regino von Prüm 11, 14, 23f., 39f., 50, 54, 60–65, 67–74, 77, 84, 91f., 132, 135, 146
Reichenau 22, 24, 54, 61, 63, 117, 123, 131, 140
Relindis, Tochter Kg. Zwentibolds 107
Rhein 18, 51, 55, 58, 62, 65f., 80f., 90, 93, 136, 142, 149
Richarda, Gemahlin Karls III. 104
Roding 49, 86
Rotrud, Verwandte Arnulfs 105, 110
Rudolf, Abt von St. Omer und St. Vaast 55
Rudolf, Bf. von Würzburg 131f.
Rudolf I., Kg. von Burgund 54, 56, 61, 66f., 93, 107, 129
Rudpurc, Attentäterin 74, 96, 104, 109
Rugier 49
Ruodpert, karant. Grenzgf. 90, 119, 126, 141f.

Sachsen 14, 32, 35, 46, 49, 52f., 71, 82, 86, 90, 98, 103, 129f., 133f., 142
Salacho, bayer. Gf. 20
Salomon III., Bf. von Konstanz, Abt v. St. Gallen 61, 105, 112, 128, 137–140
Salz an der Saale 72
Salzburg 21f., 36, 64, 80, 140f.
Saucourt 90, 111
Save 17–19, 30f., 37f., 49, 51, 64, 126
Schwäbische Alb 128
Schwarzwald 128
Sigehart/Sigihart, Abt von Fulda 131
Sighartinger 77, 115
Sigihart, Gf., Verwandter Arnulfs 54, 98, 124

Siginand, Priester 110
Sirmium 31
Siscia/Sisak 17f., 28–31, 38, 43, 51, 64, 70, 89, 91, 114, 126, 147
Slawen 10, 24, 27, 29, 49f., 53, 59, 62f., 81, 90, 131, 146
Snello/Snelpero, Abt von Kremsmünster 58, 102, 124
Sorben 21, 33, 134
Spitignewo, böhm. Fürst 69
Spoleto 56, 70, 86, 94f., 101, 108
Stephan, Anführer des röm. Senats 94
Stephan, lothr. Gf. 71, 134
Stephan V., Papst 24, 60
Stephan VII., Papst 70
St. Bernhard-Pass 93,
St. Emmeram 43, 55, 61, 74, 86, 109f., 127
St. Florian 41, 55, 58, 63, 124
St. Gallen 13, 52, 55, 65, 77, 79, 84, 105, 112, 114f., 129, 138, 140
St. Maurice/Martigny 93
St. Maximin 55, 134
Steinamanger 17, 22, 47, 116, 120
Sunzo/Sundarold, Erzbf. von Mainz 60, 61
Suuentizizna/Swentizizna, Gemahlin von Zwentibald 21f.

Tassilo III., Hz. der Bayern 9, 22, 57, 121
Theoderich der Große, Gotenkg. 27
Theotmar, Erzbf. von Salzburg 36, 51, 74, 90, 121, 126, 136, 140–142
Thiotbald, Gf. 131
Tona/Tunza, Schwester des Heimo 121
Traungau 17, 22, 47, 55, 63, 100, 116f., 120f., 123, 124
Trebur 72
Tribur 49f., 68, 138f., 142
Tuto, Bf. von Regensburg 100

Udalrichinger 129
Udo, Bf. von Freising 126
Ulm 59, 62f., 91
Ulrich IV., Gf. von Linz- und Argengau 115, 129

Ungarn 10, 23, 25 f., 33, 35–38, 43, 60, 67, 70, 75, 77, 82, 126, 141 f.
Uota, Gemahlin Arnulfs 57, 74, 96, 101–104, 106, 109, 115, 139
Uuentenscella, Gemahlin Brazlavos 38

Virgil, Bf. von Salzburg 74, 87

Waioúri 31 f.
Waldo, Bf. von Freising 140
Waltfrid, Gf. von Verona, Markgf. von Friaul 70
Waltrada, Gemahlin Lothars II. 97
Werinhar, Sohn Engilschalks 118
Wezzilo, bayer. Gf. 118
Wiching, Bf. von Passau 22, 24, 33, 74, 137, 140, 142
Wido von Spoleto, Hz. von Spoleto, Kg. von Italien, Ks. 54, 56, 61, 66 f., 92 f., 104, 108
Wien 21, 23, 36, 37, 97 f., 119
Wilhelm I., bayer. Gf. 116 f.
Wilhelm II., bayer. Gf. 116–118, 120

Wilhelm III., bayer. Gf. 119
Wilhelminer 22–24, 37, 47, 65, 79, 89, 100, 115–120, 122, 126
Winpurc, Mutter (?) Zwentibolds 100
Witigowo, bayer. Gf. 108, 121 f., 124
Wito, Ministeriale Ludwigs des Deutschen 136
Witzla, böhm. Fürst 69
Wolfhard, Priester in Eichstätt 125
Worms 56, 66–68, 71

Zacharias, Bf. von Säben 126
Zwentibald, Mährerfürst 12, 18 f., 21–26, 31, 36–38, 42, 47–50, 52, 60, 62, 64, 67, 79, 88 f., 91–93, 114, 117–123, 147
Zwentibald II., Bruder des Mährerfürsten Moimir II. 26, 73
Zwentibold, Kg. von Lothringen, Sohn Arnulfs 21, 23, 59, 63, 66–68, 71, 92 f., 99, 100 f., 103, 107, 133–135, 139, 146